外语专业混合式教学模式的构建与实施

楼凌玲◎著

上海交通大学出版社
SHANGHAI JIAO TONG UNIVERSITY PRESS

内容提要

本书以我国当下新文科建设为背景,探讨外语专业混合式教学模式的构建与实施。本书采用理论与实践相结合的研究思路,从客观数据着手,分析目前我国混合式教学的现状、外语专业人才培养面临的核心问题,探讨新文科背景下外语专业课程混合式教学的具体方案以及外语专业混合式教学的质量评价策略,并以实例的形式分析了混合式教学模式在外语专业的应用实施及未来发展方向。本书适合教育工作者和对混合式教学感兴趣的读者阅读,具有一定的理论和实践参考价值。

图书在版编目(CIP)数据

外语专业混合式教学模式的构建与实施/ 楼凌玲著

. —上海:上海交通大学出版社,2023.8

ISBN 978 - 7 - 313 - 27656 - 8

Ⅰ. ①外… Ⅱ. ①楼… Ⅲ. ①外语—教学模式—教学研究—高等学校 Ⅳ. ①H09

中国版本图书馆 CIP 数据核字(2022)第 203808 号

外语专业混合式教学模式的构建与实施
WAIYU ZHUANYE HUNHESHI JIAOXUE MOSHI DE GOUJIAN YU SHISHI

著　　者:楼凌玲				
出版发行:上海交通大学出版社		地　　址:上海市番禺路 951 号		
邮政编码:200030		电　　话:021 - 64071208		
印　　制:江苏凤凰数码印务有限公司		经　　销:全国新华书店		
开　　本:710 mm×1000 mm　1/16		印　　张:16		
字　　数:218 千字				
版　　次:2023 年 8 月第 1 版		印　　次:2023 年 8 月第 1 次印刷		
书　　号:ISBN 978 - 7 - 313 - 27656 - 8				
定　　价:82.00 元				

本书受以下项目资助：

- 第一批浙江省课程思政教学项目(英语系课程思政基层教学组织)
- 2022 年浙江省一流本科课程("英语语言学导论")
- 2022 年度浙江省高校实验室工作研究项目(基于线上线下及虚拟仿真实验技术的新混合式教学模式改革与实践;项目编号：YB202267)
- 2022 年度绍兴市高等教育教学改革项目(OBE 理念指导下"线上线下 虚实结合"的新混合式教学模式探索与实践)
- 2021 年绍兴市精品在线开放课程("英语语言学导论";项目编号：SXSKC202101)

前 言

　　我国高校自 20 世纪 90 年代末开始扩招。高校扩招一方面提高了高等教育毛入学率,实现了高等教育发展阶段性飞跃,另一方面也引发了社会各界对于高校毕业生质量的关注。党和国家对于高等教育十分重视,并出台了一系列政策、措施保障高等教育教学质量。《国家中长期教育改革和发展规划纲要(2010—2020 年)》明确指出应将提高教学质量作为高等教育发展的重中之重。时任教育部高等教育司司长吴岩在 2020 年全国高教处长会暨高等学校教学指导委员会工作会议上也强调,高等教育要在中华民族伟大复兴战略全局、世界百年未有之大变局"两个大局"中,主动适应我国高等教育进入普及化阶段的新形势新要求,收好官、开好局。要走一条新路,加快推进新医科建设、深化新工科建设、积极推进新文科建设、持续推进新农科建设。

　　长久以来,中国的传统课堂一直强调以教师为中心的课堂模式,重视学科知识的讲授,忽视了对学生主观能动性和综合能力的培养。还有一些课程只注重理论知识的传授,忽视了对学生价值观的引领,未能达到隐性育人的目的,导致部分毕业生在步入社会后出现眼高手低或者通用能力不足的现象,这显然与高等教育教书育人的初衷相背离,也无法满足社会对新时代人才的需求。

基于上述现实背景,探讨新文科背景下的外语专业人才培养模式意义重大。随着互联网科技的不断发展,互联网与教育的连接愈加紧密。慕课的出现,拉近了学生与名师的距离,有效地促进了教育公平。但慕课同时也显现出高辍学率、低完成率的问题,因此线上线下混合的SPOC课程逐渐成为高校教学的主流。上到国家与地方教育主管部门,下到各大高校与授课教师,都在不遗余力地推动高校混合式教学改革,改善学生学习效果,促进学生综合能力发展。当然,任何教学改革都不可能一蹴而就。教育工作者为此做了大量有意义的改革探索,也有许多记录教学改革成果的论文、专著面世。

梳理这些文献后发现,目前学界的研究主要侧重于两点,一是基于实证的单一混合式教学模式的改革与实践,二是对混合式教学模式与评价方法的理论性阐述。少有学者基于目前的"四新"建设背景对混合式教学模式的构建与实施展开理论结合实践的综合阐述,而新文科背景下针对外语专业的混合式教学模式的构建与实施则更鲜有学者涉猎。

本书以当下我国新文科建设为背景,探讨外语专业混合式教学模式的构建与实施。本书采用理论与实践相结合的研究思路,在系统回顾分析新文科建设背景及混合式教学发展的基础上,以问卷调查和访谈的形式对国内6所高校的师生展开调查,了解目前我国混合式教学的现状、外语专业人才培养面临的核心问题,厘清新外语人才培养的理念和具体实施思路。接着,从客观数据着手,笔者详细探讨了新文科背景下外语专业课程混合式教学的实施方案及其质量评价策略。最后,笔者以浙江越秀外国语学院为例,结合自身教学实际,以实例的形式分析了混合式教学模式在外语专业的具体实施。

研究方法上,本书采用问卷调查、访谈、个案分析、对照实验等多种实证研究手段,保证了本研究的客观性与代表性。而本课题采取的研究方法之多样性与综合性,在以往研究中实属罕见。

研究价值上,本书注重理论与实践相结合,既为同类研究提供了理论指导,同时也提供具体的混合式教学实践案例,为其他有志于开展混合式教学改革的教师提供了可借鉴样板。

创新之处上,本书着眼于当下国内新文科建设背景,对外语教学的混合式教学改革进行了深入系统的探讨,研究内容涵盖混合式教学实践、混合式教学中的课程思政以及混合式教学中的质量评价。内容之全面完整,是之前同类著作中少有的。

当然,由于笔者本人水平有限,本书仍有不少改进空间。笔者诚挚地希望通过本书的"抛砖引玉",能对我国混合式教学改革的发展与高校本科教学质量的提高贡献绵薄之力。感谢所有支持和关心笔者研究工作的单位和个人,感谢笔者所在单位领导和同事的帮助与支持,感谢出版社各位编辑为本书出版付出的辛勤劳动。在本书写作过程中,笔者参考了大量学者的研究成果,均已在参考文献中列出,在此一并表示感谢。

目　录

第1章 绪 论

2018年8月，中共中央发文指出"高等教育要努力发展新工科、新医科、新农科、新文科"（简称"四新"建设），由此"新文科"概念正式进入公众视线。2019年4月，教育部、财政部、科技部等部门在天津联合召开"六卓越一拔尖"计划2.0启动大会，此次会议的召开标志着我国"新工科、新医科、新农科、新文科"的"四新"建设工程正式启动，而"新文科"也正式从"概念"阶段迈入"实施"阶段。

2019年6月20日，在高等学校专业设置与教学指导委员会全体会议上，时任教育部高等教育司司长吴岩强调："我们一定要让新文科这个翅膀硬起来，中国高等教育飞得才能平衡、飞得高。"（2020）新文科战略的提出，必然对中国文科专业的发展、中国教育的发展乃至整个国家社会的未来发展产生积极而深远的影响。因此，"新文科"概念自提出以来，便引发了教育界及学界的广泛关注。

本章将围绕"新文科源于何处""何为新文科""新文科对外语人才培养将产生怎样的影响"三个问题展开讨论。

1.1　新文科的建设背景

国家提出建设"新工科、新医科、新农科、新文科"的"四新"建设工程，与国家当前所处的国内外环境有着密不可分的联系。

1.1.1　新文科建设是新全球化浪潮下的客观要求

自 20 世纪 90 年代冷战结束以来，世界格局发生了重大变化，"全球化"浪潮席卷全球。一方面，经济全球化促进了国际分工，扩大了全球市场规模，也使得全球资源及劳动力得到了更充分的利用与分配，极大地提高了生产效率及资源利用率。另一方面，文化全球化使得人与人之间的交流更加便捷，也促进了国与国之间、地区与地区之间的文化交流，文化产业的发展空前繁荣。

然而，在肯定全球化成果的同时，也有越来越多的人开始意识到全球化所带来的风险与挑战。已故古巴领导人菲德尔·卡斯特罗（Fidel Castro）曾如此描述全球化带来的问题："……此时此刻有 8 亿人口挨饿，10 亿人口是文盲，40 亿人口生活贫困，2.5 亿儿童要做工，1.3 亿儿童受不到任何教育，1 亿孩子流落街头，每年有 1 100 万 5 岁以下的儿童死于营养不良、贫困和可以预防或可以治愈的疾病；多个国家内部和多个国家之间的贫富差距不断加大；生态环境遭到无情的、几乎不可逆转的破坏；不能恢复的重要资源正在迅速被浪费和消耗；大气、地下水、河流、海洋受到污染；气候的变化已经带来了不可预言的、明显的后果。"（卡斯特罗，2000）由此可见，全球化虽然加速了全球经济一体化进程，提高了生产要素的利用率，促进了国际文化交流，但也产生了一系列新问题，其中，最突出的问题是不断扩大的贫富差距与持续恶化的生态环境。在此背景下，我们应主动承担起与国际地位相匹配的大国责任，与世界各国一道开启"开放包容、合作共赢"的新全球化之路。

作为当今世界的第二大经济体，中国在新全球化过程中具有举足轻重的作用。特别是近十年来,随着中国综合国力的不断提高,中国不仅顺利带领全球五分之一的人口实现全面脱贫,也从理论和实践上为全球贫困治理提供了中国方案。此外,在国际舞台上,中国也发挥着日益重要的积极影响。中国作为一个负责任的大国,一直秉持互利共赢的发展理念。"金砖五国""一带一路"倡议以及"人类命运共同体",无一不是为区域协调发展与人类共同进步提供的最佳解决方案,因此中国也受到越来越多的国家与地区的支持与认可。日益崛起的东方文明古国,以崭新的姿态屹立于世界的东方,逐渐成为新全球化的领航者与开拓者。

推动新全球化的发展,是时代赋予中国的伟大历史使命。要完成这一艰巨的历史使命,我们急需大量优秀的政治、经济、军事、外交、教育等方面的国际化人才。因此,我们的人才培养方案及目标急需作出相应的调整,以更好地适应新全球化发展对人才的强烈需求。基于上述考量,国家提出了"新工科、新医科、新农科、新文科"的"四新"建设工程。而其中的新文科建设更担负着高等教育立德树人、根植文化自信、培养文化认同、唤起全球公民意识的重任。

1.1.2　新文科建设是满足国家、行业及自身需求的必然选择

1.1.2.1　新文科建设源于日益增长的国家需求

新文科建设契合了国家日益增长的缓和世界意识形态对立、改善国内外舆论环境、提升中国文化价值认同的需求。

首先,新文科建设有利于在国际舞台上讲好中国故事,发出中国声音,提升中国的话语权。历史、社会、文化等多重因素的共同作用,最终造就了中西方在意识形态上的较大差异。这种差异也是中西方间诸多矛盾的根源。在可预见的将来,意识形态之争将长期存在,处理不慎,甚至有愈演愈烈的风险。

而不断升级的国际意识形态冲突显然与我国和平发展的理念相背离。为我国的综合国力发展创造有利的国际环境,树立良好的国际形象,缓解意识形态对立,是国家的迫切需求,也是新一代文科人的时代使命。

其次,新文科建设有利于改善我国长期以来面临的不良国内外舆论环境。当前中国正引领全世界进入新全球化时代,中国的建设成就有目共睹,但同时,我们仍然面临着外部舆论环境的严峻考验。

2019 年年底,一场突如其来的新型冠状病毒感染疫情(以下简称"新冠疫情")肆虐中国大地,新冠病毒无情地威胁着人类生命。在新冠疫情爆发的第一时间,中共中央冷静应对,果断处理,凭着对国家对人民高度负责的态度,将人民的生命安全摆在第一位置,通过一系列雷霆手段,迅速地控制住了新冠疫情在中国的蔓延势头,挽救了无数的生命。然而,就在中国齐心协力抗击新冠疫情的紧要关头,西方国家却开始无端散布谣言,称新冠病毒为"武汉病毒",并炮制新冠阴谋论,将病毒来源直指中国。面对不利的舆论环境,我国政府始终保持开放包容的姿态,一方面,对某些西方国家的污名化指责进行了有理有据的驳斥,并始终坚持新冠疫情报道的公开化、透明化,积极向世界各国客观展现中国的防疫成果;另一方面,积极投身到全球防疫工作中,以自己的实力与担当,让世界各国看到了中国政府的高效务实。

当然,这场舆论的混战远没有结束。但从这一事件中,文科人应该清楚地意识到自己的责任与使命。由于受到政治、文化、历史、宗教等因素的影响,中国长期以来在国际舆论战中处于被动境地。中国拥有五千年的璀璨文明和悠久历史,坚持社会主义制度,坚持中国共产党的领导,信奉唯物主义无神论,这与世界上一些国家的固有文化认知存在较大差异。加上我国以往对跨文化传播的重视力度不够,跨文化交际人才较为短缺,导致目前我国在国际舆论环境中处于相对弱势的地位。在此背景下,加速新文科建设,培养具有批判性思维、文化自信的新一代跨文化交际人才,增强我国的外宣实力,提升文化"软实力",是我国接下来国际交往中的重中之重。

最后,新文科建设有利于提升世界对中国文化价值的认同。受我国几千年历史、政治、文化等因素的影响,中国的文化价值体系与西方世界的文化价值体系迥然不同。根据吉尔特·霍夫斯泰德(Geert Hofstede)的文化维度理论,中国属于典型的以集体主义文化为基础构建的话语体系,而西方国家多属于以个人主义文化为基础的话语体系(霍夫斯泰德,1984)。文化价值体系的差异导致中西方在行事作风上存在较大的差异,久而久之极易造成文化的误解及冲突。

因此,如何向外界传达中国"美美与共、和而不同"的价值理念,如何缓解不同价值观造成的文化偏见、文化冲突,无疑是中国当下需要重点解决的问题。因此,中国的新文科建设不仅肩负着培养教育、外交、宣传、语言等各方面优秀人才的重任,还应该在坚定文化自信的基础上,向世界展示中华文明的悠久历史和中国人民的开放包容,探索如何实现文化输出,展现中华文化的软实力。

1.1.2.2 新文科建设有利于满足行业对外语专业人才的迫切需要

外语专业人才主要的就业市场包括教育行业、翻译行业、外贸行业、政府部门、跨国企业等。近年来,随着中国经济实力的不断增强,以上行业对于外语专业人才的需求呈现井喷式增长。

教育行业方面,截至 2022 年 12 月,中国仍为世界第一人口大国。中国庞大的人口基数是教育行业的用户基础,同时也更加凸显教育资源的稀缺。在我国升学路径筛选机制下,优质资源供需矛盾突出,竞争激烈。因此,行业对于优秀外语师资的需求一直旺盛。然而,传统文科教育培养的人才普遍受限于传统教育模式,对知识的灵活掌握与应用能力不够。而随着信息技术时代的到来,传统的教育方式逐渐被现代教育方式取代,后者对教师的综合素质提出了更高的要求:教师不仅应该具备良好的思想道德素质,还应具备较高的专业素质及创新思维能力。教师不仅要教学生知识,还要教学生如何进行自主学习,培养学生的批判性思维。这就给我们的高等教育提出了新的命题,即如何培养满足现代教育需求的优秀教师。新文科旨在通过教学方法的改革,培养专业素质高、综合能力强、有创新视野的优秀学生,从而满足教育行业对外语人才的迫切需要。

翻译行业方面,高素质的翻译人才一直相当紧缺。中国翻译协会发布的《2022 中国翻译人才发展报告》指出,当前我国翻译从业人员总数超过 538 万,相较于 10 年前增加了将近 145 万,涨幅巨大。其中专职翻译人员约为 98 万,较 10 年前增长了近 54%。翻译人才队伍整体呈现"高知化"与"年轻化"的特征。但报告也同时指出,高水平中译外人才及小语种翻译人才依旧紧缺,社会对同时掌握语言技能和相关领域专业知识的"一专多能"型高素质人才需求迫切。

一名优秀的翻译,一是要掌握两种及以上的语言,要对自己的母语和外语都具备扎实的基础。二是要具备翻译工作的特定技能。翻译是两门语言之间的信息转换过程,以会议口译为例,要在极短的时间内迅速理解发言者的语意,进行记录,然后准确地用另一种语言重新组合并复述出来。这个过程需要经过长期训练,对口译员的记忆能力、记录能力、逻辑分析能力、理解能力都有很高的要求。三是要具有广泛的知识背景,特别是对政治、经济、法律、国际事务都要有所了解。四是要具有良好的职业道德,无论在何种场合,都要如实、准确地传递被翻译者的意思。在翻译工作开始前还要做好充分准备,认真、负责地完成每一次翻译任务。五是要具备一定的专业研究精神。这一切,都给现代高等教育翻译人才的培养提出了更高的要求。

外贸行业方面,随着中国经济的不断发展,我国对外贸易的体量逐年扩大。智联招聘平台大数据显示,2021 年第一季度,外贸进出口行业人才招聘职位数同比增长 11.2%。同时,近年来,外贸行业经营主体出现多元化的趋势,多种性质、不同规模的外贸企业和外贸公司同时并存,因而行业对外贸行业人才的需求也呈现出多层次、多规格的特征。外贸行业不再局限于传统的贸易形式,而更多地向跨国电商发展。这对外贸人才的综合素质提出了进一步要求,毕业生不仅应该具备必要的外语知识及外贸知识,更应懂得电商运营。而跨学科发展正是新文科建设中的重要内容。

政府部门方面,随着对外交往和全球化战略的不断深入,政府部门同样需要大量的外语人才。但过去高校培养外语人才往往局限于培养其传统的听说读写译的能力,对其跨文化能力及人际交往、团队协作能力的培养则远远不够。另外,由于政府部门工作的特殊性,外语人才还需要具备较强的媒体文化素养及临场应变能力。传统的文科教育显然无法完全满足政府部门对现代化"外语＋"人才的需求。因此,高校教育需要进入新文科建设阶段,培养兼具综合能力与跨学科素养的新时代专业人才。

跨国企业方面,随着地球村概念的不断深入以及中国营商环境的不断优化,大量外资企业进入中国市场,随之产生的是企业大量的外语人才需求。跨国企业需要的外语人才不仅应该具备专业的外语能力,更应该具备良好的沟通能力、较强的跨文化交际能力、强烈的创新意识以及卓越的领导力,而这在传统的外语人才教育中同样有所缺失。企业不得不在毕业生入职后花费大量的人力物力对其进行专项培训,这也是导致很多企业不愿意招聘应届毕业生的主要原因。由此可见,专注于人才综合素质培养与锻炼的新文科建设迫在眉睫。

1.1.2.3　新文科建设符合大学生实现自我发展的基本要求

大学生的自我发展主要包含几个方面:思想道德修养、专业知识积累以及能力素质培养。

思想道德修养主要体现在学生的思想政治修养上。传统高等教育中学生的思想政治教育工作主要由专业思政课教师以教授思政课程的形式完成。思政课程能使学生对马克思主义基本理论及中国特色社会主义理论形成系统性的认识,对国家的大政方针产生较为深刻的理解。但与此同时,思政课程也同样存在明显的弊端。作为纯粹的理论课程,思政课程往往重概念灌输轻实践检验,因此不可避免地存在形式单一、内容枯燥等问题,学生的接受效果欠佳。另外,教师的专业素质也会在一定程度上影响课程的输出质量。与思政课程不同,课程思政的优势在于学科背景广,授课教师可结合专业课程特点,以浅显易懂的形式进行思政教育。但同时也存在专业教师思政知识不够扎实、理论知识讲解不透彻、不能很好地将思政知识与专业课程知识相结合的问题。因此,应将高校课程思政与思政课程相结合,坚持价值性和知识性相统一、主导性与主体性相统一、显性教育与隐性教育相统一、灌输性和启发性相统一,实现两者的同向同行,优势互补。这与新文科教育强调"文科教育知识性与教育性相统一"的要求一致。

专业知识积累上,过去高等教育培养的单一型人才已经无法有效满足社会与企业的发展要求,取而代之的是对复合型跨学科人才的需求。

因此,大学生要实现自己未来职场的专业化发展,单单依靠外语知识是远远不够的,还需要了解大量与工作场景相关的其他专业知识,如外贸知识、传播学知识、法律知识、商务礼仪知识等。为顺利融入未来职场,学生渴望在校期间能够完成上述知识的初步积累。这就要求我们的文科教育向多元融合发展,在专业教育中实现跨学科发展,而跨学科融合则恰恰是新文科建设的重要目标。

能力素质培养上,外语教育必须从重视工具性、技能性和应用性向强化人文性、通识性与创新性转型,促进人的全面发展。这就要求外语专业学生除应具备专业知识外,还应具备必要的能力素质,如批判思维能力、创新意识、自主学习能力等。新文科建设的出发点和立足点是提升人才培养水平,培养具有跨界融合能力、科学精神和人文情怀,以及拥抱未来能力的新型人才。从这个角度来说,新文科建设满足了大学生能力培养的基本要求。

1.1.3　新文科建设是实现融合发展的必由之路

新文科的"新"除了反映中国引领、全球参与的新全球化带来的新机遇与满足国家、行业以及大学生自身的新需求外,还体现了融合发展的新理念。

1.1.3.1　新学科范式的融合发展

传统的高校文科教育以学科知识的内在逻辑结构为基础,一方面突出学科知识体系的逻辑自洽性,另一方面却也造成了不同学科之间的森严壁垒,即便是在综合性大学,学科之间也少有交叉融合。新文科的以学生为中心的教育理念,有助于打破学科壁垒,实现跨学科、多学科交叉融合发展。在新文科建设中,学科融合的出发点是人才培养、文化创新、产业革命等各方面的实际需要,而非刻意寻求两个学科之间形式上的交叉。融合应是自然和谐的,注重以问题导向为引领,对新文科建设的评价,也应侧重于问题是否得到妥善解决。

随着高等教育的普及化和国民素质的普遍提升,新文科运作模式也应作出相应调整。例如,教学与培训要体现出柔性定制、以人为本和质量保障的特征;科研应结合各自学科特点,全面探索如何综合体现学术、思政、文化、美育等价值;在组织治理上,文科院系及研究机构应找到自己独特的资源交换路径与社会网络定位,在不违背学术规范与伦理的基础上实现自给自足、发展壮大;在品牌建设上,努力打造特色、优势项目与专业,善于利用融媒体渠道宣传优秀教学科研成果,为广大师生、校友营造归属感与荣誉感,积累良好声誉与社会影响力,为未来发展奠定基础。

1.1.3.2 新技术手段的融合研究

传统文科主要遵循解释学的研究范式,学科发展主要依赖文献资料的收集、整合和解释。而新文科则旨在借助互联网、云计算、大数据、物联网等新技术、新手段,开辟文科发展的新视野和新领域。事实上,今天新技术和传统技术已不断地出现融合趋势。

例如,在外国语言文学研究中,研究者也在大量地运用语料库技术,实现语言的大样本分析。众所周知,世界各地的英语有着不同的口音,有纯正的伦敦音、布鲁克林街头腔等。但你是否听过刚果(金)非洲小哥的英语口语呢? 你是否了解玻利维亚人的英语语音呢? 语音口音档案馆(the Speech Accent Archive)可以在满足语音控猎奇心理的同时,为语音研究者提供丰富的英语语音素材。该数据库搜集了几百名来自世界各地、不同民族语言背景的人们针对同一段文字的录音材料,每段录音都详细记录了音频提供者的背景资料,对每段语音也很详细地进行了转写。对于研究者来说,可视之为研究英语使用者发音特征的独门利器;对普通人来说,其则是一个了解各地英语口语的难得窗口。

再比如,虚拟仿真(Virtual Reality,简称 VR)技术,就是用一个系统模仿另一个真实系统的技术。它以仿真的方式为用户创造了一个实时反映实体对象变化与相互作用的三维虚拟世界,并通过头盔显示器(Helmet Mounted Display,HMD)、数据手套等辅助传感设备,向用户提供一个观测与交互的三维界面,使用户可直接参与并探索仿真对象在所处环境中的作用与变化,产生沉浸感。VR 技术是计算机技术、计算机图形学、计算机视觉、视觉生理学、视觉心理学、仿真技术、微电子技术、多媒体技术、信息技术、立体显示技术、传感与测量技术、软件工程、语音识别与合成技术、人机接口技术、网络技术、人工智能技术等多种高新技术的集成。其逼真性和实时交互性为虚拟仿真技术提供了有力的支撑(张慧敏、白日东,2005)。虚拟仿真教学就是利用计算机软硬件组建的系统平台来创建各种虚拟现实,并根据所学理论知识在虚拟环境中进行操作、验证、设计、运行等的教学方式,以此实现教学活动的沉浸性和交互性。教学过程中教师可利用虚拟仿真技术调动学习者的听、视、触等感官,接受并反馈相关知识信息,从而激发学生的学习兴趣和创新意识,开展自主探索与创新学习。虚拟仿真教学不仅是一种新的教学方法和教学手段,更是发展教育现代化、智能化的基础技术。虚拟现实和仿真技术可以有效提高学习效率和学习者的主观能动性。计算机虚拟仿真教学在教育教学活动中发挥了积极作用,大大推动了教育现代化的进程和发展(胡晓辉、万嵩,2015)。

1.1.3.3 新评价方式的融合评判

学科质量评价上,在传统文科发展范式之下,学科质量评价主要观测学位点层次和数量、科研项目、科研经费、学术论文和论著发表、各级各类科研获奖等静态显性指标。与之相对应的,高校在考核教师时也往往以学历、论文、奖项、项目等作为评价标准。

新文科建设则在优化显性指标的基础上,强调学以致用,突出强调问题解决与行动能力、高素质人才供给能力等动态隐性指标。新评价标准将师德放在首位,实行两个"一票否决",即师德问题"一票否决"、学术造假"一票否决";突出对教师教书育人工作的实绩考察,以职业属性和岗位要求为基础,区分不同教师队伍的特点、不同学科的特点,分层分类制定评价标准,着力提高评价的科学性和针对性。同时,考核评聘中也破除"唯论文、唯帽子、唯职称、唯学历、唯奖项"的"五唯"倾向:一是淡化论文要求,推行代表作制度,改变片面地将论文、著作数量与职称评审直接挂钩的做法,将教案、教研报告、参与学校专业建设、参与实训基地建设、指导学生实习成果等也作为评价的内容。二是不以人才称号作为人才评价的限制性条件和优先性条件,让各类人才都有展示才华的机会和平台,让人人都有事业出彩的机会。三是淡化资历要求,优秀教师和作出突出贡献的教师可以不受层级的限制,直接申报高级职称。四是淡化学历要求,对学历仅做一般性要求,为不具备学历的特殊人才建立特殊通道。五是淡化奖项要求,不对奖项做硬性要求,不把荣誉性称号作为限定性条件。注重教师思想政治与师德考核,注重教育教学工作实绩和贡献,破除科学引文索引(SCI)至上的观念,边破边立,发挥教师评价"指挥棒"的良好导向作用(马爱平,2019)。

在学生评价方面,传统的学生学业评价往往以期末考试成绩作为主要评价指标,而忽略了学生的过程性学习表现。新文科建设要求促进课程的高质量发展,科学合理地反映对学生学习过程的质量评价。将过程性评价与终结性评价相结合,可实现对学生的立体化、全方面、客观公正评价。创新多元化学生评价,应着重考虑学生在创新意识、创造思维、创新能力、创新品格等方面的综合发展,以及与之相应的对学生情感、态度、价值观形成的评价。不仅应关注基本知识与技能的培养,更应关注个体的进步和多方面潜能的发展,以促进其全面发展、终身发展。在具体评价指标上,应确保评价主体、评价内容、评价标准、评价方法以及评价结果处理方式的多样化。

1.1.3.4　中外文化的融合共通

在过去的很长一段时间里,由于中国与西方发达国家在政治、经济、文化等各方面存在显著差异,中外文化的融合共通并不顺畅。而今天,随着全球化理念的不断深入以及中国对外影响力的不断扩大,中国在对外交流合作、突发事件处理以及全球重大决策上向世界展示了中国方案,体现了中国实力与中国智慧,生动诠释了中国人民"美美与共、和而不同"的价值理念。在对外交往中,中国不仅以自己的经济、军事等硬实力让世界刮目相看,更以博大的胸襟、源远流长的文化软实力令全世界钦佩。在与世界各国的交流过程中,我们不但输出了我们的文化,更增强了我国人民的文化自信,真正实现了跨越国家、语言、种族的文化融通。

学科融合、技术融合、评价方式融合以及文化融合在很大程度上影响着外国语言学科的内涵发展与整体设计,融合发展的全新理念将彻底突破单一学科、单一技术、单一评价方式以及单一文化的主观性和封闭性造成的学科发展瓶颈。新文科建设也因为突破了上述学科、技术、文化等瓶颈，逐步从单一前进过渡到融合发展的态势。这也是新文科建设的重要背景，即我们的世界出现了融合发展的态势。

1.2 新文科的内涵

1.2.1 新文科的概念及特性

什么是新文科？对此，官方并未给出明确定义。各路学者则多从新文科与旧文科的关系对比方面对新文科的概念给出解释。如武汉大学法学院教授冯果(2019)认为，新文科的概念是相对于传统旧文科而言的，是在旧文科基础上的提升，它代表着一种学科融合的趋势，是对人才培养导向的一种调试。鲁东大学的吴丽娟(2021)教授则认为新文科建设以旧文科为发展基础，以学科协同合作为主要发展方式，立足于中国发展实际，树立中国学术自信。由此可见，学界对新文科的定义见仁见智，多从新文科的内涵、特性等方面进行总结。

笔者认为，要搞清楚什么是新文科，首先应清楚新文科概念的来源。新文科的概念最先由美国希拉姆学院于 2017 年提出。它是指利用新技术对传统文科进行专业重组，不同专业的学生打破既有学科界限进行跨学科学习(樊丽明，2019)。在我国，新文科的概念最早于 2018 年提出。根据前一节阐述的新文科的建设背景，我们认为新文科是基于新全球化与当代融合发展的要求，为满足国家、行业与自身发展需求而建设的突破传统文科界限，强调学科融合、文理交叉的综合性学习理念。

新文科的"新"主要体现在以下三点：

第一，凸显中国特色。新文科的提出是为了满足新全球化的世界浪潮与中国特色社会主义的发展需求，以此建立具有中国特色的、在全球范围内具有广泛影响力的学科体系，引领学科发展，彰显中国情怀。

第二，强调创新性。创新是一切学科发展的基础与生命力所在。新文科建设要在传承旧文科优秀基因的基础上，根据我国社会主义现代化建设实际需求,面向未来,面向世界,进行学科的改造、升级和转型,实现理论与实践的创新,从而增强学科的生命力与竞争力。

第三,反映融合交叉性。"融合交叉"是新文科建设的关键词。随着新技术的不断涌现,学科研究不再局限于传统的单一学科,也不再简单区分文科、理科,而更多地强调多学科交叉与融合。2021 年年初,国务院学位委员会、教育部印发《国务院学位委员会　教育部关于设置"交叉学科"门类、"集成电路科学与工程"和"国家安全学"一级学科的通知》,"交叉学科"成为我国第 14 个学科门类(张惠娟,2021)。这意味着学科的交叉融合被提升到了前所未有的重要位置,它将成为我国培养创新型人才的有效途径。

1.2.2　新文科建设的培养目标

马克思主义者认为,社会发展的根本目标是实现人的全面发展。因为人作为社会生产力的核心要素,被视为社会发展的源动力。在社会竞争日益激烈的今天,在"百年未有之大变局"的新全球化格局中,提升学生综合素质、培养兼具全球视野和家国情怀的时代新青年,以及在未来全球竞争中赢得竞争优势,无疑是时代赋予我们这一代教育工作者的责任与使命。

新文科建设正是在这样的背景和考量下展开的。目前,社会各界对新文科的建设普遍寄予厚望,认为新文科建设是"四新"建设中的重要一环,并提出了许多关于新文科建设的具体设想与路径分析。笔者认为,新文科建设之路怎么走,关键性的第一步是明确新文科建设的培养目标是什么,即培养什么样的人、为谁培养人。

1.2.2.1　新文科建设应致力于培养具有人文素养的专业人才

应用型人才的培养对当今社会发展的重要性不言而喻。因此,2015 年,教育部、国家发展改革委和财政部联合发布《关于引导部分地方普通本科高校向应用型转变的指导意见》,意见明确指出,将引导地方普通本科高校向应用型转型(任敏,2015)。

应用型本科院校是指以"应用型"为办学定位的本科高校,目标是使培养的学生能够更好地服务地方经济,增强学生就业创业能力,提高各地方高校服务区域经济与社会发展、实现创新驱动的能力。应用型本科院校的建设符合我国现阶段社会经济发展的基本要求,也契合了我国现阶段对应用型人才的要求。然而在具体实施的过程中,也出现了一些问题。

第一,人才培养的功利性影响着应用型人才人文素养的发展。由于专业设置的特点以及学生本身的基础问题,在应用型本科中,学生的人文素养普遍不高。应用型本科专业学生的培养与市场对学生的需求往往紧密挂钩,在此背景下,应用型本科专业的专业设置与课程设置往往更多地考虑社会市场需求,而忽略了对学生人文素养的培养。因为只有培养更多具有专业技能的人才,才能更好地满足社会对应用型人才的需求,这种培养方式快捷高效,效果更是立竿见影。在这样的观念影响下,应用型高校往往侧重于专业知识的教授,而忽略了学生基础人文素养的养成。此外,即使是旨在培养人文素质的通识课程,也受到"实用主义"指挥棒的影响,而逐渐没落为边缘学科,没有得到应有的重视。

第二,学生的功利化追求也极大地影响了学生对人文素养的追求。在市场化经济的影响下,功利主义思想泛滥,身处象牙塔之中的大学生亦无法幸免。事实上,不少学生和家长在高考结束选择专业的时候就已经将所选专业与日后的经济回报挂钩,高收益专业的报考人数甚多,没有"钱途"的专业则逐渐沦为冷门专业。因此,学校为了自身招生和就业率,也会逐渐摒弃那些"钱途"较差的专业,而更多地开设热门专业,这导致全国学生一窝蜂涌向某个专业,使某些行业的毕业生供求严重失衡。在这样的思想影响下,学生一进校门要么关注于考证书、参加比赛(这些证书及比赛往往对未来就业有利,或者能够为将来继续深造添砖加瓦),要么早早投身社会实践,美其名曰增长社会实践经验,为将来求职积累经验。在课程学习上,学生更关注的也是考了多少分,而不是学到了什么知识,更遑论自身人文素养的培养。相关调查结果显示,有相当一部分的理工科学生不清楚何为人文素养,他们对中国传统文化一知半解,对中国历史乃至世界历史更是知之甚少,文学修养较低,对艺术的追求更多地体现在对娱乐明星的疯狂追逐上。而部分文科学生的情况也不甚乐观。他们对于人文素养的理解仅仅局限在自己的专业范畴内,对专业以外的其他人文知识兴趣寥寥,亦无过多涉足。

第三,大学生的信仰与价值观偏差导致道德素养出现滑坡。随着物质生活的日益丰富,人们对物的依赖性越来越高。物不再仅仅是用来满足日常生活的必需品,而转变成了与财富、地位、品味挂钩的炫耀物。随之带来的是人们心态上的变化,人们为了最大限度地拥有物质,逐渐沦为物质的奴隶。受到这种错误思想的影响,部分大学生出现了信仰和价值观的迷失。他们错误地将高等教育看作未来走向高薪就业的敲门砖,忽视了人文素养与道德素养的提升,遇事急功近利,贪图享乐,待人接物缺乏教养。

而这显然与我国高等教育的育人目标相背离。因此,为了国家的可持续发展,为了培养真正的社会主义建设者与接班人,我们必须重视新文科建设,培养学生的人文素养。

1.2.2.2　新文科建设应致力于培养具有创新精神的研究人才

笔者认为,新文科的“新”不仅应体现新旧之新,更应体现创新之新。创新是一个民族进步的灵魂,是国家兴旺发达的不竭动力。因此,一个国家的发展绝对离不开对创新的坚持与鼓励。

新文科领域的创新首先体现在创新培养模式上。我们的培养模式不应仅仅局限于传统的教师讲授模式,而应该主动探索更多的可能性。线上线下混合式教学、校企合作、第二课堂、大学生创新创业实践等,都是高等教育现行培养模式下的有力探索与实践。

新文科领域的创新还体现在创新培养内容上。学生不仅学会书本上的知识,还学会如何将理论与实践相结合,如何更多地让理论服务于实践。学生也不应仅仅偏重专业知识,还应该对通识课程给予足够的重视。如果说专业知识决定了学生专业发展的深度,那么通识人文知识则会影响学生未来发展的高度。

最后,新文科领域的创新还体现在创新评价方式上。应改变教师和学生“唯分数论”的倾向。一场考试顶多反映了学生对于卷面知识的掌握程度,但无法对学生的学习态度、学习动机以及课堂表现进行全面的展现。因此,新文科教育提倡创新评价方式,将传统的终结性评价模式转变为更客观公正的形成性评价模式,以更好地反映学生学习情况。

只有实现新文科教育中培养模式、培养内容以及评价机制的创新,我们才有望培养出真正有创新精神的研究型人才。

1.2.2.3 新文科建设应致力于培养兼具中国情怀与全球视野的跨文化交际人才

随着新全球化的不断深入,中国作为其中的重要力量正不断地深入其中。而在这样一个开放、多元的新全球化环境中,各种思想的碰撞在所难免。在以往的对外交际过程中,我们更多地关注如何解决在跨文化交际过程中出现的文化冲突问题,以及如何更好地融入全球化进程。但随着我国综合国力的不断增强,以及中国文化在全球范围内的广泛传播,我们在解决微观的跨文化交际具体问题的同时,还需要从宏观角度思考事物矛盾存在的背后根源以及文化融合的可能性。因为只有在宏观上把握问题背后的深层次原因以及世界的发展趋势,才能跳出问题本身,更好地厘清事物背后的因果关系。

对于新文科的建设者来说,这就意味着我们不仅要培养能满足中国用人市场需求的学生,还应将目光放得更为长远,更多地关注和培养适应全球发展需要的跨文化交际人才。

新文科培养下的跨文化交际人才首先应具有足够的中国情怀。作为一个跨文化交际人才,首先需要明确自己的身份与国家归属,学生应对中国的传统文化、历史等有足够的了解,在充分了解的基础上,才有可能做好对外传播。

其次,新文科培养下的跨文化交际人才还应该具有国际视野。作为新全球化浪潮中的一分子,任何一个现代人的生活都或多或少受到全球化的影响。我们应通晓国际规则,熟悉他国文化,了解别国禁忌,唯有如此,才能真正做到知己知彼,开展真正的跨文化沟通,达成传播中国智慧、实现多元文化交流的目的。

1.2.2.4 新文科建设应致力于培养具有批判性思维的思考型人才

如前所述,随着跨文化活动的增多,各种意识形态不断碰撞激荡,思想上的冲突在所难免。在跨文化交流过程中保持头脑清醒,以及在大是大非面前守住立场,都需要我们具有批判性思维的能力。

批判性思维就是通过一定的标准评价思维、改善思维,是合理的、反思性的思维,它既是思维技能,也是思维倾向。

首先,马克思主义的精髓就是批判性思维,包括当时对资本主义世界、对德国古典哲学的批判,没有批判性思维就不会有马克思主义。连不信仰马克思主义的某些西方学者都对马克思的批判精神给予了高度评价(李培根,2018)。

其次,在教育领域,批判性思维更为重要。教师有时候不自觉地把学生当成被动接受知识的对象。实际上我们的教育一直以来都是以教师为中心的教育,在课堂上我讲什么你听什么、我教什么你学什么。严格地讲在这种模式中教师自己也变得程式化。教师需要对自己的角色做一点批判性思考:到底应该如何进行自我定位?教师和学生的关系到底应该是一种什么样的关系(李培根,2018)?而学生则应该思考自己的角色问题:我与教师是什么样的关系?教师说的是不是都对?我是不是需要无条件地全盘接受?教材里的表述是否都是对的?教材是否会出错?

多培养一些批判性思维,学生遇事就会多问一个为什么。以后步入社会,也就少一些随波逐流,多一些独立思考。

1.2.3 新文科建设的内涵

如前所述,新文科建设是新全球化浪潮下全球创新大势中的必然选择。作为高等教育事业的参与者,我们应审时度势,仔细研究学科创新规律,进一步丰富和拓展新文科的内涵,提升新文科的核心竞争力(夏文斌,2021)。

1.2.3.1 构建学科交叉的新文科新格局

现代科学的发展已经突破了单专业、单学科的限制,更多地倾向于融合交叉。在学科发展中,既看重所涉专业的深度,也重视所涉专业的广度。社会实践也已经多次证明学科交叉融合的重要性。无论是中国国内,还是国际上的重大实践问题,都很难依靠某个单一专业或学科解决。

例如全球抗疫工作,从学科导向来说,我们不仅需要大医学下属的公共卫生学、免疫学、预防医学、心理健康科学等多个子学科的通力配合,还需要管理学、经济学、政治学、人口学、计算机科学等其他学科的支撑。并且在解决上述问题时这些学科不可能单打独斗,各学科之间需要实现数据共享、知识共享和方法共享。另外,新文科建设倡导的跨学科交叉融合,并不是指各学科的简单组合叠加,而是指在问题导向指引下,根据实际情况,以某学科为主导,其他学科充分发挥各自优势,在有效组织中实现高效运作。

目前,国内各高校的专业设置也已经越来越多地呈现出学科交叉、专业交叉的倾向,如艺术文化学、文化创意学、数字媒体创意工程、城市公共设施信息化管理、语言文化与世界文明、社会哲学与文化发展等学科和专业。

1.2.3.2　实现理论与实践的有机结合

长久以来,"文科无用论"一直充斥于学术界。形成这个论点的理由有二:第一,文科专业如历史、文学、政治、国际关系等都缺乏看似秘不示人的体系,对上述专业感兴趣的理工科学生高谈阔论起来未必比文科生差;而反之,理工类的学术是相对设限的,拥有大量公式、术语和定理,令文科生望而生畏。因此,文科常给人以错觉,学了文科却又好像什么都没学。第二,文科生在就业上的相对弱势并不是一个伪命题。据麦可思《2021 年就业蓝皮书》,众多文科专业,如绘画、历史学、音乐表演、法学等高居最难就业的红牌专业前几位,其中,历史学、音乐表演、法学连续三届红牌;《2022 年中国大学生就业报告》的数据显示,2021 届本科毕业生月收入前十的专业中没有一个出自人文学科。

笔者认为,导致文科专业一直没有得到应有重视的一个重要原因在于文科专业没有很好地实现理论与实践的有机结合。任何一门学科的发展都应由理论和实践构成,对于新文科来说,强调两者的有机结合,更是未来新文科建设顺利开展的必备条件(夏文斌,2021)。

虽然长久以来文科专业更多地强调对理论知识的背诵,但实践在文科专业同样不可或缺。必须看到的是,新文科建设从根本上来说就是要培养德智体美劳全面发展的人才,就是要回答人的存在和发展意义的终极问题。从这个意义上来讲,如果我们的基础理论不能很好地回应社会的需要和时代的思考,就难以得到社会的广泛认同和青年学生的支持。此外,如果我们的实践长时间脱离理论支撑,无法解决社会发展中遇到的实际问题,又不能对所涉理论进行有效补充,就会显得短视和功利,更遑论从具体实践中得到深层次的理论提升了。

因此,通过新文科建设,我们应在实现教育教学创新的同时,进一步实现理论与实践的有机结合,并将两者结合产生的成果运用于人才培养体系中。

1.2.3.3 实现人文精神的传承与发展

随着科技的发展和互联网应用场景的不断拓展,许多依靠新技术发展起来的新平台和新应用在社会生活中发挥着越来越重要的作用,如目前的虚拟仿真技术、网络问卷平台等。这些新平台和新应用的产生都在一点点改变过去文科单纯靠笔、靠纸的单一化、扁平化发展思路,给新文科建设赋予新的动能。

尽管如此,我们依然需要清醒地认识到,不管新文科建设被赋予了多少耀眼的光环,新文科的内核决不能丢,那就是人文精神的传承和发展。中华人文精神是中国数千年文化的丰厚积淀,是一批批有识之士,从中国国情与历史发展规律中提炼出来的精神要素,是中华民族代代相传的价值追求和行为规范,也是中华民族百折不挠、奋勇向前的重要动力来源。

同样,世界其他国家的人文精神也都体现了每个国家和民族自己独特的历史过往与文化积淀,是属于每个国家的丰厚的精神财富,值得我们学习。

人文精神的传承与发展,是关系到一个国家精神文明与文化积淀的重要一环,也是反映这个国家文化软实力的重要指标。因此,在新文科的建设过程中,应将人文精神的传承与发展作为其核心要务。

1.2.3.4 增强服务国家大局的能力

高等教育是促进社会进步和构建新发展格局的重要载体。从全球的发展趋势也可以发现,国家的实力与大学的实力是紧密相关的。一个国家的综合实力越强,世界影响力越大,这个国家的大学就越有发展空间(夏文斌,2021)。而一个国家的高等教育发展得越好,则越能源源不断地给国家培养大量有用的人才,从而给国家综合国力的增长提供强大的推动力。从这个角度来说,大学的发展水平、高等教育的发展水平,可以作为衡量一个国家综合实力的有效测评标准。

具体来说,提高新文科建设水平,增强国家综合实力,可以从以下三个方面持续发力:

第一,实现理论创新、思维创新以及方法创新,推动社会经济发展。任何伟大的实践过程都离不开重大理论的指导。当今中国已进入开启全面建设社会主义现代化国家新征程的重要历史关口,我们建成了世界上规模最大的社会保障体系,实现了全面建成小康社会的奋斗目标,高质量地打赢了脱贫攻坚战,这一切成就的背后,都离不开中国特色社会主义理论和习近平新时代中国特色社会主义思想的指引。我们的专家、学者应该更多地聚焦社会现实问题,在正确思想理论的指引下,坚持理论创新、方法创新,勇于并善于提出新思路和新方法,为国家建设与发展提供更多的理论支撑,更好地为社会主义现代化建设出谋划策。

第二,培养更多满足社会和市场需求的人才。高等教育的核心任务是人才的培养。新文科建设中的"新",就是要求我们的人才培养应同社会实际需求相结合,以社会需求为出发点进行学科布局和人才培养内容的迭代更新。因此,新文科建设的根本任务就是培养满足社会需求的人才。然而,我们也不得不承认,面对瞬息万变的社会发展,我们的人才培养内容和模式还不能做到完全适应。例如,一些专业的人才培养体系已经落后于社会发展现实。教师们在课堂上手握内容陈旧的教材,讲授着旧知识旧理论,而学生学成进入社会后,却无奈地发现学校所学的知识早已被淘汰,于是不得不在工作中重新学习,由此变相提高了企业的用人成本,导致很多企业不愿意招聘应届毕业生。再比如,部分学生在校期间成绩优异,理论知识讲起来头头是道,但进入职场后,却发现自己的动手实践能力远远跟不上,被嘲笑为高分低能。所有这些都需要大学自身敢于改革创新,加速学科与市场需求的对接融合,统筹各类资源,通过各种方式,增强知识的应用性与实践性,提升学生解决实际问题的能力。

第三,进一步推进产学研政一体化。产学研政一体化改革是经济社会实现可持续发展的必然要求。"产"是指产业界及各类产业中依托技术创新的现代企业和现代企业家,要实现大产业大集群的高质量发展,就必须打通生产、流通、消费、分配等各个环节,而这样的打通交互仅靠产业部门自身很难实现;"学"泛指学术界,高校的人才培养规划若不考虑产业用人实际需求,不让培养出来的学生参加生产实践,不在日常教学中展现最新科研成果,不与国家和各级政府发展战略相对接,就难以高质量地完成高等教育教学任务;"研"主要指以进行基础研究、应用研究和各类技术开发为中心的应用型科研院所以及高校中的科研机构(罗克美,2012),对于这些服务于国家宏观战略的研究者来说,如果不去实际生产一线发现问题,不去试图通过人才素质提升解决问题,不将自己的研究重点与国家战略重心相协调,就难以取得高质量的研究成果;"政"指国家和各级政府部门,政府部门的战略目标制定不是闭门造车,而需要对产业部门生产实践过程中出现的问题、面临的困难做充分的调研,对育人单位的人才培养目标及短板有充分的认识,对科研成果的去向有足够的了解,只有这样,才能充当三者的协调者,帮助产学研真正实现协调发展,实现合力最大化。

事实上,历史经验表明,任何一个国家的经济腾飞都离不开上述四方的共同努力。在第一次工业革命的发源地英国,第二次电气化革命的发源地德国,第三次信息化革命的发源地美国,我们都看到了高校对新技术的强烈关注,看到高校打开大门办教育,把大学办在产业中,把产业放在大学里,从而使得产品的竞争力和高校的办学实力与影响力得到显著提高(夏文斌,2021)。目前,第四轮工业革命的浪潮正席卷而来,人工智能、基因技术、生物技术、清洁能源等成为本轮工业革命的关键词。每一次的工业革命都是世界各国综合实力洗牌的关键时机,因此,这是挑战,也是机遇。面对这些前沿领域,中国高校必须抓住良机,通过产学研政一体化,在理论创新与实践融入中不断发力,提升各学科特别是新文科的影响力和综合实力。

1.3 新文科建设对外语专业人才培养提出的要求

改革开放以来,传统的外语人才培养模式为我国外语教育、外交外事以及社会经济各领域培养了大量的外语人才,为我国的现代化建设作出了不可磨灭的贡献。同时,我们也要清醒地认识到,随着社会的发展,传统的外语人才培养模式已经无法满足当今社会对于人才培养跨学科化、多样化以及专业化的要求,也无法满足"一带一路"倡议及中华文化"走出去"战略对各领域外语人才的需求,更无法充分应对人工智能给传统行业带来的挑战。

面对新形势对外语专业的冲击,社会上开始出现"学英语无用"的言论,认为外语人才特别是英语人才需求已经严重饱和,部分高校甚至出现了主动或被动撤销英语专业的现象,学界对外语专业转型的呼声也越来越高。但如何转型,如何调整人才培养模式以更好地适应新形势下的新变化,则是需要广大教育从业者认真思考的问题。在新文科建设背景下,我们应该审时度势,对外语专业的人才培养模式以及外语专业学生应具备的核心素养重新进行定位,以习近平总书记要求的"熟悉党和国家方针政策、了解我国国情、具有全球视野、熟练运用外语、通晓国际规则、精通国际谈判的专业人才"为标准培养专业外语人才。具体来说,结合当前新文科建设实际,对外语专业的人才培养规划的调整应从以下五个方面着手:

第一,以德为先,创新课程思政体系,以"课程 + 思政"模式培养高素质外语人才。2019 年 2 月,中共中央、国务院印发《中国教育现代化2035》(2019),为未来中国教育信息化的发展路径指明了方向。本战略规划明确指出,要树立以德为先的教育现代化基本理念,将立德树人和加强思想品德修养作为人才培养的根本任务。新文科背景下的外语人才培养应以立德树人为价值导向和战略核心,着重思考"培养什么人、怎样培养人、为谁培养人"的根本性问题,强调中国实践与全球视野的结合,强调人格塑造在人才培养中的重要性,推动知识、能力与人格塑造三者协调统一的全人教育。在实现学生个性化发展的基础上,培养学生传播中华文化、讲好中国故事的能力。在专业课程教授过程中,应结合课程各自特点,以灵活多样的方式嵌入课程思政教育,开展外语专业课程思政的教学改革,实现外语能力培养和思政教育的深度融合,以培养具有完善人格、坚定信念和卓越专业能力的高素质外语人才。

第二,以第一外语为抓手,培养多语种复语型人才。复语型人才主要指所培养的人才除母语之外,能够比较熟练地掌握两种以上的外语,具有跨文化多外语交流能力(王雪梅、徐璐,2011)。随着"一带一路"倡议的持续推进,英语作为单一交流工具已无法满足复杂语种环境下的交流需求。因此,培养以第一外语为抓手,灵活掌握其他一到多门语言的复语型人才成为新形势下的新要求。外语专业,特别是外语学校的外语专业,应结合本校优势及本地优势,给学生提供更多通用及非通用语种的训练机会,以"第二外语""第二学位""辅修专业""微专业"等方式培养学生的复语能力。例如,北京语言大学在对近年报考本校外语类专业的保送生、自主选拔及提前批次生源进行广泛问卷调查和深入统计分析的基础上,在 2014年本科生招生专业中新增了英语("英+西"复语)、日语("日+英"复语)、翻译("英汉法"翻译)三个复语方向,以期更好地满足学生进行多语种专业学习的愿望,有效提高了学生的综合素质和竞争力。笔者所在的浙江越秀外国语学院作为一所地方民办本科院校,着眼于学校所在地浙江省绍兴市纺织行业集群需要大量精通英语与其他小语种人才的地方实际,通过开设"第二外语""辅修专业"及"微专业"的形式,积极鼓励学生学习掌握多门外语,增强市场竞争力。这种结合本校优势或地方特色的培养模式,既对接了国家"一带一路"倡议,为社会培养了大批多语言的卓越国际化人才,也拓宽了学生的就业渠道,为学生的未来发展提供了更多的可能性。

第三,以"一带一路"倡议为契机,加强国别与区域研究人才培养。随着 2013 年"一带一路"倡议的提出,打造人类命运共同体以及经济融合、政治互信、文化包容的利益共同体,正成为越来越多国家,特别是"一带一路"沿线国家共同追求的目标,而加强与"一带一路"沿线国家的"政策沟通、道路联通、贸易畅通、货币流通、民心相通"则是后续各方面合作的重中之重。在这样的大背景下,我们应该清楚地看到,由于"一带一路"沿线国家众多,各国的社会经济发展水平和基本国情以及政治、历史、文化背景都有较大差异,因此,加强对各沿线国家政治、历史、文化背景的了解以及对未来社会经济发展趋势、双边合作及多边合作可能性的预测将毫无疑问地成为有效落实国家"一带一路"倡议的关键。基于上述事实,培养国别与区域研究人才将成为我国有效落实"一带一路"倡议的重要前提和必备条件。当前,国别与区域研究正成为外国语言文学学科中新的研究热点,并逐渐呈现出制度化和专业化的特点,但同时也暴露出了国别与区域研究专业人才缺口大、学科归属不明确、国别与区域覆盖范围窄、组织结构固化等问题。基于上述现状,可从国家、院校及学科层面出发,提供多层次多维度的政策支持,建立跨学科人才培养体系,全面系统地开展国别与区域研究专业人才的培养工作。在人才培养体系中,应加大各国文化概况、国别区域研究方法等课程比例,为学生开展本领域研究奠定必要的理论基础;另外,可结合各类涉外实践活动,选派学生开展实地调研,强化学生国别区域研究的综合能力。

第四,以外语能力为基础,加强学生跨文化综合能力培养。语言是人类与外界进行沟通的重要渠道。掌握某一门语言不仅应掌握语言知识与技能本身,更应该重视对语言相关的综合能力的培养,如跨文化沟通能力、人文素养等。跨文化沟通能力及人文素养的培养要求学生具备基本的人文学科相关知识,即学生需要对与所涉语言相关的文学、文化、政治、历史等内容有较为深入的了解。另外,在跨文化外语人才培养中,也应特别加强中国政治、文化、社会、历史等知识模块的教学。学生只有在充分了解本国文化的基础上,才能真正做到用外语讲述中国故事,传播中国文化。

除此之外,跨文化外语人才的培养还应追求工具性与人文性的融合统一,这是新文科未来人才培养计划的核心要素。在具体做法上,各高校应结合自身定位和地方特色,在培养学生外语能力的同时,适当增加教育类、法律类、经济类、管理类、传播学类等选修课程,帮助学生在学习外语知识的同时,掌握外语知识的专业化应用场景。通过这种培养机制上的创新,有效构建"外语＋"人才培养机制。

第五,以"互联网＋"为工具,开展语言教育的信息化教学创新。互联网以迅猛的发展势头快速地进入每个人的日常工作和学习生活中,教育领域亦不例外。新文科的建设要求在培养外语人才的过程中,有效利用大数据技术、信息技术的研究成果,促进人才培养模式和教学方法的现代化改革。通过在线学习,拓宽学生的知识获取渠道;通过混合式教学,提高学生学习效率,增强学生自主学习能力;通过虚拟仿真训练,改善学生学习效果,加深学生对知识的理解。另外,大数据技术可以根据学生的学习情况,有针对性地提供预习、复习方案,并给出改进学习的建议,从而实现因材施教;教师也可以第一时间了解学生学习状况,获取教学改进建议,以进一步改善教学效果。因此,在新文科建设过程中应重视与计算机科学、大数据科学等学科的交叉融合,促进教学领域的变革,为学生实现交互学习、研究性学习以及自主性学习提供更好的学习环境。

结合上述五点,我们可以明确新文科背景下的外语人才培养应以立德树人为首要前提,以"互联网＋"为主要工具,以培养复语型人才和国别与区域研究人才为主要抓手,加强学生跨文化综合能力的培养。在外语人才培养过程中,应以学生的长期可持续发展为导向,以国家、行业需求为出发点,合理设计课程体系、课程资源、教学方法及评价方式,提升我国外语人才培养质量,打造中国特色的外语人才培养模式。

第2章　混合式教学的发展

专业课授课教师往往面临学时有限与专业课系统知识繁杂的矛盾，不得不重理论讲授而轻实践操练，使学生难以做到学以致用。再加上传统课堂多采取教师"满堂灌"的教学模式，忽略了对学生自主学习能力的培养，导致学生对学习产生厌倦情绪。因此，长期以来，传统教学模式一直受到质疑（楼凌玲，2020）。

信息技术的发展不仅改变了人们衣食住行的各个方面，也为教育的现代化发展提供了技术保障。随着国内外各类慕课平台的建立，越来越多的人参与到慕课学习中。慕课的优质教育资源和创新学习过程为学习者带来了全新的学习体验，但因呈现方式单调、针对性指导缺失、在线参与度不足、不能满足个性化学习等原因导致学习者难以进入深度学习状态（蒋梦娇、邹霞，2014）。再加上慕课建设及后期维护需要大量人力物力财力，如果每个高校都不顾自身实际情况投身于慕课建设，显然不符合效益最大化原则，亦会造成大量资源浪费。因此，各大高校特别是地方民办高校迫切需要寻找另一种更为有效、经济的教学模式。在此背景下，SPOC教学模式应运而生。SPOC来源于慕课，是将慕课本土化的一种"线上线下"相结合的新型教学模式(林晓凡、胡钦太、邓彩玲,2015)。SPOC 是 Small Private Online Course 的缩写,也被称为私播课,相对于慕课的大规模开放性,SPOC 将大量优质教学资源与小规模准入课堂相结合,是一种结合了慕课与传统课堂优点的教学方式(楼凌玲,2020)。

2.1　慕课的产生及其发展历程

2.1.1　慕课的起源与定义

慕课即大型开放式网络课程,也被称为 MOOC(Massive Open Online Courses)(徐倩,2019)。从字面上看,慕课是一种课程模式,具有大规模性、开放性以及在线性的特点。维基百科将慕课定义为"一种不限制参加学习者人数,对所有线上用户开放的网络课程"。这些课程除了提供事先制作好的微课视频、拓展阅读材料和相关测试题外,还提供论坛供学习者与教师进行交流答疑。因此,慕课被认为是现代远程教育的最新发展成果。

慕课将大量的学习者汇聚在同一门课程中,实现了在传统线下学习中无法想象的上万人同时学习一门课程的壮观场景。另外,这种课程几乎没有学历、时间、财富等门槛的限制,学习环境也相对自由。

慕课最开始的形式为网络上的在线教育。2007 年,美国犹他州的戴维·威利(David Wiley)在网络上上传了一门名为"开放教育导论"(Intro to Open Education)的在线课程供人们免费学习。2008 年,加拿大教授亚历克·考罗斯(Alec Couros)在网络上开设了一门名为"媒体与开放教育"(Media and Open Education)的课程,并邀请了许多学者加入其中。这两门课程被认为是现代慕课的起源(李晓明,2013)。

同年,来自加拿大的两位教授戴夫·科米尔(Dave Cormier)和布赖恩·亚历山大(Bryan Alexander)正式提出慕课的概念。紧接着,2008 年9 月,第一门名为"联通主义与联通性知识"(Connectivism and Connective Knowledge)的慕课在加拿大上线,该课程被认为是慕课的正式开端。

2012 年,美国的顶尖大学陆续设立网络学习平台,在网上提供免费课程,Coursera、Udacity、edX 三大课程提供商的兴起,给更多学生提供了系统学习的可能。这三大平台的课程全部针对高等教育,并且像真正的大学一样,有一套自己的学习和管理系统。2013 年,慕课大规模进军亚洲。香港科技大学、北京大学、清华大学、香港中文大学等相继提供网络课程(郭芷良、韩学民,2019)。

2.1.2　慕课的发展历程

回首慕课的发展历程,大致可以分为三个阶段:在开放教育资源中萌发,在联通主义中兴起,在行为主义中繁荣。

2.1.2.1　在开放教育资源中萌发

美国凤凰城大学于 1989 年开始推行在线学位教育,1991 年,首届在线 MBA 毕业。1994 年,美国宾夕法尼亚大学开设第一门在线研讨课。2000 年,英国环球网络大学在英国政府的大力资助下开始开展在线高等教育教学。2001 年,美国麻省理工学院开始实施开放式课件计划(OpenCourseWare,OCW),该校将几乎所有麻省理工学院课程的课件资料上传网络,供全世界学习者使用。2002 年,联合国教科文组织提出开放教育资源的倡议,该倡议号召大家基于非商业用途,利用不断发展的信息技术向教育工作者及广大学习者提供可自由查阅的免费的在线教育资源。2005 年,国际开放课件联盟(OpenCourseWare Consortium,OCWC)正式成立,这是一个由全球数百个高等教育机构和相关组织组成的联盟,致力于推动"开放式课程网页"在全球的发展。其使命是促进全球共享正式和非正式学习的教育资源,以及利用自有、开放、高品质的教育材料组成课程。紧接着,西班牙语高校开放课件联盟(OCW-Universia)、中国开放课件联盟(China Open Resources for Education,CORE)、非洲网络大学(African Virtual University,AVU)、韩国开放课件联盟(Korea OCWC)、日本开放课件联盟(Japan OCWC)等也相继成立(陈肖庚、王顶明,2013)。"知识共享"的理念逐渐深入人心,开放教育资源运动在全世界不断推进。截至 2021 年年底,全世界有

950 余所高等教育机构向外界学习者免费开放本校课程，开放课程总数达到 19 400 余门。

2.1.2.2　在联通主义中兴起

2005 年，加拿大曼尼托巴大学的乔治·西蒙斯（George Siemens）教授在其文章《联通主义：数字时代的学习理论》（"Connectivism：A Learning Theory for the Digital Age"）中首次提出联通主义的学习理念（西蒙斯，2005）。他认为，在网络时代中，传统静态的、分层级化的知识已不能满足学习者的学习需求，动态的、网络化的知识将成为未来的主旋律。在学习过程中，学习者应将新知识连接既有知识网络，并使知识网络随着知识节点的不断连接而扩大（董晶，2015）。

同年，加拿大国家研究理事会的斯蒂芬·道恩斯（Stephen Downes）也提出将联通性知识作为联通主义的认识论基础，并认为联通性知识应具有多样性、自治性、交互性和开放性四个特征（西蒙斯，2009）。

2008 年，乔治·西蒙斯与斯蒂芬·道恩斯在加拿大曼尼托巴大学联合开设课程"联通主义与联通性知识"（Connectivism and Connective Knowledge）。该课程利用各种网络渠道来吸引各类学生参与到课程学习中。在参与该课程学习的 2 200 多名学生中，只有 25 名学生为曼尼托巴大学在校生。学习者不仅可以利用在线方式学习该课程，还可以利用网络渠道参与课程讨论，以更为深入的方式参与课程。

加拿大爱德华王子岛大学的戴夫·科米尔和国家通识教育技术应用研究院的布赖恩·亚历山大针对西蒙斯和道恩斯开设的课程，首创了慕课这一术语。他们认为，慕课是一种参与者和课程资源都分散在网络上的课程形式，只有在课程是开放的、参与者达到一定规模的情况下，这种学习形式才能更有效。慕课不仅是学习内容和学习者的聚集，更是一种通过共同的话题或某一领域的讨论将教师和学习者连接起来的方式。而后，从 2008 年开始到 2011 年，以联通主义为学习理念的一系列慕课开始出现，如"联通！你的 PLN 实验室"（Connect! Your PLN Lab）、"PLE 网络与知识"（PLE Networks and Knowledge）等。

2011 年被视为联通主义慕课发展的小高潮，这一年共出现了 6 门以联通主义为学习理论的慕课。笔者研究这期间出现的慕课后发现,这些慕课在课程授课时间上没有明确规定,授课者往往根据课程主题制定相应学习计划;授课教师人数也没有确切要求,一般由一个教师负责牵头,由整个教学团队完成授课。从参加人数上来看,相比传统课堂,联通主义的慕课参加学习的学习者人数较多,出现了大规模化倾向;从课程内容上看,这期间的慕课主要为针对某一单一内容的学术性讨论,在课程内容的多样性上尚需完善。

由于联通主义的特征,这一时期的慕课也被称为联通主义慕课(connectivist MOOC,cMOOC)。联通主义慕课因为对参与学习的学习者的学习基础与学科背景有较高的要求,因此,这一时期的慕课并未像现阶段的慕课一样走向大规模商业推广的道路,其反响也没有像现在这么强烈。尽管如此,很多学者从联通主义慕课中看到了慕课这种教学模式的潜力,联通主义理论也为后期的慕课快速发展起到了积极的促进作用。

2.1.2.3　在行为主义中繁荣

从 20 世纪初开始,行为主义理论在巴甫洛夫(Ivan Petrovich Pavlov)、桑代克(Edward Lee Thorndike)、华生(John Waston)等心理学家的不断努力下日趋完善。联通主义慕课由于其受众少的特点,一直难以被大规模推广。这时,基于行为主义学习理论的延伸性慕课(extended MOOC,xMOOC)开始出现,xMOOC利用其系统化的课程体系和学习平台,将传统的高等教育与全新的教学组织模式相结合,推动了新一轮慕课的繁荣与发展。

2011 年,美国斯坦福大学的赛巴斯蒂安·特龙(Sebastian Thrun)教授与彼得·诺维格(Peter Norvig)教授一道开设了一门名为“人工智能概论”(Introduction to Artificial Intelligence)的课程,共有来自 190 多个国家的 16 万学习者参与了该课程的学习。该课程的巨大成功让赛巴斯蒂安·特龙看到了在线开放课程的巨大潜力,他于 2012 年毅然从斯坦福大学辞职,与戴维·斯塔文(David Stavens)以及迈克·索科尔斯基(Mike Sokolsky)一起创办了全球首个盈利性在线课程平台 Udacity。该平台首期推出的两门课程,成功吸引了 6.5 万学习者参与学习。

2011 年年底,斯坦福大学也开始尝试将三门课程免费放到网上以吸引更多的学习者。其中吴恩达(Andrew Ng)教授的课程"机器学习"(Machine Learning)吸引了全球共计 10 万学习者参与学习。课程的巨大成功同样让吴恩达教授看到了在线课程模式的美好前景,2012 年,他与达芙妮·科勒(Daphne Koller)共同创立 Coursera 公司,并与斯坦福大学、宾夕法尼亚大学、密歇根大学及普林斯顿大学达成合作协议。随后,Coursera 的合作院校数量越来越多,截至 2021 年底,该平台已与全球250 多所大学和研究机构建立了合作关系。

另一边,同样是在 2011 年年底,edX 的前身 MITx 也开始启动。MITx给予了学习者与教授们互动的机会,并且,在学习完成后,可以得到相应的证书用以证明这段学习经历。2012 年,MITx 与哈佛大学合作,共同成立非营利性在线教育平台 edX,该平台旨在以免费与开放的方式向各位学习者提供优秀的在线课程资源。之后,得克萨斯大学与伯克利大学也参与其中。

Udacity、Coursera 以及 edX 被认为是美国慕课的"三驾马车"。它们自成立以后,就开始了大规模的扩张,大量的慕课在这些平台上线,慕课也随着这些平台的迅速扩张而席卷全球。

2012 年,中国国内开始引入慕课的概念。2013 年,中国慕课的发展正式起步。国内目前主流的慕课平台有中国大学 MOOC、学堂在线、智慧树、学银在线等等。中国慕课的发展得到了政府、教育部门及各大高校的大力支持,因此发展特别迅猛,这一点可以从 2014 年开始慕课平台不断增加的学习者人数和课程门数中清晰地反映出来。

从 2012 年慕课概念大范围扩展开始计算,2021 年是全球慕课发展的第 10 年。慕课在全球范围内的发展呈现两种趋势:一方面,慕课平台的付费学习用户数量和平台收入逐步增加;另一方面,经慕课平台推出的在线学位数逐渐增加,这也为慕课提供商潜在可持续收入模式的成功指明了方向。

2.2 慕课的特点

从图 2-1 对慕课概念的解释中,可以清晰地看出慕课的四大特性:大规模性、开放性、在线性以及课程性。下面笔者将围绕这几个特性进行一一阐述。

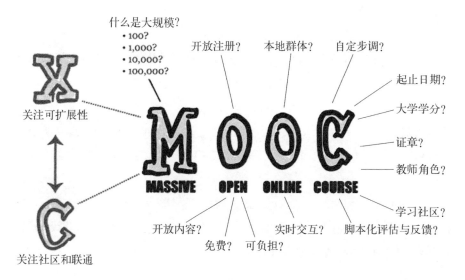

图 2-1 慕课的概念

2.2.1 大规模性

慕课的大规模性首先体现在参加学习的人数上。慕课与传统线下课程相比,突破了时间和空间上的限制,使参与学习的人数在理论上不再受限。截至 2021 年年底,全球(除中国外)共有注册学习者 2.2 亿,其中仅 2021 年,新增学习者就达 4 000 万人。在中国,慕课更是实现了高速发展,截至 2021 年 10 月,注册学习者已超 3.6 亿,选课人次从 2020 年的 4.43 亿增长至 7.55 亿,新增 3.12 亿。具体到某一门课程来看,以智慧树(中国主流慕课平台之一)上中国人民大学与北京大学共建的"形势与政策"课程为例,截至 2022 年 12 月,该课程累计选课人数已达到 917.87 万人,其中仅最近一期选课人数就达到 62.6 万人。另外,该课程累计互动已达到 4 651.11 万次。由此可见,相较于线下几十人的小课堂,慕课的学习参加人数之多,受众之广,都是传统课堂所无法比拟的。

其次,慕课的大规模性也体现在慕课平台上可供选择的海量课程资源上。截至 2021 年年底,全球(除中国外)慕课数量超 19 400 门,其中 2021 年新上线慕课 3 100 门。国内方面,截至 2022 年年底,中国慕课数量从 2021 年的 47 500 门增长到 61 900 门,新增 1.44 万门。

再次,大规模性还体现在参与慕课建设的高校数量上。仍旧以中国为例,随着各级政府以及教育主管部门支持力度的进一步加强,各种微课教学比赛层出不穷,各级别一流课程的立项建设更是备受关注。在这样的方针指引下,越来越多的中国高校参与到慕课建设中来。仅以中国大学 MOOC 为例,按照其官网提供的数据,截至 2022 年年底,与其建立合作关系的高校已达到 810 所,几乎囊括了中国目前最顶尖的高等院校。此外,这些合作高校通过互相选修对方课程,结成了紧密的课程联盟。以智慧树上中国人民大学与北京大学共建的"形势与政策"课程为例,截至 2022 年年底,该课程累计选课学校已达到 831 所,最近一期参与选课的高校有 206 所。

最后,大规模性也体现在慕课的建设团队上。慕课摆脱了以往传统课程单兵作战的传统,而多以课程团队的形式进行建设。以笔者参与建设的首批国家级一流课程"东方遇见西方:跨文化交际之旅"为例,本课程团队一共由五名成员组成。其中课程负责人一名,主要负责课程框架的构建以及课程的推广。另有团队成员四名,负责微课的具体建设以及课程运行过程中的答疑互动。当慕课发展到一定规模以后,单靠个人的力量是完全无法应付海量的学习者的答疑需求的,因此,必须组成团队,团队成员须分工明确,才能实现慕课的高效运作。

2.2.2 开放性

慕课的开放性首先体现在学习对象的开放上。很多人受到地域、学历、年龄、文化、语言、收入、时间等入学门槛的限制,无法接受传统教育。

但在慕课时代,这一切都将不再是障碍。正如清华大学的史静寰(2013)教授所言,在慕课时代,只要具备基本的上网条件,不管身在何处都能轻而易举地学习到世界一流大学的课程,受到该领域大师的点拨;通过网络,学习者能方便地同来自世界各地的同行进行交流,不管对方的阶层如何,肤色如何,人种如何。慕课教育平台让人们多年来梦想的教育形态有可能成为现实,即任何人在任何时间任何地方都可以按照自己希望的节奏进行学习,并得到及时的学习反馈。这其实与中国古代教育家一直倡导的"有教无类"的观念是一致的。新冠疫情的爆发更是加速了慕课的大规模发展。还是以智慧树平台为例,据统计(2020 年度春夏 + 秋冬两个学期数据),仅2020 年,累计参与学习者就达到了 50 525 322 人次,其中双一流高校学生达3 987 299 人次,普通本科高校学生 27 814 327 人次,高职高专学生 18 966 610人次,除此之外,社会学习者也达到了 242 914 人次。除了学习者的教育背景多样,学习者的地域分布也十分广泛,几乎囊括了全国各大省市。

其次,慕课的开放性还体现在教学形式的开放性上。Coursera 联合创始人达芙妮·科勒(2012)认为,Coursera 平台上提供的课程都是以深度学习、主动学习教育理念为指引,通过微课视频、高频度测试、互动答疑、课后作业、作业批改反馈等一整套流程构成的有机学习体系。课程平台上一般都设有互动答疑模块,学生可以在平台上对自己学习中遇到的问题进行反馈,除授课教师以及课程助教的针对性解答外,其他的学习者也会积极参与到问题的回答与讨论中,从而形成热烈的师生互动、生生互动,提高师生的课程参与度,增强学生的学习兴趣和自信心。据统计,在Coursera 平台中提出问题得到答复的平均时间为 22 分钟,这就保证了学生的疑惑可以及时地得到解答,也保证了学习的高效性。

再次,慕课的开放性还体现在教学理念的开放性上。美国实用主义哲学家杜威(John Dewey,2005)曾经指出,隔离造就了最大的教育资源浪费。即使是在全球化的今天,国与国之间、地区与地区之间、学校与学校之间、学科与学科之间的隔离依然比比皆是、屡见不鲜。而慕课的出现使得在技术上和操作上打破这种隔离成为可能。目前,越来越多的跨国、跨校慕课的出现,也正是这种开放性教学理念的集中体现。

最后,慕课的开放性还体现在教师准入的开放性上。三人行必有我师,慕课平台的出现使得名师不再局限在过去的一流高校、一流专业,对名师的评价也不再是唯学历论、唯资历论。慕课授课对象的开放性决定了学生的可流动性,学生们可以自由选择自己感兴趣的老师的课程。这就使得一门课程的成功不再仅仅依赖于教师的名气与所在学校的综合排名,而更多地取决于这门课程的质量。在这样的评价体系下,教师必将花更多的力气在教学上,想方设法地考虑如何用自己优秀的课程吸引学生,这也将使得慕课平台上课程的整体质量得到一定程度的保证。此外,慕课的开放性也给予了年轻教师更多的发挥机会。在以往的传统课堂上,年轻教师受到资历限制,要想成名成家往往需要苦熬很多年。而现在,随着慕课的开发应用,越来越多的年轻教师加入其中。以智慧树平台为例,仅2020 年,就有 182 575 位教师参与在线教学,累计师生互动达到 4.3 亿次。

2.2.3　在线性

慕课平台的第三个特性为在线性。第一,在线性首先反映为教育机构及教师可以随时随地将教学资源上传慕课平台。这使得教师的授课不再受到物理上的时空限制,只要有一台连接网络的电脑,教师就可以实现在线教学,授课的便捷度得到了大幅度提高。教师不仅可以随时随地将制作好的微课视频及其他配套学习资料上传网络供学习者学习,也可以随时随地进行网络直播,与学习者进行实时交流。这一点在新冠疫情期间尤为重要。2020 年春季学期,受到新冠疫情的影响,我们正常的线下教学工作受到极大程度的影响。如何做到停课不停学,是摆在广大教育工作者面前的一道空前难题。在此背景下,慕课教学得到了前所未有的重视,全国乃至全球的大量教师都利用在线平台进行日常教学,交流互动,为抗疫作出了积极贡献。

第二,在线性还体现在学生可以随时随地利用慕课平台进行学习上。学生的学习不再受到时间地点的限制,他们可以随时打开平台上选定的课程进行自主学习,并就自己在学习过程中遇到的问题寻求在线帮助。与最初的远程开放课程相比,慕课的互动性已有了明显的提升。

第三,在线性还意味着更低的费用。目前慕课平台的大多数课程都是免费的,学生只需要有一台可以上网的电脑,就可以以近乎免费的价格习得知识。即使是付费课程,由于慕课的大规模性很大程度上降低了人均成本,因此,每个学生要付的学费也远远低于传统线下课程。

第四,在线性也意味着教师评价的便捷性。由于学生的学习数据全程由平台自动监控,因此,教师不需要像在传统课堂中一样,对学生的课堂表现进行实时记录。期末时,系统将根据学生一学期的课堂综合表现,包括章测试成绩、期末测试成绩、互动参与度、微课学习完成度等自动给出学生的线上学习分数,从而大大减轻教师的工作压力。

第五,在线性也意味着大数据研究的可行性。由于学生的所有学习行为都由平台记录,因此,研究者可以在大数据分析的基础上,掌握学生的学习情况,分析学生的知识掌握规律与学习习惯的相互作用,以数据为依据探讨提高学生学习效果的方法与策略。可以预见,随着慕课的大规模应用,以及学习数据的不断累积,过去很多困扰教育家、心理学家的学生学习问题将不断被深入分析与探讨,学生的学习效率和学习质量也必将随着这些研究的不断深入而得到提高。

2.2.4 课程性

慕课平台的课程性是慕课区别于其他网络视频的主要特征。慕课的课程性决定了慕课平台上上传的课程需要由完整的知识体系构成,有科学合理的评价体系、稳定的授课团队以及及时的交互答疑机制。这也是保证慕课质量的重要基础。脱离了课程性,慕课与网络上的短视频别无二致。因此,课程性是慕课实现教书育人功能的首要保证与前提条件。

2.3 慕课的发展现状

慕课面世十余年,发展迅速。特别是近几年受新冠疫情的影响,在线课程的发展更是一路突飞猛进。那么,慕课目前在国内外的发展现状如何？我们将结合数据进行具体分析。

2.3.1 慕课在国外的发展现状

受新冠疫情等因素影响,2021 年全球慕课注册人数在上一年的基础上再次激增[①]。在用户基数不断扩张的基础上,大多数的慕课平台还会提供给用户更多的付费选项、企业扩展培训项目和完整的在线学位课程,以此实现平台增收。

2.3.1.1 全球慕课规模强劲增长

课堂中央网站(Class Central)2021 年度综合报告(Shah, 2021)显示,2021 年参与慕课学习的人数继续在上一年的基础上强力增长,同时慕课平台对增收和学位课程项目的关注度也在持续提升,具体数据见图 2 - 2。

图 2 - 2 2021 年全球慕课发展数据图(除中国外)

世界范围内的慕课总注册人数(除中国外)在 2021 年达到 2.2 亿,与 2020 年的 1.8 亿相比有 22.2% 的增长,年增长速度相较于 2020 年的 50% 虽有所放缓,但依然强劲。由于全球受到新冠疫情的影响,许多人不得不放弃原来的线下教育,转而参与在线教育。另外,慕课供应商通过投放众多顶尖大学免费在线课程成功吸引了大量学习者,从而使得在线学习人数暴增。

截至 2021 年年底,全球有超过 950 所大学提供了约 19 400 门慕课,

[①] 至本书截稿时,2022 年的全球慕课具体数据尚未公布,因此本部分分析主要基于 2021 年全球慕课发展数据。

仅2021年就有3100门新增课程。图2-3展现了2012年至2021年慕课数量增长情况(除中国外)。

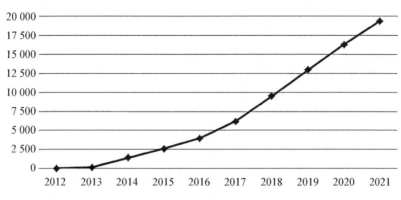

图 2-3　2012 年至 2021 年慕课数量增长图(除中国外)

截至2021年年底,几个主要慕课平台之间的市场占比排序与上一年基本相同。Coursera拥有9700万学生,毫无疑问依然是该市场的领跑者,其平台开设的课程共计6000门;其次是edX(4200万注册学生,3550门课程);Swayam拥有2200万学生,1465门课程,位列第三,而英国的FutureLearn平台(近1700万学生,1400门课程)位列第四,具体数据见表2-1。

表 2-1　2021 年国外各主流慕课平台学习者及课程数据对比表

	注 册 学 生 数	课　程　数
Coursera	9 700 万	6 000
edX	4 200 万	3 550
Swayam	2 200 万	1 465
FutureLearn	1 700 万	1 400

2.3.1.2　全球在线教育平台在线证书项目快速增长,在线学位项目增长放缓

2021年全球新增约500个在线教育平台在线证书项目,累计超1670

个在线证书项目在各在线教育平台运行。其中增长最多的是 Coursera 平台的专项认证项目，约有 250 个新增项目（含多种语言的课程），具体数据见表 2－2。

表 2－2　全球在线教育平台发布在线证书项目情况

提供平台	项目类别	2018	2019	2020	2021
Coursera	专项认证	310	400	570	820
	专业证书	0	13	26	55
	MasterTrack 证书	3	6	18	22
	大学证书	0	0	0	16
edX	专业证书	89	123	176	265
	微硕士	51	56	67	57
	X 系列课程	29	40	40	52
	专业教育	62	73	94	97
	微学士	0	0	8	12
Udacity	纳米学位	35	40	73	82
FutureLearn	课程项目	23	32	36	15
	微证书	0	0	32	52
	学历证书	14	17	18	16
	ExpertTrack 证书	0	0	0	96
Kadenze	课程项目	19	20	20	19

此外，由图 2－4 可见，2021 年是自在线教育平台开始提供在线学位以来，学位项目数量增速最慢的一年。全年共有 70 个在线学位项目，其中只有 Coursera 平台新增了在线学位项目。另一个明显的趋势是，2021 年新增的许多在线学位项目是由包括谷歌、微软、亚马逊、脸书等在内的科技公司创建的，这或许将是未来几年在线证书项目和在线学位项目的主要增长点。

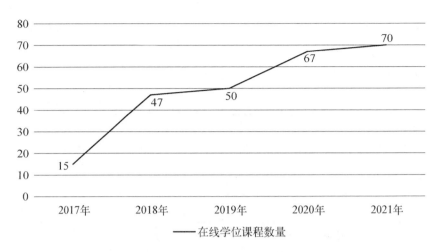

图 2-4　近五年在线学位课程数量变化图(除中国外)

2.3.1.3　课程专业分布持续不均衡

2021 年,在线平台提供课程的专业分布与前几年相比差异并不显著。但从图 2-5 可见,各学科发展不均衡现象依旧明显。商科和技术类课程占比最大,总计占比 41.1%,而其他课程,如数学、艺术类课程则占比较小。这也可以看出在线学习者在选课时的实用主义倾向:越有回报的学科选课人数就越多。

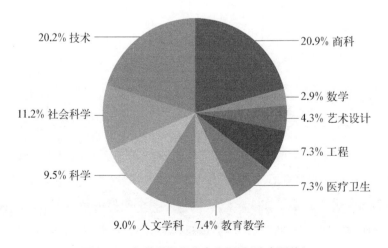

图 2-5　各学科课程分布比例图(除中国外)

2.3.2　慕课在国内的发展现状

中国慕课自 2013 年起步,从"建、用、学、管"等多个层面全面推进。

2020 年 12 月 9—11 日在北京召开的世界慕课大会上,中国时任教育部部长陈宝生指出,在全球教育创新实践中,慕课正在成为推动高等教育变革的重要引擎,不仅助力中国高校成功应对了疫情危机,而且为今后建设全民终身学习的高质量教育体系积累了宝贵经验。经过近 10 年的努力,中国慕课数量和应用规模已居世界第一。目前已逐步建立独具特色的发展模式、科学合理的课程标准和共建共享的开放合作机制,探索形成了质量为王、公平为要、学生中心、教师主体、开放共享、合作共赢等六大宝贵经验(吴月,2020)。

1) 建设主体方面

国内慕课平台的建设主体主要包括政府、高校及企业,其中政府主要为慕课建设提供政策支持,高校主要负责建设慕课内容,而企业则负责为慕课建设提供平台与相应服务(王鹏,柯文丽,2019)。

政府层面,为促进慕课建设,2022 年 3 月 28 日,国家智慧教育平台正式上线。教育部部长怀进鹏在启动仪式上强调,国家智慧教育平台的上线,是教育系统贯彻党中央、国务院决策部署的实际行动,是教育数字化战略行动取得的阶段性成果。持续推进建设并充分运用国家智慧教育平台,将进一步缩小"数字鸿沟",有助于我们深刻思考新形势下"教育何为"的问题,有助于把数字资源的静态势能转化为教育改革的动能,有助于把制度优势和规模优势转化为教育发展的新优势,推动实现教育数字化转型(2022)。

高校层面,目前我国各大高校建设在线开放课程热情高涨,截至2022 年年底,我国共上线慕课超过 6.19 万门,参与学习人数达 9.79 亿人次,慕课数量与在线学习人数均为世界第一,并保持较快增速。

企业层面,随着慕课发展逐渐走向规模化与正规化,目前国内已形成30 多家服务于高等教育的公共在线课程平台与技术平台,行业规模不断扩大,行业分工逐渐细化。

2）平台建设方面

目前慕课的主要来源包括平台与高校共建、高校与教师共建以及高校联盟与学校共建三种。平台与高校共建模式是指高校的教师负责提供课程，高校负责对课程质量进行把关；高校与教师共建模式指由教师向高校提出建设课程的立项申请，经高校教务处审查同意立项后开始建设慕课，学校提供一定的技术与资金支持；高校联盟与学校共建模式则是由高校联盟推选出管理委员会，由管理委员会对上线课程进行统一管理，包括课程上线规划、质量审查以及后续的追踪管理。

慕课学习者根据是否需要学分可分为无需学分学习者和需要学分学习者。无需学分学习者只需在平台注册账号即可开始学习，需要学分的学习者则须在账号注册的基础上额外进行身份认证。学生在完成平台上相应课程的学习后，应在规定时间内完成章测试及期末测试。部分平台会设置提交次数限制，超过规定次数将无法继续提交。在完成慕课平台的学习后，平台将发放证书。根据报名学员需要及课程性质，证书可分为收费的认证证书和免费的电子证书。认证证书一般须在线申请后方可获得；电子证书一般不需要额外申请，学员在完成课程学习后即可自动获得。学员的考核成绩达到课程考核要求后即具备认证证书申请资格。另外，高校联盟平台的学习者在完成在线课程学习并通过相应测试后，不仅可以获得认证证书，还可以申请将获得的学分转换为校内实际学分（巩永华等，2020）。

目前国内的慕课平台尚处于大规模扩张阶段，盈利模式尚不明确。大多数在线课程学习是免费的，部分课程开始尝试收费学习。此外，平台也在积极开展盈利服务，如针对学习者的学习过程答疑服务、提供认证证书服务、针对高校与教师的课程制作服务等。

3）用户数量方面

从2014年开始，随着我国大规模进行在线课程建设与发展，慕课的注册用户数量激增。相关数据显示，2014年慕课平台的选课人数约为150万人次，2016年突破7 500万人次，2019年达到2亿余人次，而到了2022年年底，该数据已激增至9.79亿人次。其中近一半学习者为社会学习者,从这一点可以看出慕课不仅可以满足在校生选修课程的需要,也能成为社会大众培养兴趣爱好、拓宽知识面的有效途径。此外,从上述数据变化不难看出,随着社会竞争的日益激烈,终身学习的观念越来越深入人心。因此,从这一点来说,慕课的发展有着极为广阔的市场前景。

4) 慕课发展趋势

国内的慕课发展速度惊人,目前已经从单一比拼课程数量转为提高课程质量。2017 年,教育部开始开展国家精品在线开放课程认定工作。各省教育厅也开始省级精品在线开放课程认定工作。2019 年 10 月,教育部正式发布《教育部关于一流本科课程建设的实施意见》,目标为经过三年时间,建成万门左右国家级和万门左右省级一流本科课程(简称一流本科课程"双万计划")。2020 年 11 月 30 日,教育部公布了首批国家级一流本科课程认定结果,认定 5 118 门课程为首批国家级一流本科课程。其中,线上一流课程 1 875 门,虚拟仿真实验教学一流课程 728 门,线下一流课程 1 463 门,线上线下混合式一流课程 868 门,社会实践一流课程 184 门(2020)。在国家引领的基础上,省级、市级、校级的一流课程建设也在如火如荼地展开。以笔者所在学校为例,截至 2022 年年底,共建有国家级一流课程 1 门、省级精品在线开放课程 4 门、省级一流课程 95 门、市级在线精品课程 16 门、校级在线精品课程 104 门。

从上述数据可见,虽然慕课在中国的发展仅有短短几年的时间,但其发展速度相当惊人,慕课在教育界已经引发了重大的变革,从未来发展趋势来看,慕课必定会向更专业化、更高级化的方向发展。

第一,受众群体持续扩大。随着慕课种类及学科的不断完善,未来慕课受众会持续增加,不仅会有越来越多的高校选用慕课作为其在校课程的补充,还会有越来越多的社会学习者参与其中。整个社会的全民学习、终身学习的氛围将越发浓厚。

第二,形成新型的教与学模式。为了实现慕课资源利用的最大化,慕课在校园内又发展出了线上线下相结合的混合式教学模式。学生在课前进行在线课程自主学习,课中授课教师针对预习内容进行翻转课堂教学实践,检查学生学习成果。课后学生撰写学习笔记,总结学习成果。这种线上线下联动的学习方式,能提高学生自主学习能力,增强学生学习效果。

第三,引入大数据技术给未来学习提供更多数据参考。慕课平台记录着海量的学习者学习行为数据。有效利用这些数据,并结合相关的模型分析、复杂算法以及新技术应用,可以对学习者的学习行为进行预测,从而建立优秀学习习惯养成的模型。

第四,多效并举实现教育公平。2021 年 12 月 27 日,在教育部新闻发布会上,时任教育部高等教育司司长吴岩表示,教育部将通过拓围、深化和创新将"慕课西部行计划"从 1.0 升级到 2.0。慕课西部行的 2.0 版将重点从"输血"转为"造血",通过慕课、"同步课堂"、混合式教学、"克隆班"等形式,借助智慧教学平台、智慧图书馆、数字实验室、虚拟仿真技术等提升西部地区教学水平,更好地实现教育公平。

2.4 慕课目前存在的问题

尽管慕课发展势头迅猛,但在高速发展的背后,也不可避免地暴露出了许多问题。下面,笔者将分几小节对慕课目前存在的主要问题进行分析。

2.4.1 网络时代催生高辍学率

果壳慕课学院在 Coursera、清华大学在线教育办公室等机构的支持下对遍布全球的 6 116 名华人网友进行问卷调查,发布了全球首份针对中文用户的慕课调查。调查显示仅有 6% 的用户能够顺利完成所有选修课程,15% 的用户仅能完成部分选修课程,而绝大部分用户无法完成既定学习目标,甚至有 67% 的用户连一门课程都无法完成(陈星星,2019)。在慕课的发源地美国,也有高达 90% 的学生未能完成预期的慕课学习任务,这一数据被国外媒体广泛引用。宾夕法尼亚大学对本校现代教育情况进行研究后发现,处于辍学率范畴的学生比例高达 96%。

课程的完成度和参与度越高,学生的学习效果才能越好。慕课相较于传统的线下课程来说,虽然具备大规模性和开放性的特点,但同时也存在着学习者本身知识水平参差不齐、个体行为差异大、学习过程缺乏有效监管等问题，从而导致课程完课率不尽如人意。相关文献数据显示，在全球现有的慕课中，完成课程学习并通过考核的学生人数不足十分之一，换言之，虽然目前参与慕课学习的学习者众多，但很多学习者都是学了一段时间就选择了"中途辍学"。而坚持下来的学生很多也只是利用碎片时间进行学习，知识的留存率和转化率极低。

针对辍学率居高不下的问题，笔者也对参与慕课学习的学习者进行了随机访谈，以发现他们"中途辍学"背后的真正原因，经过整理发现，其主要原因可以归结为以下几点：

1）好奇心减弱

好奇心是人类的本能，但好奇心并不能保证学习者能够顺利完成全部课程的学习任务，甚至一部分学员在纯粹出于好奇进行慕课的注册、完成课程报名并了解课程大致内容后，好奇心便得到了满足，课程的学习也就没有了下文。

2）成就感不足

人的成就感来源于两个方面，包括精神上的满足和功利性的收获，这在慕课模式中体现为各种证书，但是对于一部分学习者而言，证书给予他们的成就感不足以抵消繁重的学习任务带来的压力，因此，他们失去了继续学习的动力。

3）认同感有限

在当前环境下，基本上没有企业愿意认同国内网络教育证书的质量，学习者发现，通过网络学习获取证书，仅能作为个人学习的一个侧面，体现自身的学习能力，但是基本上无法获得用人单位的承认，被认同感太弱。

4）课程的拖沓

大部分慕课完成时间需要三个月甚至更长，对于一些耐心有限的学习者而言，这些时间跨度很长的课程是难以坚持学完的，加上没有传统教育的外在限制，学习者很轻易就放弃了课程。

5）教师的因素

与教师相关的方面主要集中在教师的讲课方式、口音以及水平上。

作为在线教育的授课者，教师的相关因素对于学生的影响十分直观。学习者刚开始可能纯粹因为对学习内容感兴趣，或者冲着某位授课教师慕名而来，但学习一段时间后，发现教师讲授水平不如自己预期，于是选择放弃课程学习。还有部分教师讲课不够通俗易懂，在传统课堂中，教师可以针对学生听课过程中的反应及时调整授课策略，对授课内容进行补充说明。但是在线上课程中，有些学生本身基础较为薄弱，如若授课内容难度偏大，久而久之，想要学下去的想法就会越来越弱。

6）学生的因素

在诸多原因之中，学生的个人主观情绪的影响是第一位的，其中最为突出的是学生的惰性。对于没有特别限制的课程而言，学员需要有相当高的自我学习自觉性，这一点对不是高校学生的学习者而言尤甚。另外，与传统课堂不同，在线课程对学生水平的要求并不严格，这就导致同一门课的学生的水平参差不齐。因此，部分高水平学生可能觉得教师的讲解过于简单，而低水平的学生则会觉得授课内容过于深奥，这就导致了这两类学生无法按照适合自己的进度进行课程学习。

7）学习的时长

慕课的总时长较长，尽管每一节微课时长较短，但通常情况下学生一周需要完成多节微课学习，再加上完成微课学习后还需要参与其他课程活动，因此所需学习总时长并不短。对于一部分学习者而言，由于其自身的时间比较有限，即使能够勉强完成听课任务，也很难再抽出额外的时间去完成该课程的其他相关任务。

8）系统化学习与碎片化学习之间的矛盾

慕课所要求的系统化学习与网络时代的碎片化学习之间的矛盾日益突出，其中网络教育碎片化包括知识碎片化、时间碎片化、学习碎片化，这些与慕课要求的学习完整性和系统性存在不可调和的矛盾。

9）知识内容的更新

网络时代的知识更新速度很快，一些课程更是要求紧跟科技发展的最新变化。但由于慕课制作过程相对复杂，成本较高，尽管与传统教育相比，内容更新已经很快，但是往往跟不上知识更新的速度，这也让部分学习者对它失去了兴趣。

2.4.2　快速发展隐藏巨大隐患

管理行政化是困扰当今中国高校的顽疾,而慕课的出现使教学上的行政影响大幅降低,从而促使教师的授课水平本身成为学习者关心的焦点。

这可能使得未来教师创办自媒体成为一种趋势,自媒体又称为公民媒体或个人媒体,是指私人化、平民化、普泛化、自主化的传播者,也是以现代化的传播手段向不特定的大多数或者特定的单人传递信息的新媒体的总称(苗琳,2016)。

就慕课的教学价值取向而言,以"学"字为根本的价值取向,从表面上看仅仅是在传统的师生关系基础上增加师生之间的互动,但究其内里,则是要求不仅要提高教师的综合素质,还要转变高校的管理理念。

慕课从根本上直接影响了高校管理的去行政化,但是将管理权力完全交给网络大众,虽然能在一定程度上提高授课教师的积极性,但也存在较大的隐患。以韩国为例,一些从事在线教育的教师已经完全成为明星,能够吸引和影响很大一部分学习者。在缺乏校方及教育行政部门的有效监管的情况下,倘若个别教师在有意无意间出现不恰当言论,则极易对学生的认知产生影响。

除此之外,各高校大量建设慕课平台也不一定是一件好事,"大干快干"可能会导致数字化的教育资源陷入重复建设的泥沼中,造成大量人力物力财力的浪费。目前一些大学的精品课程已经陷入停滞阶段,精品课程内容的交叉重复是主要影响因素,而对于学习者而言,有一个在线课程就已经满足了其需求。此外,目前上线的慕课质量参差不齐,部分慕课制作粗糙,不少教师为了完成任务指标、评职称,一窝蜂地建设慕课,但是又缺乏慕课建设的经验与激情,导致课程缺乏整体规划及后续进一步改进的空间。

2.4.3　学习者信息管理存在风险

需要学分的学习者,他们在注册账号的同时还需要进行身份认证。

目前主流平台的身份认证方式是要求申请者上传自己本人手持身份证的正面照。这么做是为了更好地识别学习者的身份,提高证书发放的严谨性和权威性。但是,互联网世界并不存在绝对的安全。只要慕课平台在管理上稍有不慎,就容易被别有用心之人抓住漏洞,大量学员的个人信息就可能有被泄露的风险。甚至有犯罪分子倒卖学员个人信息,非法牟利,伤害广大学习者的切身利益。尽管目前还没有发生大批量的慕课学员信息泄露事件,但是这样的安全隐患确实存在,因此需要有关部门加大对信息安全的管理力度,确保平台上学员的信息安全。

2.4.4　课程质量参差不齐,缺乏统一认证标准

目前,在线课程平台上的课程质量参差不齐。平台对上传课程的质量缺乏统一把关。主要表现为:第一,一些课程主讲教师语音不够标准,使得学习者理解上存在困难;第二,部分课程制作粗糙,背景杂音大,画面存在晃动现象;第三,部分课程上线后缺乏后期维护,对课程中存在的错误没有及时更正,也没有相应的答疑体系。

另外,还有部分学员反映个别课程为了增加报名人数,对课程结业要求较低。学员连一半学时的学习都未完成,就能取得课程学习证书。

笔者认为,所有这一切问题背后的根源在于目前主管部门和平台对课程缺乏统一的认证标准,使得各平台课程数量虽然喜人,但是质量却得不到应有的保证。长此以往,学习者容易对平台甚至整个在线教育体系失去信心,这显然是不利于慕课长期发展的。

2.4.5　平台对学习者的不诚信行为缺乏监管

为检验课程学习效果,课程往往会在每个章节以及整门课程学习结束时对学员进行学业水平的测试。但平台如何保证学员在考试过程中不会出现考试不诚信行为,如抄袭、替考?平台对于可能出现的上述不诚信行为是否制定了有效明确的应对措施(巩永华等,2020)?

事实上,在目前的平台测试体系下,学员的诚信完全依赖于自身承诺,学员只需在测试前勾选"学术诚信条款",保证测试为学员本人独立完

成,自己的成绩即可获得承认。然而这样的单方面承诺显然是远远不够的,笔者认为,这也是导致目前在线课程认证证书在社会上认可度低的一大原因。

2.5　混合式教学的提出及其内涵

2.5.1　混合式教学的提出

20 世纪 90 年代后,随着互联网科技的不断发展,网络学习(e-learning)在教育领域得到了广泛的应用和发展。网络学习泛指通过互联网开展的学习方式,这种新兴的学习方式超越了时间与空间的限制,学习者可以选择适合自己的节奏进行自主学习,这种给予学习者最大程度自由度的学习方式给传统的以"课堂、教材和教师"为中心的学习模式带来了巨大的冲击。一时间,这种学习模式快速发展起来。特别是慕课的出现,更是被认为是颠覆传统教育的重大变革。

然而,人们在应用网络平台进行教学实践的过程中,渐渐也发现了许多不尽如人意的地方,如上一节探讨的慕课高辍学率问题、课程质量参差不齐的问题、学生行为缺乏有效监管的问题等,所有这些问题都导致学习者难以进行深度学习。面对网络学习带来的种种问题,人们开始对这种纯技术环境的教学模式进行反思,探寻更为先进的教学方式。21 世纪前后,企业开始尝试在员工培训中应用"混合式教学"模式,以此满足受训者对时间、地点等方面的个性化需求。在不断的应用和改进过程中,企业逐渐探索出将网上培训与传统培训相结合的培训方式,即将员工在线学习与传统线下教学相结合(Sharma & Barrett,2007)。后来这种模式被逐渐应用于高等教育领域。混合式教学的概念逐渐走入大众的视野。

2002 年,混合式教学的概念第一次正式出现在印度国家信息技术学院(National Institute of Information Technology,NIIT)发布的《混合式学习白皮书》中。根据 NIIT 的定义,混合式教学是一种将面对面学习、实时在线学习以及学生自定步调的学习相结合的学习方式(Merrill,2002)。

混合式教学的概念一经提出，就立刻吸引了大量研究者的注意。此后，许多学者和教育工作者对此开展了大量的定性定量研究。

2003 年，北京师范大学何克抗教授在第七届全球华人计算机教育应用大会上，正式提出"混合式教学"的概念，这是我国第一次正式提出"混合式教学"的理念，标志着国内正式开启混合式教学研究。

2.5.2　混合式教学的内涵

关于混合式教学模式的内涵，国外研究起始较早。如前所述，国外的混合式教学最早应用于商业培训领域。美国培训认证协会（American Association for the Certification of Training Program，AACTP）指出，混合式教学的目标是培养员工处理复杂事物的能力及交际能力，提高他们的小组学习能力和个人展示能力，最终达成企业的业绩目标（Singh & Reed，2001）。美国学者奥雷（Orey）则认为，混合式教学是一种为实现既定教学目标而对学习资源进行科学分配和优化的学习方式（Gong & Wu，2013）。英国学者辛格（Singh）和瑞德（Reed）则以混合式教学的学习方式和维度为切入点，提出混合式教学的根本目的是平衡学习成果与学习成本之间的关系，混合式教学的学习方式应多样化，包含五个维度，即结构化课程和非结构化课程的混合、面对面学习与在线学习的混合、自主学习与小组学习的混合、工作与学习的混合以及深度学习与个性化学习的混合（Singh & Reed，2001）。美国知名教授德里斯科尔（Driscoll）认为混合式教学实际上包含各种教育技术手段和学习内容的混合，比如为实现共同教学目标而采用的多样化的教育技术手段，与在线学习相匹配的灵活多样的教学方法与评价体系，线上线下共通的师生互动模式等（Driscoll & Reid，1999）。美国学者霍夫曼（Hofmann）指出，混合式教学的本质其实是将教学过程分解成若干个子模块，利用信息技术对这些模块在优化的基础上进行重新组合，再以最佳的方式呈现在学习者面前，从而提高学习者的学习兴趣，增强学习者的学习效果（Hofmann & Dunkling，2002）。

国内对于混合式教学的研究最早始于 2003 年。何克抗（2005）教授认为混合式教学成功地将传统面对面教学模式与在线学习的优势结合了起来。面对面教学有利于教师有效地组织教学活动,引导学生开展深度学习;而在线教学则通过帮助学生自主学习,培养其创新意识与开拓进取的能力。上海师范大学黎加厚(2004)教授指出,混合式教学的过程实际上是教师和学生熟练运用各种教学策略、教学方法实现既定教学目标的过程,因此,混合式教学的教学过程实质上也是将教学要素优化组合的过程。

基于国内外学者从不同角度对于混合式教学概念的阐述,我们可以将混合式教学的内涵归纳如下:混合式教学以学习者为中心,以促进学习者的全面化发展和个性化学习为目标,利用在线教学平台,将传统教学模式与在线教学模式两者的优势相结合,既重视教师在教学过程中的主导作用,又始终坚持以学生为中心。混合式教学的重点不是混合了什么,混合了多少,而是通过各种教学要素、教学方法、教学设备、评价手段的融合,实现最佳匹配效果,最终实现最优学习效果。混合式教学虽然是传统教学模式和在线学习的融合,但两者绝不是简单的叠加关系。混合式教学的特色在于实现了对学习计划的制定、学习过程的跟踪、教学方法的优化以及学习效果的形成性评价。

1) 学习计划的制定

无论是传统的线下学习还是慕课在线学习,学习计划一般都是在正式开始学习前就已经制定完成,后期也不会根据学生的实际学习情况作出调整,因此对于学生来说,这样的学习计划是固定的、静态的,也是盲目的、僵化的,自然无法对学生的学习情况进行有效的指导。而在混合式教学中,学习计划的制定则是动态的、实时的,是教师在以往教学经验的基础上根据在线平台提供的学习数据制定的,也就是说,教师可以全面动态地了解学生的学习要求及学习状态变化,并根据学生要求及状态的变化实时调整学习计划,使学习计划更有针对性和实效性,从而提高学生学习效率,改善学习效果。

2) 学习过程的跟踪

在混合式教学过程中,学生各个阶段的学习表现都将通过各种手段被记录,这些记录就是学生学业考核的依据。一方面,学生的在线学习成果,包括微课视频的学习完成度、在线测试分数、在线互动情况、在线作业情况等都会由慕课平台进行实时记录,课程结束时,系统将根据教师事先设定的各部分分数权重自动合成在线学习总分。另一方面,学生的线下课堂表现情况也将由教师通过各种随堂教学软件(如云班课等)进行实时记录,课程结束后,随堂教学软件同样可以按照教师设定比重合成线下课堂表现分。线上线下学习数据的全过程跟踪记录为教师考查学生的学业情况提供了科学、客观的参考,也为教师进一步发现问题、改善教学效果提供了依据,使得整个教学过程有的放矢,目标明确。

3)教学方法的优化

在传统教学模式中,教学方法的设计以教师为中心,以教学班级为单位,根据授课教师的教学经验和整个班级的学情学风情况,统一采取一种或若干种教学方法,如讲授法、讨论法等。教学方法无法做到因人而异,而更多地呈现流水线式的特征。在慕课模式中,教学方法有所变化,但也同样简单,如让学生自主学习、自主测验等。而在混合式教学模式中,教师灵活利用慕课平台及各种随堂教学软件,可以根据学生实际情况有针对性地制定教学方法,实现差异化教学。在混合式教学中,教师和学生不再受到时空的限制,两者始终保持高度的关联性,因此教师与学生可以根据不同的教学内容和不同的学习问题灵活设计和使用不同的学习辅助资料,开展形式多样的互动,从而提高学生综合运用知识的能力。

4)学习效果的形成性评价

传统的教学模式因为一直采用终结性评价方式和一考定分的评价方法,科学性和可参考度有待商榷。学生的整个学习过程、学习态度转化等得不到有效反馈,因此,很多学生采取考前突击的学习方法,学习仅仅是为了通过考试,而不是为了掌握知识。

混合式教学将形成性评价与终结性评价进行了有效的融合,彻底改变了以往仅仅依靠一张考卷来对学生进行评价的情形。一方面,教师可以利用慕课平台及随堂教学软件对学生的学习状况作出客观评价,同时也可以根据学习数据实时调整自己的教学策略,使自己的教学过程更有针对性。另一方面,学生因为事先已经明了课程的考核依据以及考核方法,也就明确了努力的方向和改进的途径,因此,师生之间的信任度可以得到有效提高,学生也会开展更有目的性的学习。

在整个混合式教学过程中,学习计划的制定、学习过程的跟踪、教学方法的优化以及学习效果的形成性评价四个方面互为补充,相辅相成,形成了良性的循环体系。学习计划的制定为学习过程的跟踪提供了指引,学习过程的跟踪为教学方法的优化提供了数据支撑,教学方法的优化为学习效果的形成性评价提供了良好基础,而学习效果的形成性评价反过来为学习计划的制定提供了参考。这就是混合式教学模式之于其他教学模式的重要区分点。

2.5.3　混合式教学的研究现状

近年来,国内外的研究重点基本上放在对混合式教学模式的研究上。在具体的研究方向上,国内外的侧重点各有不同。国外的学者主要侧重于研究混合式教学的教学效果,他们倾向于关注混合式教学平台的构建以及移动信息技术对混合式教学的技术支持。国内研究者则更多地聚焦于在线资源的整合应用以及混合式教学模式的应用效果。

2.5.3.1　混合式教学模式国外研究现状

国外的混合式教学研究始于 20 世纪 90 年代末期。混合式教学这一概念一被正式提出,就立刻引起了广大学者的关注。美国作为全球互联网技术发展水平较高的国家之一,其在线教育也随着互联网技术的进步迅猛发展。并且,由于慕课自身存在的一系列问题,近年来,慕课在线学习已经逐步向混合式教学转变。

目前,国外对于混合式教学的研究主要集中在以下几个方面:混合式教学平台、随堂教学软件,以及移动学习。此外,国外对混合式教学做了较为丰富的理论研究,由混合式教学发展而来的主要教学理论包括交互理论、转化学习理论、联结主义理论、精加工理论等。这些理论都是在混合式教学的应用实践中不断发展演变而来的,体现了国外研究者对于混合式教学理论基础的高度重视。其中对于混合式教学模式以及教学效果的研究,是国外研究者研究的重中之重。

1) 混合式教学模式研究

混合式教学模式的理论非常多,其中占据主流的有波尼马·魏利森(Purnima Valiathan)提出的技能驱动型模式、态度驱动型模式和能力驱动型模式,美国学者克雷格·巴纳姆(Craig Barnum)与威廉姆·帕尔曼(William Paarmann)提出的四阶段混合教学模式以及布莱恩·贝迪(Brian Beatty)提出的 HyFlex 模式。

技能驱动型模式是指教师在学生完成自主学习后给予在线指导的模式,师生互动、生生互动主要依赖信息技术完成;态度驱动型模式则强调在线学习应与线下面授相结合;能力驱动型模式则要求师生以互联网为交流媒介,通过共同探究和相互交流完成对知识的理解与掌握。从上述概念可见,波尼马·魏利森提出的三种模式都强调了信息技术在混合式自主学习中的巨大作用(Valiathan,2002)。

而美国学者提出的四阶段混合教学模式则更多地强调了混合式教学的顺利开展应遵循的四阶段教学步骤:基于网络的在线学习、面对面交流、问题解决以及合作拓展学习(Barnum & Paarmann,2002)。

而 HyFlex 模式则倾向于给学生更多的学习自主权。该模式认为,在混合式教学的整个学习过程中,教师应同时给学生提供在线学习以及线下面对面学习的机会,具体采取何种学习模式由学生自主选择决定(穆肃,2013)。

2) 混合式教学效果研究

近年来,国外研究者的另一个重点研究领域则是对混合式教学模式教学效果的研究。美国教育部的相关调查报告显示,在线学习、线下面对面授课以及混合式教学对学生的学习效果均有一定程度的促进作用,但混合式教学带来的促进作用要明显强于纯线下教学以及纯慕课学习。报告还提到,传统的面对面授课模式学习效率较低,这也是传统课堂需要进行教学改革,借助互联网技术发展混合式教学的主要原因。

另外,目前有越来越多的研究者认为,单一地根据实验数据去评判混合式教学是否在增强学生学习效果上更胜一筹已没有多大的意义,因为这已经是得到大量研究结果证实的普遍结论。下一步研究者的重心应放在探索如何实现混合式教学效果最大化上,并发掘其中起到决定性作用的重要变量。在这个研究方向上,已有学者开始探索如何利用互联网技术及大数据分析功能,通过对学生学习全过程的数据化记录与反馈,测试课程评价中各个重要影响因素变化对学生最终学习效果的影响,为进一步提高混合式教学效果提供量化数据参考(谭颖思,2019)。

2.5.3.2　混合式教学模式国内研究现状

如前所述,国内混合式教学的概念提出于 2003 年。2004 年,李克东与赵建华教授创造性地提出了开展混合式教学的 8 个主要步骤,对混合式教学实践给出了具体的指导意见(李克东、赵建华,2004)。

目前,国内混合式教学的研究已经是教学改革领域最重要的研究课题之一。国内学者除了探讨混合式教学的教学效果外,也将研究视角放在混合式教学模式下教师专业能力提升、学生自主学习能力培养、在线教学资源利用最大化等亟待解决的现实问题上。

笔者认为,国内外对混合式教学模式的研究侧重点之间的差别,与国内外混合式教学的不同发展阶段以及现实国情有密不可分的关系。国外的混合式教学研究起步较早,因此,国外学者目前研究的焦点已经从对混合教学效果的验证上转变到具体提升措施以及理论发展上。而国内的研究起步相对较晚,再加上我国高校扩招、教师教学压力较为繁重等现实因素的影响,学者们的研究侧重点自然放在了慕课资源的整合利用以及教师的能力提升上。

结合国内外对于混合式教学模式研究现状的分析,我们可以清晰地发现,目前混合式教学是国内外教学改革领域的一大研究热点,并且已经取得了较为丰硕的研究成果。学者们围绕混合式教学模式的理论基础、教学效果等方面开展了丰富的研究,但对混合式教学的具体实施过程、学习评价、课程质量评价等方面的研究则相对较少。尤其是对于混合式教学该如何应用于课程改革之中,仍缺乏宏观层面的顶层设计,大量的研究都仅仅停留在混合式教学本身,而没有对课程之外的教学做过多的拓展。在混合式教学的实践研究层面,针对混合式教学中课程思政实践的相关研究仍然相对较少。笔者相信,随着教学改革的不断深入,"互联网＋教育"的进一步融合,混合式教学的改革会向更加纵深、更加细致的方向进一步推开,并为广大的教育工作者提供切实的教学指导。

2.6 混合式教学的理论基础

2.6.1 人本主义学习理论

人本主义心理学是 20 世纪五六十年代在美国兴起的一种心理学流派,其主要代表人物是马斯洛(Abraham H. Maslow)和罗杰斯(Carl Ransom Rogers)。人本主义的学习与教学观深刻地影响了世界范围内的教育改革,是与程序教学运动、学科结构运动齐名的 20 世纪三大教学运动之一。人本主义学习理论建立在人本主义心理学的基础之上。

人本主义主张心理学应当把人作为一个整体来研究,而不是将人的心理肢解为不完整的几个部分,应该研究正常的人,并更多地关注人的高级心理活动,如热情、信念、生命、尊严等内容。人本主义的学习理论从全人教育的视角阐释了学习者的成长历程,注重启发学习者的经验和创造潜能,引导其结合认知和经验,肯定自我,进而实现自我。人本主义学习理论重点研究如何为学习者创造一个良好的环境,让其从自己的角度感知世界,发展出对世界的理解,从而最终达到自我实现的最高境界(罗杰斯,2006)。

人本主义心理学代表人物罗杰斯认为,人类具有天生的学习愿望和潜能,这是一种值得信赖的心理倾向,它们可以在合适的条件下释放出来;当学生了解到学习内容与自身需要相关时,学习的积极性最容易被激发出来;在具有心理安全感的环境下学生往往可以更好地学习。他还表示,教师的任务不是教学生知识,也不是教学生如何学习知识,而是要为学生提供学习的手段,至于如何学习则应当由学生自己决定。教师的角色应当是学生学习的"促进者"(庄国栋,2014)。

从人本主义的上述主张可以看出,人本主义学习理论的核心思想是关注学生的心理变化和内心感受,因为他们认为学习从本质上来说是学习者的内心成长过程,而教育的目的则是促进学生的身心健康和个性化发展。因此,人本主义者认为,作为教师,应从学生自我价值实现角度引导学生认识学习,激发学生的学习潜力,鼓励学生尊重自己的内心感受,根据自己的认知经验和知识结构,进行自我知识体系重构。换言之,人本主义强调学习应以学生为中心,一方面应为学生创设良好的学习环境,促进学生的全面发展;另一方面,应充分挖掘学生的自身发展潜力,注重学生的个性化、差异化培养。

人本主义学习理论的这一重要思想恰恰也是混合式教学所要达成的重要目标。人本主义者认为,在教学过程中教师应关注每个学生的心理状态,通过提高学生的学习幸福感和满意度来提升学生的学习积极性,帮助学生在自由的学习氛围中实现自我。而在混合式教学中,通过对各种不同类型学习资源的灵活应用,如网络视频、网络图片、网络音频等,激发学生的学习热情,学生的学习兴趣和积极性自然而然就被调动起来了。

在混合式教学中,除了丰富多样的课程资源外,随堂教学软件及社交软件的大范围应用,也为知识共享和学习互动创造了更多的可能性。学生可以根据自身的学习情况灵活安排自己的学习节奏,遇到问题可以随时在慕课平台上提问或通过社交软件、随堂教学软件寻求教师帮助,教师的答疑也不再局限于课堂内,教师可以以更为灵活多样的方式参与学生的学习过程。由于学生的学习过程可以得到教师的实时帮助,因此,学生学习的积极性大幅度提高。此外,教师通过实时参与学生学习,了解学生的知识薄弱环节,可以及时进行教学反思,适时调整自己的教学策略,从而在帮助学生全面发展的同时,实现教师自身的专业进步。

2.6.2　联通主义学习理论

2005 年,《联通主义:数字时代的一种学习理论》("Connectivism:A Learning Theory for the Digital Age")一文提出联通主义的学习理论。该理论产生于网络时代,网络时代的特点之一就是信息量庞杂且碎片化,知识更新的周期大大缩短,我们每天不得不面对如潮水般涌来的新知识。但是,我们的精力是有限的,在网络时代的大背景下,我们不可能将海量知识都储存在大脑中。联通主义认为学习不再是一个人的活动,而是连接专门节点和信息源的过程。学习是一个连接的过程,连接的对象是节点和信息源。知识以节点的形式存在,而学习就是连接知识的过程,也就是找寻知识间路径的过程(西蒙斯、李萍,2005)。

我们的精力有限,无法掌握所有知识,要对海量的知识进行建构是不可能的。联通主义认为管道本身远比管道里的内容更重要,也就是说知识路径远比知识内容更重要。因此我们需要明确知识的来源、知识的位置、获取知识的途径,这比掌握知识本身更重要。学习知识的目的就是将知识进行连接,形成知识路径,最终形成知识网络。

在联通主义学习理论看来,学习就是三个基本网络(内部认知神经网络、外部社会网络、概念网络)之间连接的过程。网络节点聚合形成学习结构,如果从学习网络中去除关键节点,整个组织就会失效,学习不是单一的事件也不是最终的目的,而是不断发展的过程。个人网络通过新节点被持续扩大和增强,未知和迷惑是学习和知识生成过程的一部分。

在师生关系定位上,联通主义学习理论认为,教师应是课程的促进者,教师的角色应由课堂的主导者变为影响者,教师的作用不是控制课堂而是影响和塑造网络。教师应负责策划安排学习者的讨论和反思,帮助学习者从迷茫和矛盾中找到方向,对零碎知识点进行聚合和传递;此外,教师应提前过滤学习者可能遇到的困难和陷阱,对学习者难以理解的内容进行模仿。学生不再只是被动的知识接受者,而转变为主动的内容创造者,学习过程依赖于自我导向的学习者的积极参与,强调学习者的自主性。创造促进了联通,创造力被认为是联通学习的核心能力之一。

综上可见,联通主义学习理论一直强调学习不仅仅是知识内化的过程,而应被视作连接信息源和知识点的过程。因此,信息就被摆在了无比重要的位置。在当今的互联网时代,每天都有大量的信息轰炸人们的大脑,这也变相导致了知识的迅速更迭,而知识的快速发展进一步导致了决策的改变。由此可见,准确辨别和连接信息的能力就显得尤为重要。根据联通主义者的观点,知识的接收、理解、加工与运用全部由学习者个人完成,而学习者的不同风格则导致每个学习者形成了风格迥异的知识资源,这些资源连接到知识网络,供人们学习和使用。在此过程中,人的作用就显得非常重要。因为每个人形成的知识资源都是不同的,而多人的知识连接在一起就构成了一个知识网络,将这些知识网络再次连接,就构成了复杂的知识体系。由此可见,个人是整个知识体系中的重要节点,而知识体系由海量的知识节点构成,又反馈给各个节点供个人进行学习,从而形成一个联通的知识网络。

混合式教学倡导学习者在学习过程中的主体和中心地位,强调个人在知识获取、发展、传播以及应用过程中的作用,倡导自主学习和个性化学习,因此,从这个方面来看,混合式教学所倡导的教学理念无疑和联通主义学习理论是一致的、共通的。在混合式教学过程中,每个学习者的学习过程数据都会通过慕课平台及随堂教学平台传递到教师手中,每个学习者作为知识体系中的一个节点组合在一起,从而构成整个知识体系。在混合式教学过程中,学习者的主观能动性直接决定了学习者对学习的投入程度,而学习者的投入程度则直接影响了最终的学习成果,因此,学习者是整个混合式教学过程中的主导因素,这也与联通主义理论强调学习者的主观能动性的思想相一致。

2.6.3　建构主义学习理论

建构主义主张世界是客观存在的,但是对事物的理解却由每个人自己决定(张琪,2018)。不同的人由于原有经验不同,对同一事物会有不同理解。建构主义学习理论认为:学习是引导学生从原有经验出发,生长(建构)起新的经验的过程(李方,2011)。

建构主义者认为,学习是学生自己建构知识的过程。学生不是简单被动地接受信息,而是主动地建构知识。学习是学习者根据自己的经验背景,对外部信息进行主动地选择、加工和处理的过程。学习者对所接受到的信息进行解释,就生成了个人的意义或者说是自己的理解。个人头脑中已有的知识经验不同,调动的知识经验相异,对所接收到的信息的解释就不同。

建构主义的目的就是要寻求适用于高级学习的教学途径。其中适合高级学习的教学途径之一就是随机通达教学(Random Access Instruction)。

"随机通达教学"理论认为,对同一内容的学习要在不同时间多次进行,每次的情境都是经过改组的,而且目的不同,问题的着眼点就会不同。这种反复绝非为巩固知识技能而进行的简单重复,因为在每次学习的情境中会有互不重合的地方,而这将使学习者对概念知识获得新的理解。这种教学避免了抽象地谈概念,而是把概念具体到一定的实例中,并与具体情境联系起来。每个概念的教学都要涵盖充分的实例(变式),分别用于说明不同方面的含义,而且各实例都可能同时涉及其他概念。在这种学习中,学习者可以形成对概念的多角度理解,并与具体情境联系起来,形成背景性经验。这种教学有利于学习者针对具体情境建构用于指引问题解决的图式。这种思想与布鲁纳(Jerome Seymour Bruner)关于训练多样性的思想是一致的,并且是对其的深入发展(王静,2015)。

建构主义学者认为,知识的获取过程并不是直接将知识从外界转移到大脑的过程,而是学习者将自身已有的知识与外部环境相互作用后形成的意义建构过程。20世纪90年代后,随着信息技术的不断发展,建构主义学习理论得到了越来越多人的重视。在建构主义学者看来,知识是动态的,其不是通过教师的知识传授直接获得的,而是由学习者通过意义建构,在一定情境的作用下主动获得的(张琪,2018)。从这个意义来说,建构主义学习理论与混合式教学模式所倡导的学习者利用丰富的互联网学习资源,通过在线学习完成知识的自我获取的理念是一致的。

得益于互联网的迅速发展,今天的学习者享受着前所未有的丰富的学习情境。学习者可以足不出户学习知识,知识的获取变得越来越便捷和简单。在这样的背景下,知识的学习方式不再局限于传统的面对面讲授上,通过网络实现协作学习的全新模式正应运而生。比如在慕课学习中,学习者可以根据自己的学习状态和自身知识积累情况,制定自己的学习计划和学习安排,通过反复观看微课视频完成知识的初步获取,利用慕课平台随时随地与同伴开展协作式学习,通过互动模块请老师和同学们答疑解惑。互联网创造的便捷、轻松的学习环境,与学习者的既有知识水平、知识结构相融合,构建起学习者对现实世界的全新认识。通过这种方式,学习者不再需要在教师的统一指引下完成整个学习过程,而是通过在线学习和课堂互动,在教师的引导和协助下,完成自我的知识建构。

　　混合式教学模式提倡的培养学生自主学习能力、引导学生在教师的启发下主动建构知识的做法,与建构主义理论是一脉相承的。其核心思想是:学习者的学习效果取决于学生的学习主观能动性以及既有知识结构,一味依靠传统的教学模式并不能取得理想的学习成果。在混合式教学中,学生的学习过程始终以自身为中心,学生在教师的引导下,根据自己既有的学习经验和知识结构,通过微课自主学习和线下面对面学习,进行知识的获取、理解以及建构,而不是单纯依赖于物理的记忆和背诵,从而使学习成为学习者自己主动的知识建构过程。建构主义者虽然强调学习应以学生为中心,但也充分肯定教师在学习过程中的引导作用,这也与混合式教学的理念相一致。在混合式教学中,教师对学生的引导不仅体现在线下面对面的学习与讨论过程中,也体现在微课自主学习、线上答疑和在线测试、在线作业等各个环节。综上可见,建构主义理论是混合式教学的重要理论基础。

2.6.4　认知主义学习理论

　　布鲁纳的认知学习理论受格式塔心理学、托尔曼的"认知-目的说"和皮亚杰的"发生认识论"的影响,认为学习是一个认知过程,是学习者主动形成认知结构的过程。而布鲁纳的认知学习理论与完形说及托尔曼的理论又有所不同。其中最大的区别在于完形说及托尔曼的学习理论是建立在对动物学习进行研究的基础上的,所谈的认知是知觉水平上的认知,而布鲁纳的认知学习理论是建立在对人类学习进行研究的基础上的,所谈认知是抽象思维水平上的认知。其基本观点主要表现在三个方面:第一,学习是主动地形成认知结构的过程;第二,强调对学科的基本结构的学习;第三,通过主动发现形成认知结构。布鲁纳认为发现学习的作用有以下几点:一是提高智慧的潜力;二是使外来动因变成内在动机;三是学会发现;四是有助于对所学材料保持记忆。所以,认知发现说是值得特别重视的一种学习理论。认知发现说强调学习的主动性,强调已有认知结构、学习内容的结构性以及学生独立思考能力的重要作用。这些对培育现代化人才都具有积极的意义(谢婧,2006)。

认知主义学习理论的支持者认为,学习是学习者心中的问题经过思考后形成新认识的过程(桑代克,2010)。他们强调学习中认知过程的重要性,认为意识和认知是联系刺激反应之间的中介,在整个过程中学习者的思维意识及内心感受决定了学习者最终达到的学习效果。认知主义学者将学习看作知识获取的过程,学习者受到的外界环境的刺激直接影响了学习者的学习效果。因此,在选择教学内容和教学流程时,教师会首先考虑学习者既有的知识结构以及其心理特征,在教学设计上重视学习者学习习惯的培养,强调学习者自主学习能力的培养,从而提升学习者的学习积极性、主动性,帮助学生在学习过程中形成相对固定的学习风格,最终达到预设的学习目标(杜世纯,2017)。

众所周知,混合式教学模式强调以学习者为中心的教学,通过对学习过程的实时跟踪记录总结发现学习者的学习特点、学习态度变化以及学习风格,鼓励学生开展自主学习,实现学生全面发展的培养目标。从这个角度来说,混合式教学理念与认知主义学习理论是完全一致的。混合式教学强调教学的中心应从教师向学生转变,通过跟踪记录学生的学习过程数据,分析学生的学习状态变化及学习习惯,为教师制定教学计划和学习效果评价机制提供参考。它既强调教师教学过程中的引导监督作用,也要求从学生角度出发,关注学生的心理变化和学习态度变化。这样的教学模式既能有效发挥教师在教学过程中不可或缺的引领监督作用,又能最大限度地发挥学生在学习过程中的主观能动性,真正让学生从"要我学"变成"我要学"。因此,混合式教学可以被看作认知主义学习理论在大数据互联时代的全新发展和全新诠释。

2.6.5 教育技术理论

教育技术是指在教育教学的过程中,教师利用各种教学手段与技术,对教学内容、教学设计、教学实施、教学评价、学习资料呈现等进行管理、实施以及利用的理论与实践过程,这是现代教育发展的重要成果与概念。混合式教学的过程则恰好是对移动互联技术、虚拟仿真技术以及互联网信息技术有条件地梳理选择,并恰如其分地将其应用到教育教学过程的完整体现,没有教育技术的支持,混合式教学便无从实现。各种教育技术,如交互技术、虚拟仿真技术、信息技术等为教学中知识的使用和传播创造了有利条件。

不同的知识信息将以不同的路径、不同的方式在教育领域中传播,教育技术理论中"媒体是人体的延伸"理论指出了传播媒介在教育领域里的重要性(丁兴富,2001)。随着互联网技术越来越多地应用于教育实践,传统课堂的教学环境、教学手段、教学观念都发生了翻天覆地的变化(何克抗、付亦宁,2017)。信息技术的发展为学生提供了多样化的学习环境,交互式学习正成为当下混合式教学改革的一大热点。师生的教学环境从面对面的教室授课转变为不受时空限制的线上线下互动学习,"移动学习""交互学习""碎片化学习"等正成为教育领域的热词。

混合式教学要求教育提供者在适当的时间以适当的方式为学习者提供适当的教育,在这个过程中,就需要教师和学生根据不同的学习场景选用不同的教育技术和教育媒介,实现自己的教学目标。如何做到根据不同学习场景选用不同的教育技术呢?教育技术理论中的"媒体选择定律"对此给出了相应的解释,其能够指导师生在学习过程中作出正确的选择,并达到教育效果和教育成本的最佳平衡。这就在很大程度上降低了学习者接受教育的费用,有助于实现教育公平和公正,也恰恰体现了混合式教学模式的优势。

2.6.6 "思政课程"与"课程思政"协同育人理论

随着我国教育教学改革的不断深入,以"思政课程"与"课程思政"协同育人方式培养复合型高素质人才,已然成为时代发展的必然趋势,并已成为我国教育领域的共识。因此,高校教育工作者应根据国家深化教育教学改革的具体要求,积极探索"思政课程"与"课程思政"的融合点,构建适合当下国情与教育教学实际的协同育人体系(陈赟,2021)。具体而言,"思政课程"与"课程思政"的协同育人应实现三个方面的统一:

其一,育人与育才的辩证统一。育人与育才作为人才培养中不可分割的两个方面,其关系具有辩证统一的特点。坚持育人与育才的辩证统一,就要在培养学生专业能力的同时,紧抓立德树人这个根本任务。一方面,育才一直是高校教育的重要使命。学生在高校接受专业能力培养,以期获得知识、技能上的提高,理论讲授、实践示范一直是育才的主要培养方式。就外语专业学习而言,学生应通过学校的系统专业训练,掌握系统的外语语言基础知识与语言基本技能,具备未来从事相关工作的专业能力。另一方面,育人工作同样不容忽视。"才者,德之资也;德者,才之帅也。"习近平总书记曾强调:"要把立德树人的成效作为检验学校一切工作的根本标准。"不同于育才,育人在培养方式上更强调影响与熏陶的作用,在培养目标上更关注学生的主观体验,通过教育坚定学生的理想信念,增强学生的民族自豪感,厚植爱国主义情怀。虽然两者的培养目标和培养方式截然不同,但两者辩证统一,缺一不可。学生扎实的专业能力为正确价值观的塑造提供了重要条件,而学生正确价值观的养成也为其专业能力的发展保驾护航,确保其职业发展的平稳顺利。因此,从终身学习发展视域来看,"思政课程"与"课程思政"协同育人,具有积极的推广价值。

其二,整体与部分的协调统一。世界上的一切事物、一切过程都可以分解为若干部分,整体是由它的各个部分构成的,它不能先于或脱离其部分而存在,没有部分就无所谓整体;部分是整体的一个环节,离开整体的要素只是特定的他物而不能作为部分,没有整体就无所谓部分。整体是部分的有机统一、集合。集合中的各个部分不是单纯地叠加或机械地堆积在一起的,而是以一定的结构形式互相联系、相互作用着的,故使事物的整体具有某种新的属性和规律。高校的课程设计同样融入了整体与部分的辩证统一思路:各门课程有机服务于统一的专业人才培养目标,但彼此之间又相互独立,具有各自课程的子目标。思政课程、公共课程、专业课程以及其他育人途径之间,相互影响,通力合作,共同作为学校协同育人体系的一部分,助力学生实现专业能力与道德素养的双提升(郭巍巍,2021)。

其三,显性育人与隐性育人的有机统一。2019年3月18日,习近平总书记在学校思想政治理论课教师座谈会上明确指出:"要坚持显性教育和隐性教育相统一,挖掘其他课程和教学方式中蕴含的思想政治教育资源,实现全员全程全方位育人。"总书记的这一重要论述揭示了思想政治理论课教育教学的客观规律,是办好新时代思政课的基本遵循。首先,应继续坚持思想政治显性教育。显性教育,因其教学目标明确、培养方式直观,在学生的价值引领和思想培养上具有无可替代的重要作用。其次,在坚持显性教育的同时,也应恰当融入隐性教育内容。隐性教育具有以下几个主要特征:第一,教育源头多样性。隐性教育的施教主体不再仅限于教师,大众传媒、舍友同伴、校园文化等均可成为隐性教育的施教者(李英、倪斌,2019);第二,教育方式潜隐性。不同于显性教育,隐性教育一般并不直接表露教育目的,而将教育内容以潜移默化的形式展开,而这种"润物细无声"的教学方式往往更易被学生接受;第三,教育影响持久性。隐性教育不同于刻板说教,往往在受教育主体的无意识状态下展开,强调受教育者的主动感受与领会,而后者一旦接受,其教育影响将持续发挥作用;第四,教育效果双面性。隐性教育中教育环境存在众多不可控因素,受教育者可能受到正面的影响,也有可能受到负面影响。因此,课程思政中的价值引领、方向把控就显得格外重要。

新全球化背景下,国内的社会文化环境日益复杂,这对大学生的正确价值观塑造提出了全新的挑战。在此背景下,高校一方面应继续利用"思政课程"深入提高学生的思想政治觉悟,帮助学生树立正确的世界观、价值观、人生观;另一方面,应加大力度利用"课程思政"对学生进行全面的隐性价值引领,为学生的思想成长保驾护航。只有将"思政课程"与"课程思政"两者有机结合,才能保证高阶人才培养目标的实现。

2.7　混合式教学的分类及实践模式

2.7.1　混合式教学的分类

关于混合式教学的分类,并没有统一的标准。国内外学者对混合式教学的不同分类,主要参考以下几种标准:在线学习时长占总学习时长比重、混合式教学的具体实施模式、教学设计的不同方法以及混合式教学实施的成熟度差异。接下来我们将结合不同的分类标准对混合式教学的分类展开讨论。

1）在线学习时长占总学习时长比重

由表2-3可见,不同学者对于不同教学类型线上学习时长占总学习时长的百分比有不同的看法。史密斯（Glenn Gordon Smith）和库森（Hermann Kurthen）将仅少量使用网络,如利用网络发布课程通知的教学类型归为线上辅助型教学;将在线学习时长占学习总时长80%以下的教学方式称为线上线下混合型教学,其中线上学时占比45%以下的称为混合式教学,线上学时占比45%～80%的归为融合式教学;将线上学时占总学时比例达到80%以上的教学活动称为线上型教学（Tomlinson & Whittaker, 2013）。艾伦和西曼则将混合式教学分为四种类型,每种教学类型都设置了明确的占比要求。完全不使用网络资源或工具,教学过程完全依赖于教师线下活动传递的被称为传统线下型教学;线上教学时长占比在1%～29%之间的被称为线上辅助型教学;线上教学时长占比在30%～79%之间的被称为线上线下混合型教学;在线教学占比80%及以

表 2-3　不同混合式教学类型中线上学习时长占比对比表

研究学者	类　　型			
	传统线下型	线上辅助型	线上线下混合型	线上型
史密斯和库森		少量使用	45%以下为混合式教学 45%～80%为融合式教学	80%以上
艾伦和西曼	完全不使用	1%～29%	30%～79%	80%及以上
迪德尼和霍克利	课堂面授为主,附加少量网络资源		75%左右	100%
沃森等人		30%以下	30%以上	100%

上的被称为线上型教学(Allen & Seaman，2003)。迪德尼和霍克利也认为应按照在线时长占比对教学类型进行分类(Dudeney & Hockly，2007)。他们认为,附加少量网络资源作为线下课堂补充的教学应归为传统线下型教学,75%左右时间进行线上学习,25%左右时间进行线下授课的则是线上线下混合型教学,而100%线上学习的则是线上型教学。而沃森等学者则认为在线学习时长占总时长30%以下的为线上辅助型教学,30%以上的则可被认定为线上线下混合型教学,线上学习时长达到100%的则是线上型教学(Watson et al.，2010)。从上述分类可见,不少学者同意通过在线学习时长占总学习时长的比重来划分教学类型,但对具体的比例设置并没有形成统一意见。

2) 混合式教学的具体实施模式

另外也有研究者认为混合式教学类型的划分应按照线下面对面和在线学习两种模式各自的功能的不同搭配方案来进行区分。亚当斯等人据此将混合式教学分为四种实施类型:类型一,仅将线上资源作为自主学习的一种辅助支持;类型二,在线学习资源与线下教学具有一定联系性与相关性;类型三,创设网络教学平台,教师在平台上提供一定的学习资料和互动场景;类型四,在线学习与线下教学有机融合,相辅相成(Adams et al.，2009)。

由上述分类可见,四种实施模式都在不同程度上实现了混合式教学,但在线资源的利用率差别较大。从中我们也可以看出混合式教学发展的巨大成长空间。

3) 教学设计的不同方法

还有学者认为混合式教学的类型应按照教学设计的不同方法来进行区分。阿拉玛丽等人据此将混合式教学分成了三种类型:低强度混合,即以目前的线下课堂面对面授课为主,仅加入少量在线教学活动;中强度混合,即原本部分线下面对面的教学活动由在线教学替代,但仍以线下教学为主;高强度混合,即授课教师打破原有线下授课课程体系,对整个课程进行重新设计,使线下线上实现更好的融合(Alammary et al.，2014)。

4）混合式教学实施的成熟度差异

格雷厄姆等人则认为应该按照混合式教学实施的成熟度差异来对混合式教学进行分类(Graham et al.，2013)。他们将混合式教学的实施应用分成了三个阶段。阶段一是混合式教学意识觉醒阶段。在这个阶段，虽尚未形成学校层面的统一的混合式教学策略，但学校已有推行混合式教学的意识，鼓励教师们进行混合式教学的探索并给予有限的支持。阶段二是混合式教学早期应用阶段。在这个阶段，学校开始以制度的形式大力推广混合式教学，初步形成学校层面的混合式教学策略，支持教师们实现混合式教学。阶段三是混合式教学成熟应用阶段。学校经过前两个阶段的实践，已形成完善的混合式教学推广策略，制定了一整套激励政策，并提供了技术环境等方面的配套支持措施。

2.7.2　混合式教学的实践模式

不管混合式教学模式按照何种分类标准进行区别，其基本形式都是线下面对面授课与在线学习的结合。但具体的结合方式又有所差别，因此在具体实践中产生了许多不同的混合式教学实践模式。其中应用最为广泛的有两种模式：翻转课堂和 SPOC 教学模式。

翻转课堂，英文名为 Flipped Class 或者 Flipped Teaching，也可译为"颠倒课堂"，是指重新调整课堂内外的时间，将学习的决定权从教师转移给学生的教学模式。在这种教学模式下，学生将课堂内的宝贵时间专注于主动的基于项目的学习，通过分析探讨学科理论知识的现实应用，获得更深层次的理解。基础知识不再通过教师的课上讲授获得，而需要学生在课前通过看视频、听播客、阅读电子书、参与互动讨论等形式自主习得。课后，学生自主规划学习内容、学习节奏、风格和呈现知识的方式，教师则采用讲授法和协作法来满足学生的需要并促成他们的个性化学习，这样学生就可以通过自主实践获得更大的提升。翻转课堂模式是大教育运动的一部分，它与探究性学习在含义上有所重叠，都是为了让学习更加灵活、主动，让学生的参与度更强。在互联网时代，学生通过互联网学习丰富的在线课程，不必一定要到学校接受教师的教学。互联网，尤其是移动互联网催生了"翻转课堂"教学模式。"翻转课堂"是对基于印刷术的传统课堂教学结构与教学流程的彻底颠覆，由此也引发了教师角色、课程模式、管理模式等的一系列变革（马巧梅，2018）。

简单来说，翻转课堂就是一方面把原本放在课堂上讲授的知识内容放到课下，由学生自主学习完成；另一方面，把原先在课下完成的课后知识巩固内化活动转移到课堂上进行检验。2000 年，在第十一届大学教学国际会议上，美国学者贝克（Baker）首次提出"翻转课堂"的概念，并创设了翻转课堂教学模型。2004 年，孟加拉裔美国学者萨尔曼·可汗（Salman Khan）用雅虎电子画画笔记本远程为他在新奥尔良市的表妹教授数学。后来，他又尝试将他的授课视频放在油管上面，以满足其他朋友的学习需要。这些视频在互联网上获得了极大的成功，点击量接近 5 亿，数千万的人通过视频进行了远程学习，可汗先生的教学视频在网络上广受欢迎。在此背景下，2009 年，可汗学院正式成立，其微视频对翻转课堂的迅速推广起到了巨大作用。

SPOC（Small Private Online Course），又叫"小规模限制性在线课程"，其概念最早是由加州大学伯克利分校的阿曼德·福克斯（Armando Fox）教授提出和使用的。"小规模"和"限制性"是相对于慕课中的大规模和开放性而言的，小规模是指学生规模一般在几十人到几百人，限制性是指对学生设置限制性准入条件，达到要求的申请者才能被纳入 SPOC 课程（刘海梅，2017）。

当前的 SPOC 混合式教学主要包括校内 SPOC 混合式教学与校际 SPOC 混合式教学两种类型。校内 SPOC 混合式教学是一种结合了课堂教学与在线教学的混合式教学模式，是在大学校园课堂采用针对性较强的在线教学资源（如慕课视频），或采用通过教学适用性评估的在线资源实施的翻转课堂教学。其基本流程是，教师把相应的在线教学资源（如视频材料、课件等）提前发布给学生，要求学生把该资源当作课前任务完成，然后在实体课堂教学中通过案例分析、答疑讨论，了解学生的知识掌握情况，目前存在的知识短板，帮助学生深化其所学。这种教学模式中，教师可以根据自己的偏好和学生的需求，自由设置和调控课程的进度、节奏和评分系统,以帮助学生更好地达成课程学习目标。校际 SPOC 混合式教学则是根据事先设定的申请条件,从全球的申请者中选取一定规模(通常是 500 人)的学习者纳入 SPOC 课程,入选者必须保证必要的学习时间和学习强度、参与在线讨论、完成规定的作业和考试等,通过者将获得课程完成证书。而未申请成功的学习者可以以旁听生的身份注册学习在线课程,例如观看课程讲座视频、自定节奏学习指定的课程材料、做作业、参加在线讨论等,但是他们不能接受教学团队的指导,也不能参与互动,且在课程结束时不会被授予任何证书(林润燕,2019)。

由上可见,SPOC 是将在线学习与线下教学有效融合的一种混合式教学模式。根据教育部(2015)印发的《教育部关于加强高等学校在线开放课程建设应用与管理的意见》,高校可结合本校实际情况,选用满足本校需求的在线教学平台,开展在线课程建设与推广,从而为广大师生及社会学习者提供全方位的个性化服务方案。目前,全国绝大部分高校已开展基于 SPOC 的混合式教学实践。

2.8　混合式教学的特点

混合式教学是将在线教学和传统教学的优势结合起来的一种"线上"+"线下"的教学。通过两种教学组织形式的有机结合,可以把学习者的学习由浅到深地引向深度学习。一般来说,混合式教学具备以下六个特征:学习者角色的中心化、教学设计的优质化、学生学习的自主化、线上线下互动的常态化、学习评价的多元化以及教学混合的深度化。本节,我们将结合这六个特征对混合式教学的特点进行具体分析。

2.8.1　学习者角色的中心化

混合式教学模式改变了传统线下面对面课堂中以教师为中心的教学模式,一切教学活动围绕学生展开。在混合式教学过程中,教师的角色定位由原来的教学主导者逐步转化为学生开展个性化学习、自主学习的督促者和引导者。根据建构主义学习理论,学生的知识获取不是完全依靠自己独立完成的,而需要教师以及同学的帮助。教师在调整教学内容、教学流程以及教学方法时,应充分考虑学生的实际学习状况以及学习需求。学生的学习表现和需求是教师选定混合式教学具体教学设计方案的首要出发点。

众所周知,在传统的面对面课堂教学中,教师占据着绝对的主导地位,学生的学习主动性由此受到较大的影响。而混合式教学模式的实施使得传统课堂这种以教师为主导的模式发生了彻底的改变,教学活动开始从以教师为中心转变为以学生为中心。这样的转变实际上也反映了师生在教学活动中角色的转变,学生成为知识学习的主体,而教师的功能则更多地体现在对于学习过程的引导以及对于知识的解读上。

从这个角度来说,混合式教学结合了传统课堂面对面授课和在线学习的优势,一方面,教师可以在教学过程中起到监督、引导的作用,能够尽可能启发学生的学习主动性、创造性;另一方面,学生能够根据自身需求,自主调节学习进度、节奏和内容,选择适合自己的学习环境。通过这种以学生为中心的混合式教学模式,学生获得了学习的主动权,学习热情得到较大的提高;而教师也可以根据网络教学平台的数据,实时了解学生的学习状况,并进行有针对性的讨论和答疑,使教学更有针对性,促进学生的全面发展和个性化成长。

2.8.2 教学设计的优质化

与传统面对面授课课堂的教学设计不同,实施有效的混合式教学的核心是将基于 SPOC 模式的课程教学设计合理化、优质化。这就要求授课教师根据实际教学环境以及制定的教学目标,构建适合学习者学业水平的教学设计方案。教学设计过程中,应当避免为混合而混合的现象出现。一些教师在刚开始尝试混合式教学时,由于担心学生无法按照既定目标完成在线学习,在线下课堂又把学习内容重复讲授一遍,这一方面浪费了时间,另一方面也让学生觉得自己不被信任,自己之前的在线学习都是无用功,因此自主学习积极性受到打击,长此以往,显然不利于混合式教学的开展和学生自主学习能力的培养。

因此,在课程设计过程中,课前,教师应确保学生自主学习目标的可实现性以及可衡量性,确保学生在自主学习过程中碰到疑问可以得到及时解答,从而保证学生的自主学习效果。课中,教师应合理设计线下课堂内容。很多学校的混合式教学,由于在线学习占据了一半左右的时间,因此线下课堂的时间相应地会被压缩。在这种情况下,教师更应该利用好有限的课堂时间,事先设计好课堂活动,让课堂的利用率达到最大化。课后,教师应设计适当的课后作业,帮助学生及时巩固与内化所学知识。只有合理设计课前、课中、课后三个阶段的教学活动,才能使混合式教学真正达到其设定的目标,解决传统课堂教学过程中教学深度和广度不够的问题,满足学生的个性化发展需要。

2.8.3 学生学习的自主化

在混合式教学模式中,学生在课前被要求按照教师提供的自主学习任务清单开展自主学习,完成知识的获取过程。这与传统的教学模式有很大的区别。学生不再被动地接受知识,而是根据教师提供的一系列线上学习资源开展自主学习,自主探究问题的答案。因此,在这个过程中,学生的自主学习能力、独立思考能力和批判性思维能力得到了较好的锻炼,学生真正意识到自己是学习的主人,学习的责任心大大增强。

当然,这个过程中十分重要的一点是,教师应在第一次开课时就明确学习规则、学习要求、奖惩制度等,使学生能够目标明确地开始自主设计自己的学习过程。

2.8.4 线上线下互动的常态化

混合式教学的另一个主要的特点就是师生之间互动的常态化。在传统的线下教学中,学生与教师互动的主要渠道是课堂上有限的提问及答疑时间,再加上传统课堂习惯于教师主导的教学模式,学生提问的时间很少,这就导致传统课堂一直存在气氛沉闷的问题。

在混合式课堂中,学生与教师进行互动的机会大大增加了。线下的教学活动也主要以答疑讨论为主,因此,从时间上来说,学生可以与教师实现实时互动。无论在自主学习过程中,还是线下教学中,师生之间都可以实现充分的沟通交流,这不仅增强了学生的学习动力和积极性,也融洽了师生感情,使得新时代的师生关系更加和谐。从空间上来说,在混合式教学中,学生与教师的互动不再局限于课堂或教室,慕课平台、随堂教学软件、社交软件等都可以实现互动。这不仅有利于改善学生的学习效果,也能更好地帮助教师了解自己学生的学业状况,并根据学生的学习状况实时改进自己的教学方法,提高自己的教学水平和质量。

2.8.5　学习评价的多元化

在传统的面对面教学中,教师对学生的评价主要基于学生的出勤率、课堂纪律、课堂发言次数以及问题回答情况。然而,由于高校的扩招,现实中一个教师往往每个学期要面对几百名学生进行同步授课,让教师快速记住每个学生的姓名,并对其课堂表现进行打分往往难度较大,因此,在实际操作中,传统教学模式的学业评价往往以考试成绩为主,即终结性评价。

而在混合式教学中,教师可以较为轻松地实现对每个学生学业情况的考核,使学习评价更加客观合理。学生的在线学习情况会由慕课平台进行实时记录,教师只需要设置好各项比例,在期末点击导出按钮就可以得到所有班级的在线学习分数;而课堂表现分数则可以通过随堂教学软件实现,教师可以在课堂上通过软件的投票问卷、测试、头脑风暴以及举手抢答等功能,记录学生课堂表现,期末时同样可以一键导出。因此,在混合式教学中,学生的学习全过程都被完整地记录下来,而且考核范围更为广泛,考核内容更为全面,过程性考核与终结性考核的结合实现了学习评价的多元化。

2.8.6　教学混合的深度化

在混合式教学活动中,授课教师并不是简单地将各种教学内容、教学方法以及教学工具杂糅在一起,而是进行了有组织、有规律的高效混合。

　　首先是学习内容的混合。教师对学习内容的选择应有所侧重,即分清什么样的内容适合放在平台上供学生进行自主学习,什么样的内容需要单独拎出来在课堂上强调和讨论,什么样的内容可以供学生在平台上进行拓展阅读。其次是教学方法的混合。在混合式教学中,传统的面授法与讨论法已经无法满足现代化的个性学习需求,因此教师应根据实际情况融入其他教学方法,如视频观看法、案例讨论法、项目任务法等。这些教学方法的采用不是千篇一律的,而应该根据教学内容做相应的调整。最后是教学工具的有机混合。在混合式教学过程中,教学工具十分多样,教师需要利用好这些教学工具,让其成为教学的帮手而不是学生学习的累赘,这就要求教师能够提前熟悉这些教学工具,并根据教学内容与教学方法作出合理的选择。教学工具用得好,学生的学习积极性就能得到大幅度提升。反之,学生则可能对混合式教学产生厌烦情绪。只有将这三种要素进行合理的、深度化的混合,才能实现真正意义上的混合式教学。

第3章 普通高等学校混合式教学开展现状调查

　　如第2章所述,混合式教学的出现是现代高等教育发展到一定阶段的必然产物。混合式教学是传统的面对面课堂教学与慕课在线学习的有机结合,它以学习者为中心,以培养学习者的自主学习能力、团队协作能力以及批判性思维能力为目标,关注学生的个性化发展和全面发展。目前,全国各大高校都在积极鼓励师生开展混合式教学改革,融合了在线学习的混合式教学模式已经成为当代大学生参与学习的重要方式之一。但实施效果究竟如何,学生是否有参与混合式教学的意愿,能否很好地接受混合式教学,教师对实施混合式教学改革的真实看法如何,这都是目前的教育研究者迫切想弄清楚的问题,也直接关系到下一步混合式教学的改革走向与出路所在。鉴于此,笔者采用问卷调查与访谈的形式,一方面对当代大学生混合式学习的现状、需求以及成效展开调查,另一方面对教师在推行混合式教学改革中遇到的问题和困扰进行反思。通过对教师和学生这两类混合式教学的直接参与者的调查,笔者旨在了解我国混合式教学的现状以及存在的问题,从而为混合式教学的进一步发展以及国家制定混合式教学实施标准提供数据参考。

3.1 问卷调查

笔者首先拟通过问卷调查方式,发现当代大学生对混合式教学的看法、接受程度以及成效反馈。

3.1.1 数据来源

为探究大学生对混合式教学的真实想法,本研究以六所本科院校在校生为研究对象,通过问卷调查的形式,获取学生对混合式教学认知态度的相关数据。

3.1.1.1 调查目的

任何教学活动的顺利开展,都离不开教师和学生两个教学参与主体的积极配合,两者的主观能动性在成功的教学中缺一不可。基于 SPOC 的混合式教学模式不是简单地让学生完成在线视频的观看,也不是单纯地照搬他人的翻转课堂教学经验,而是应该真正关心学生的学习需求,一切教学环节的设计以及在线平台的建设都应以学生的学习需求和认知规律为出发点。只有重视对学情和生情的调研,才能够真正做到有的放矢,才能使自己的教育教学工作达到事半功倍的效果。因此,了解混合式教学的实施现状,首先要探究在校大学生对混合式教学的真实感受、评价及希望。

鉴于上述思考,本章的调查问卷以混合式教学的理论基础为指导,以一切教学都是为了学生为宗旨,进行普通高等学校在校大学生混合式教学情况的调查。本调查问卷在借鉴杜世纯(2017)博士的问卷调查的基础上,结合本研究实际情况进行了一些调整(调查问卷表详见附录1)。

3.1.1.2 调查对象

笔者选取了六所高校进行问卷调查,旨在了解高校学生对于混合式教学的看法及态度,从中探索混合式教学的发展路径及建设标准。在高校的选择上,笔者主要考虑了覆盖面与代表性两大因素。本调查问卷旨在调查普通高等学校在校生对混合式教学的认知与态度,因此在调查样本的选择上尽量涵盖多种高校类型,尽可能地保证研究样本反映目前我国普通高等学校混合式教学的真实现状。基于上述原则,最终确定参与本次问卷的六所高校为:中国地质大学(武汉)、武汉大学、浙江大学、武汉科技大学、绍兴文理学院和浙江越秀外国语学院。由于时间与精力的限制,本次问卷调查的学校数目虽然较少,但也基本上涵盖了主要的高校类型,因此问卷数据具有一定的参考价值。

在调查对象的选择上,本问卷主要面向上述六所高校中的在校本科生,并从中随机选取部分学生参与问卷调查,因为考虑到大一学生进校不久,对混合式教学的了解较少,因此,调查对象基本以大二、大三及大四学生为主。

问卷调查的主要目的是了解在校大学生对混合式教学的认识、态度以及评价。通过对学生上网习惯、学习习惯、学习风格、对混合式教学的各方面评价等相关信息的采集,全面了解普通高校学生对混合式教学的真实态度。

3.1.1.3　调查内容

本调查问卷一共分为三部分:个人情况、学生基本学习情况、对混合式教学的认知与评价。

1) 个人情况:本部分主要了解参与调查学生的个人基本信息,包括性别、年级以及专业类别。

2) 学生基本学习情况:本部分主要了解学生的学习习惯、网络使用习惯以及对传统面对面学习模式和慕课在线学习模式的认知。问题包括网龄长短、每天上网时长、上网主要目的、上网时长中网络学习时长占比、在学习上遇到问题时寻求解决方案的方式、使用网络学习的主要原因、传统课堂中最喜欢的课堂活动、在线学习中最喜欢的活动等。

3) 对混合式教学的认知与评价:本部分主要了解学生对混合式教学的需求、看法、评价、建议等。调查问卷中涉及的问题包括:是否了解混合式教学方式,混合式教学对学业是否有帮助,混合式教学能否帮助学生实现自己的学习目标,混合式教学能否帮助学生提高自主学习能力,混合式教学能否提升学生自身的学业表现,混合式教学带来的最大收获,对参与混合式教学的态度,混合式教学过程中是否需要教师的指导,混合式教学中是否经常参与讨论,影响混合式教学效果的主要因素,是否希望混合式教学方式取代传统线下面授模式等。

3.1.1.4 调查问卷的发放与回收

本问卷于 2022 年 9 月 13 日在问卷星发布,作答截止日期为 2022 年 10 月 15 日,期间累计作答人数 872 人。笔者收到问卷结果后为保证问卷质量,对收到的问卷进行手动筛选,将答卷时间短于 10 秒的问卷剔除,共剔除问题问卷 21 份,得到有效问卷 851 份,有效率为 97.6%。

3.1.2 数据分析

3.1.2.1 学生的基本学习情况

1) 学生上网习惯分析

如图 3-1 所示,受访的 851 位大学生中,网龄在一年以内的只有 7 位,占比 0.82%;网龄在 1~4 年的有 301 位,占比 35.37%;网龄在 4~8

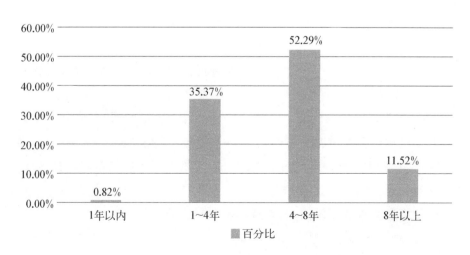

图 3-1 受访大学生不同网龄占比的调查情况图

年的有 445 位,占比 52.29%;网龄在 8 年以上的有 98 位,占比 11.52%。
从上述数据可见,有将近 64% 的大学生网龄都在 4 年以上,有丰富的上
网经验,因此我们有理由推断,他们具备了一定的计算机操作能力。也就
是说,学生已经基本具备了开展混合式学习的计算机能力基础,这为教师
们开展混合式教学奠定了较好的基础。

如图 3-2 所示,受访的 851 位大学生中,每日上网时长为 1~2 小时
的有 53 位,占比 6.23%;每日上网时长为 2~5 小时的有 265 位,占比
31.14%;每日上网时长为 5~10 小时的有 412 位,占比 48.41%;每日上
网时长在 10 小时以上的有 121 位,占比 14.22%。从上述数据可见,大部
分同学每日上网的时间超过了 5 小时。网络与现代大学生的日常生活密
切相关,但不可否认的是,网络世界在提供给我们丰富的信息渠道的同
时,也掺杂着部分不良内容,而大学生仍处在人格养成的关键时期,他们
的人生观、世界观及价值观尚未完全定型。因此,在这样的背景下,如果
对学生的上网行为不加任何约束,学生则可能误入歧途。既然学生习惯
通过网络与外部世界进行沟通,授课教师就可以有意识地引导学生正确
地面对网络世界,并引导他们科学合理地使用网络,帮助学生养成利用网
络进行在线学习的习惯。

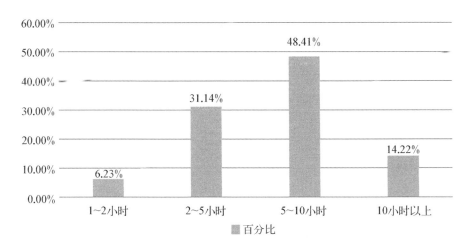

图 3-2　受访大学生每天平均上网时长的调查情况图

　　受访大学生上网主要目的的调查情况如图 3‑3 所示。14.81% 的学生上网的主要目的是查找资料,13.51% 的学生上网的主要目的是在线学习,而 37.96% 的学生上网的主要目的是娱乐购物,另有 31.84% 的学生上网的主要目的是社交聊天。从上述数据可见,当代大学生虽然计算机应用基础较好,每天也花费大量的时间在网络上,但上网的主要目的是娱乐。这说明学生良好的网络使用习惯需要培养,教师们需要通过优化慕课内容等方式吸引学生注意力,使学生乐于将注意力集中到学习上来。否则,学生花费越多的时间上网冲浪,对于提高学业成绩、增强自主学习能力就越不利。

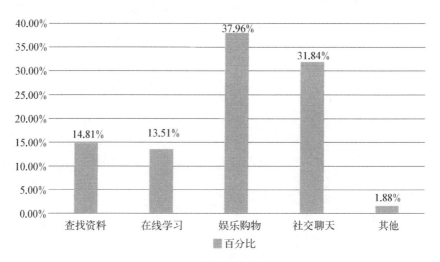

图 3‑3　受访大学生上网主要目的的调查情况图

　　如图 3‑4 所示,在网络学习时长占总上网时长的比例方面,10.11% 的学生上网学习时长占总上网时长的比例小于 10%,47.12% 的学生上网学习时长仅占总上网时长的 10%～30%,32.55% 的学生上网学习时长占总上网时长的 30%～50%,而仅有 10.22% 的学生网上学习时长占总上网时长的 50% 以上。这是一个相当触目惊心的数字,我们的学生每天花费大量的时间在网上冲浪,但绝大部分的学生(89.78%)将大部分上网时间用在了非学习活动中。这不仅不利于他们学业成绩的提高,还会极大地影响他们的学业表现。因此,作为教育工作者,扭转学生的过度网络依赖现象已经成为大学生教育的当务之急。如何扭转,靠生拉硬拽显然不行。大学生已是有独立思想的成年人,因此,我们应一方面加强对学生的思想引导,使学生从心理上自觉加强对学习的重视;另一方面,我们应在慕课建设上有所改进,针对"00 后"大学生的心理特点,在课程的设计上迎合他们的喜好,增加课程的趣味性,从而吸引更多的学生将心思花在学习上。

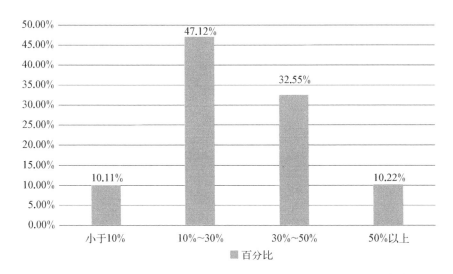

图 3 - 4　受访大学生网络学习时长占总上网时长比例的调查情况图

2) 学生日常学习习惯分析

关于学生在学习上遇到困难时会如何处理这一问题,调查结果显示(见图 3 - 5),大部分的受访者(67.80%)会选择自己上网查找资料来解答疑惑,而仅有 17.86% 的学生选择去请教老师或同学,9.52% 的学生选择到图书馆查找资料。这个比例显然与 10 年或 20 年前学生的情况相差甚远。现在的学生在学习上遇到困难时更多地选择依靠网络来查找答案,这一方面说明学生在学习过程中对他人的依赖性降低,他们更渴望通过自己的努力去寻求问题的答案;但另一方面,这也是一个令人警醒的信号。众所周知,网络世界掺杂着各种真真假假的信息,而学生的自主判断能力还相对薄弱。因此,学生如果对网络中查到的资料不加甄别、照单全收,则很可能受到误导甚至其整个知识体系都会发生偏差。因此,在学生学习的过程中,教师还是应该加强对学生的引导。很多新一代的大学生不习惯主动以面对面的方式寻求老师和同伴的帮助,那就需要教师主动帮助他们搭建网络学习和网络互动的平台,帮助他们创建一个开放的知识探索空间。教师可以从旁引导,也可以为其答疑解惑,这样既符合了学生的学习习惯,也保证了学生接收到的知识的正确性及完整性,有利于学生的可持续发展。

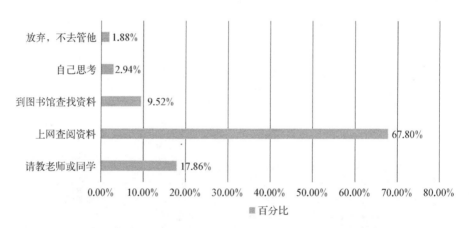

图 3 - 5　受访大学生在学习上遇到困难时的处理方式的调查情况图

图 3 - 6 显示,72.97％的受访大学生有过在线学习的经历,这说明他们在受访之前就已经接触过慕课在线学习这种学习模式,也说明慕课的推广情况整体较好,这也与我们在第 2 章中谈到的我国目前慕课发展现状相一

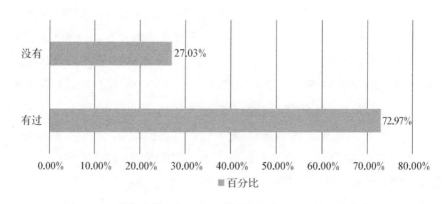

图 3 - 6　受访大学生是否有过慕课在线学习经历的调查情况图

致。从这一点上,我们也可以得出结论,慕课已经在大学生群体中得到较为广泛的应用,这无疑为混合式教学的未来发展奠定了坚实的基础。

图 3-7 为受访大学生使用网络学习的最主要原因的调查情况图。从图中可见,愿意使用网络进行学习的大学生中,19.04% 的学生是因为他们相信网上学习资源更为丰富,25.38% 的学生认为通过网络进行学习能让他们学习效率更高,14.81% 的学生则认为通过网络进行学习感觉更有意思,当然也有 29.02% 的学生表示他们之所以进行网络学习完全是受到老师的强制要求。从上述数据可见,大部分的学生(至少 59.23%)认为网络学习给他们提供了更为有利的学习条件,创建了更为优越的学习环境,因此可以帮助他们更好地学习。然而,仍然有 29.02% 的学生并不是真心愿意参与网络学习的,他们表示自己是被迫参与的。由此可见,大部分的学生已经真真切切地体验到了网络学习带给他们的好处,并由此习惯了网络学习。这一部分学生应该可以无障碍地融入后续的混合式教学中。而 29.02% 的学生对网络在线学习仍缺乏兴趣,这就需要教师对这部分学生进行有针对性的引导,让他们真正爱上网络学习,体会到网络学习带来的益处。

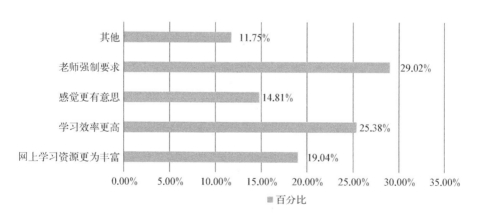

图 3-7　受访大学生使用网络学习的最主要原因的调查情况图

图 3-8 为受访大学生在传统面对面课堂中最喜欢的课堂活动的调查情况图。如图所示,11.52% 的学生最喜欢教师讲授,7.99% 的学生最喜欢教师答疑,30.67% 的学生最喜欢项目任务,3.76% 的学生最喜欢作

业练习,22.21%的学生最喜欢小组汇报,20.68%的学生最喜欢案例讨论。由上述数据可见,传统课堂中以教师为中心的教学活动,如教师讲授、教师答疑,受欢迎程度普遍较低。而以学生为中心的教学活动,如项目任务、小组汇报、案例讨论,则普遍受到大学生们的喜爱。这也为我们的混合式教学带来了重要的启示。新一代的大学生普遍思想活跃,追求自由,他们不再喜欢课堂上传统的教学方式,而更喜欢追求个性化的学习模式。因此,在未来混合式教学模式的设计中,教师们可以有意识地融入更多以学生为中心的教学活动,从而达到事半功倍的效果。

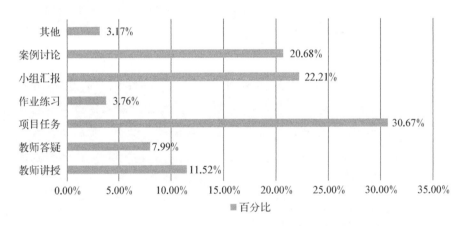

图3-8 受访大学生在传统面对面课堂中最喜欢的课堂活动的调查情况图

图3-9为受访大学生在在线学习中最喜欢的活动的情况调查图。如图所示,25.74%的学生最喜欢观看微课视频,10.22%的学生最喜欢在线测试,11.28%的学生最喜欢在线作业,27.73%的学生最喜欢互动讨论,23.38%的学生最喜欢作业互评。由此可见,在线学习中的各个模块普遍比较受到学生们的喜爱,其中,互动性较强的活动模块(如作业互评、互动讨论)更受学生们偏爱,而微课视频则由于其授课方式更为灵活,教师讲解更为风趣幽默,而且穿插了不少图片和视频的缘故也受到了学生们的普遍喜爱。由此我们可以得到重要启示,在在线课程的设计过程中,教师们应该重视课程的互动性及微课视频质量,使学生可以在轻松愉悦的环境中习得知识。

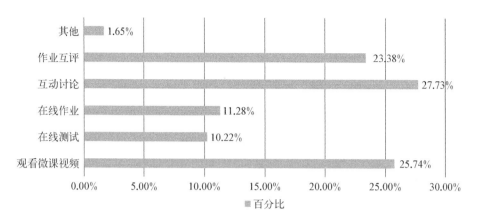

图 3-9　受访大学生在在线学习中最喜欢的活动的调查情况图

3.1.2.2　学生对混合式教学的认知与评价

图 3-10 显示了对受访大学生对混合式教学模式了解程度的调查情况。从图中可见,仅有 3.76% 的学生表示完全不了解混合式教学模式;13.75% 的学生表示听说过,但了解不多;亲身参与过,比较了解的学生占46.53%;而经常用到,对混合式教学模式十分了解的学生则占到了35.96%。从上述数据可见,82.49% 的受访大学生(702 人)都曾经或多或少地参与过混合式教学,这也表明了混合式教学目前良好的使用基础,这部分用户基础我们需要进一步加以巩固。当然还有 17.51% 的学生到目前为止都没有尝试过混合式教学模式,而考虑到我们的调查问卷发放范围本身就在高等教育普及率较高、经济基础较好的省份,从全国范围来看,这个百分比可能更大。因此,我们也可以看到混合式教学的推广空间仍然巨大,还需要教师们的不懈努力,才能使混合式教学造福越来越多的学生。

图 3-11 显示受访大学生认为混合式教学对自身学业的帮助度情况。从图中可见 19.04% 的学生认为混合式教学对自身

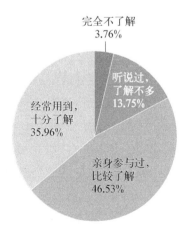

图 3-10　受访大学生对混合式教学模式了解程度的调查情况图

85

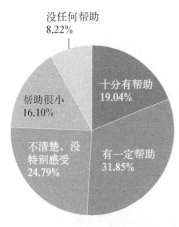

图 3-11 混合式教学对学生学业帮助度的调查情况图

学业十分有帮助,31.85%的学生认为混合式教学对学业提高有一定的帮助,24.79%的学生表示不清楚,16.10%的学生表示混合式教学对学业的帮助很小,8.22%的学生表示混合式教学对学业没有任何的帮助。从上述数据可见,超过一半的学生认同混合式教学对学业的促进作用,这说明前期混合式教学的推广较为成功。当然,我们也清楚地看到,还是有大量的学生对混合式教学模式的认可度不够高,这一点也足以引起我们的反思。作为教育工作者,我们应该反思混合式教学是否还有较大的改进空间,能否在教学设计上更加优化,能否更好地帮助到学生。

图 3-12 为混合式教学对学生达成学习目标的帮助度的调查情况图。从图中可见,31.96%的学生认为混合式教学对他们学习目标的达成十分有帮助,34.78%的学生认为混合式教学对他们学习目标的达成有一定帮助,19.62%的学生对此表示不清楚,没特别感受,11.64%的学生认为混合式教学对他们学习目标的达成帮助很小,而只有2.00%的学生表示混合式教学对他们学习目标的达成没任何帮助。从上述数据可以看出,绝大多数的学生(66.74%)对此持肯定态度,这也表明这些学生从内心深处是认可混合式教学模式,并且对其抱有较大期望的。作为教师,我们更应该努力地开展好混合式教学,让学生真真切切地感受到混合式教学带来的好处。当然,对于仍然处于不确定状态的学生,我们应该在加大混合式教学的宣传的同时,优化课程质量,以此让学生产生信任感。

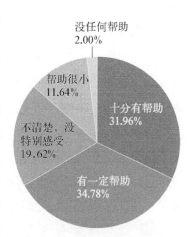

图 3-12 混合式教学对学生达成学习目标的帮助度的调查情况图

图 3-13 为混合式教学能否提高学生自主学习能力的调查情况图。从图中可见,11.52% 的学生认为混合式教学可以显著提高他们的自主学习能力,41.25% 的学生认为混合式教学能够在一定程度上帮助他们提高自主学习能力,13.16% 的学生对此不太确定,24.32% 的学生认为混合式教学对于提高他们的自主学习能力的帮助并不明显,而 9.75% 的学生则认为混合式教学对于他们的自主学习能力培养没有任何帮助。从上述数据来看,一方面,我们应该感到欣慰,因为 52.77% 的学生认同了混合

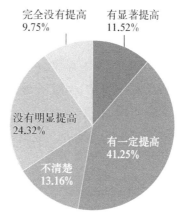

图 3-13　混合式教学能否提高学生自主学习能力的调查情况图

式教学对自主学习能力培养的积极作用;但另一方面,我们也清醒地认识到,还有大量的学生持怀疑或否定态度。细究其原因,笔者认为这跟目前的混合式教学的开展情况存在一定的关系。很多教师目前在开展混合式教学过程中,依然受到原来的传统教学模式的影响,对学生开展自主学习的能力持怀疑态度,这就导致他们一方面要求学生在课前进行自主学习,另一方面还是在课上对这部分内容进行反复强调。久而久之,有些学生产生强烈的不被信任感,另一些学生则认为反正课上老师会讲,课前学不学都无关紧要,因此学生的自主学习情况不尽如人意。要想实现混合式教学对于学生自主学习能力的正向促进作用,对学生的引导是一方面,授课教师的态度调整也是其中特别重要的一环。要让教师和学生清楚地意识到进行混合式教学的目的、原因和意义,只有知其所以然,教师和学生才能真正完全地去践行混合式教学,从而实现混合式教学的初衷。

图 3-14 为混合式教学能否提升学生学业表现的调查情况图。从图中数据可见,12.46% 的学生认为混合式教学能够明显提升他们的学业表现,33.73% 的学生认为混合式教学对他们的学业表现有较大的提升作用,24.79% 的学生对此不太确定,22.44% 的学生认为有少许提升,而

6.58%的学生认为混合式教学无法提升他们的学业表现。从上述数据可见，混合式教学想要得到所有学生的认可还有较长的一段路要走。因此，提升师生对于混合式教学的认知，做好混合式教学的设计，保证在线课程的质量，对于提高学生对混合式教学价值的认同都具有至关重要的作用。

图 3–15 为混合式教学带给学生的最大收获的调查情况图。从图中可见，16.69%的学生认为混合式教学能够帮助他们提升学业成绩，13.63%的学生认为混合式教学能够帮助他们提高自主学习能力，10.11%的受访大学生认为混合式教学能够帮助他们增强批判性思维能力，24.91%的学生认为混合式教学能够帮助他们提高团队协作能力，24.32%的学生认为混合式教学能够帮助他们增强时间管理能力，5.76%的学生认为混合式教学能够帮助他们提升其他方面的能力，而仅有4.58%的学生认为通过混合式教学，他们毫无收获。从上述数据可见，绝大部分的学生(95.42%)认为混合式教学给他们带来了一定收获，特别是混合式教学对团队协作能力和时间管理能力的提升作用，受到最多受访大学生的认同。这也说明，混合式教学对于学生能力的培养是综合的、全面的，而不仅仅局限在对于学生学业的促进和自主学习能力的提升上。

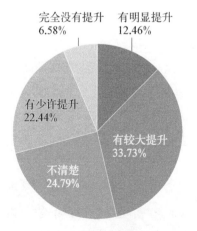

图 3–14　混合式教学能否提升学生
　　　　　学业表现的调查情况图

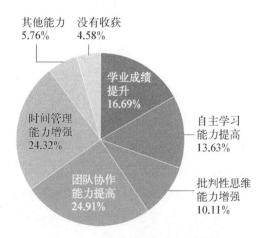

图 3–15　混合式教学带给学生的
　　　　　最大收获的调查情况图

这也与高等教育培养可持续发展的、具备综合能力的学生的目标是一致的。

图 3-16 为受访大学生对参与课程混合式教学所持态度的调查情况图。从图中可见,27.73% 的学生表示如果教师使用混合式教学模式进行课程教学,他们会非常乐意参与;另有 37.72% 的学生表示他们比较愿意参与;12.34% 的学生表示对此无所谓;19.62% 的学生表示不太乐意参与;而2.59% 的学生表示十分不愿意参与。从上述数据可见,绝大部分的学生(65.45%)都愿意参与混合式教学,不愿意参与混合式

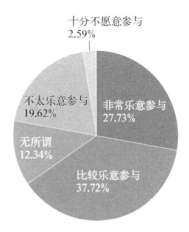

图 3-16 受访大学生对参与课程混合式教学所持态度的调查情况图

教学的学生仅占受访学生总数的 22.21%。这说明学生对混合式教学的参与积极性普遍较高,这也说明他们内心普遍较为认同这种新兴的教学模式,同时也说明新一代的大学生对于新鲜事物的接受度普遍较高。这其实对于我们的混合式教学改革是一个极大的好消息,也表明我国前期的混合式教学改革总体而言比较成功。当然,我们也应该清醒地意识到,还是有相当比例的学生不愿意参与混合式教学。对于这部分学生,我们首先应调查清楚他们不愿意参与混合式教学改革的深层次原因,然后对症下药,扫清学生参与混合式教学的障碍,只有这样,我们才能充分保证学生的参与热情,从而从前置条件上保证混合式教学的顺利进行。

图 3-17 为混合式教学过程中学生是否需要教师指导的调查情况图。从图中可见,关于这个问题,绝大部分的学生意见都相当一致,其中33.72% 的学生认为他们十分需要教师的指导,43.60% 的学生认为他们需要教师的指导,12.81% 的学生对此表示无所谓,仅有 7.99% 的学生认为他们不太需要教师的指导,1.88% 的学生认为他们完全不需要教师的指导。从上述数据可以发现,高达 77.32% 的受访大学生认为他们需要教师给予指导,仅有 9.87% 的学生认为他们不需要教师的指导。这说明

在绝大部分学生的心目中,教师对于他们学业的帮助非常大,他们高度认可教师在他们追求学业进步的过程中扮演的角色。这也与一直以来教师们兢兢业业的工作态度、认真负责的职业操守密不可分。

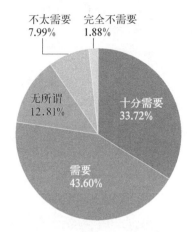

图3‐17 混合式教学过程中学生是否需要教师指导的调查情况图

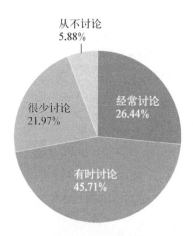

图3‐18 混合式教学过程中学生跟同伴互动频率的调查情况图

图3‐18展现了混合式教学过程中学生与同伴互动频率的调查结果。从图中可见,26.44%的学生表示他们经常与同伴展开讨论,45.71%的学生表示他们有时会与同伴展开讨论,21.97%的学生表示他们很少参与同伴讨论,而仅有5.88%的学生表示他们从不参与讨论。从上述数据可见,大部分的学生(72.15%)都能够积极地与同伴进行互动讨论,仅有极少数学生对互动讨论持否定态度。由此可见,大多数学生对于混合式教学中的互动讨论环节较为适应,他们能较好地融入互动讨论中,这对于他们知识的内化巩固显然相当有益。除此之外,互动讨论的过程也是学生建立积极的人际关系的过程,通过互动讨论,学生的团队协作能力、批判性思维能力都可以得到有效的提高。对于少部分不愿意参加互动讨论的同学,授课教师应在搞清楚原因的基础上,有针对性地对这部分同学进行引导,为他们参与课堂讨论创造有利条件,鼓励他们积极参与互动讨论。

图3‐19展现了影响混合式教学效果的最主要因素的调查结果。从

图中可见,12.57%的学生认为影响混合式教学效果的最主要因素为慕课平台操作的难易度,25.97%的学生认为最重要的影响因素是在线课程的课程质量,23.03%的学生认为线上线下的互动最为关键,21.51%的学生认为线下面对面课堂的组织情况起到了关键影响作用,12.10%的学生认为教师的指导水平是主要的影响因素,4.82%的学生认为同学的影响对他们来说最为关键。从上述数据可见,慕课平台操作的简易性、在线课程的课程质量、线上

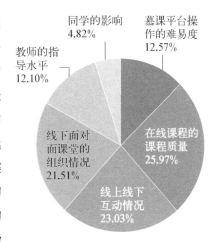

图3-19 影响混合式教学效果的最主要因素的调查情况图

线下互动情况、线下面对面课堂的组织情况、教师的指导水平、同学的影响都是影响混合式教学效果的主要因素,其中在线课程的课程质量、线上线下互动情况以及线下面对面课堂的组织情况最为关键。从中我们可以得到启示,要想提高学生的学业水平,增强学生对混合式教学的认同感,教师需要在几个方面同步发力。首先,在选择慕课平台时,尽量选择操作较为简易的慕课平台,以防学生因为操作上的不熟悉、不顺手产生厌学心理;其次,教师应努力提高在线课程的课程质量,认真设计每一节微课,使得微课内容既简洁又涵盖主要的知识点,保证学生通过微课学习有所收获;第三,教师应积极鼓励学生,引导学生开展线上线下互动,让学生体验到互动式学习的乐趣;第四,教师应合理设计线下面对面课堂,尽量让每一个教学环节发挥其应有的作用,不要出现为讨论而讨论,为展示而展示的情况,更要避免教师"一言堂"情况的出现;第五,教师应努力学习,提高自己的专业水平,混合式教学最大的考验在于教师的专业水平,教师只有对自己的专业水平足够自信,才有信心引导学生展开探索式学习,随时应对学生的提问;最后,教师应努力营造良好的同伴关系。只有让学生沉浸在好学向上的氛围中,学生们才不会互相干扰,这也是保证混合式教学效果的重要环境要素。

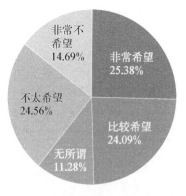

图 3-20 受访大学生是否希望混合式教学完全取代传统线下教学的调查情况图

图 3-20 为受访大学生是否希望混合式教学完全取代传统线下教学的调查情况图。从图中可见,25.38%的学生非常希望混合式教学可以完全取代传统线下教学,24.09%的学生表示比较希望,11.28%的学生对此表示无所谓,24.56%的学生不太希望混合式教学完全取代传统线下教学,而 14.69%的学生则表示他们非常不希望传统线下教学模式完全被混合式教学模式所取代。从上述数据可见,对于混合式教学是否应完全取代传统线下教学这个问题,受访学生的意见非常不统一,这也反映了学生们对不同学习模式的偏好。一部分学生(49.47%)认为混合式教学好处多多,他们从混合式教学中感受到了极大的乐趣,因此,他们希望所有的课程都可以采取混合式的教学模式;而另一部分学生(39.25%)出于各种原因,可能是不习惯混合式教学中的某个教学环节,可能是受到之前不好的混合式教学体验的影响,也可能是考虑到不同课程性质存在差异而希望采取不同的教学模式,他们并不希望混合式教学模式完全取代传统线下教学模式。因此,教师们首先需要弄清楚学生作出反对选择的原因,如果是前面两个原因,教师需要对这部分学生有针对性地开展参与混合式教学的方法指导,帮助他们熟悉混合式教学流程;如果是最后一个原因,也建议教师在决定对某一门课程进行混合式教学之前充分听取学生们的意见,并做好解释说明工作,避免一些误解的产生。

3.2 访谈

3.2.1 访谈目的与对象

混合式教学的参与主体除了学生,还有教师。问卷调查的主要调查对象是在校大学生,而要了解混合式教学目前在普通高校中的开展现状,我们同样需要了解教师的看法。另外,学校的教学管理者同样对混合式教学的顺利开展起到了至关重要的决策支持作用。因此,在访谈部分,我们邀请了教师与学校管理者共同参与。访谈涉及的学校与问卷调查涉及的学校一致,共包含六所高校:中国地质大学(武汉)、武汉大学、浙江大学、武汉科技大学、绍兴文理学院、浙江越秀外国语学院。本次访谈参与人数共计 42 人,每所学校各邀请 7 位教师参加,这 7 位教师中包含 2 位高校管理者(1 位来自二级学院,1 位来自学校教务处)和 5 位来自各个学科的一线教师。这样的选择同样是为了保证访谈样本的丰富性和代表性。

通过本次访谈,我们希望了解目前混合式教学推广过程中存在的主要障碍、混合式教学的主要优势、教师们开展混合式教学意愿的强弱以及对混合式教学推广工作的建议,以此帮助我们从一线教师与教学管理者的角度更深入地了解混合式教学,发现并补齐混合式教学发展过程中的短板,促进混合式教学的可持续发展。

3.2.2　访谈内容

本次访谈主要围绕八个问题展开:一是高校或教师开展混合式教学的目的或原因,二是学校的混合式教学推广工作是否到位,三是混合式教学对提高学生的学业成绩是否有帮助,四是混合式教学相较于传统教学模式最大的优势是什么,五是混合式教学是否适合在所有课程中推广,六是目前开展的混合式教学存在的最大的问题是什么,七是教师在今后的教学工作中使用混合式教学模式的意愿,八是教师对开展混合式教学的建议(访谈内容详见附录 2)。

由于笔者的工作地点在绍兴,因此本次访谈中浙江三所高校的访谈主要采取面对面的方式进行,而武汉三所高校的访谈则通过网络视频的形式进行。由于访谈过程中的时间限制,为确保不遗漏重要信息,笔者一般选择在征得受访人同意后,用录音笔全程记录访谈内容,方便后续整理总结。

3.2.3　访谈结果

在访谈和交流过程中,笔者发现六所高校的教学管理者与一线教师对我国目前的混合式教学现状及存在的问题的看法基本一致,当然也存在一些个体差异,这些差异主要是由于身份的不同而造成的。现就访谈结果分析如下:

1) 高校或教师开展混合式教学的目的

对于开展混合式教学的目的,教学管理者与教师的意见基本保持一致。他们普遍认为,混合式教学是把传统学习方式的优势与在线学习方式的优势结合起来的教学,是将面对面的课堂教学和在线学习结合的一种教学模式。它着眼于整合不同的学习理论、技术手段以及应用方式,通过优势互补,提高教学与学习效率,改善教学质量和提升学生素养。受访教师普遍指出,开展混合式教学,可以实现六个层次的目标:

第一,能够将新近的科学技术应用到教育教学中,推动教育的现代化,促进教育高质量发展。

第二,能够推进教育信息化,使更多学生可以利用线上教学这种跨越时空的教育形式,接触优质的教学资源,从而更好地实现教育公平。

第三,能够提高教师对教育信息化的认识,形成先进的教育理念。通过教学实践,教师认识到,现代信息技术改变了学生的学习方式,更加有利于培养学生的自主学习能力。信息技术有效地将"线上"与"线下"的教学有机结合,学生通过课前的"线上"自主学习,然后经由教师引导,在"线下"开展课堂互动讨论,以此培养自己主动思考和学习的能力。不同类型的学生,都能按照自己的学习习惯安排进度,老师则将更多的精力放在教育学生怎样学习和如何自主建构知识上,从而使课堂教育更具启发性和开拓性(雷雨、陈琦霞,2018)。

第四,促进教师将现代信息技术运用于教学实践,获取更多的教学资料,更好地进行课程资源的开发和利用,增加课堂容量,积累信息技术使用经验,推动教育教学工作迈上新的高度,取得更大的成绩。

第五,能够精准触及求知人群和勤奋学子,让教与学变得更为方便和灵活,更好地发挥学生的主体作用,转变学生学习方式,增强学生的学习兴趣,提高学生学习的积极性、主动性。教师在讲台上说,学生坐在下面听,这是延续已久的传统课堂模式。学习光靠课堂上教师单一的教学远远不够。带有主动意识的探求性学习才能最大限度激发人的潜能,改善学生知识获取的效果。以问题为引领,教师要在课前给学生布置自主学习任务,引导学生主动开展探索性学习。混合式教学方式要求教师在课程设计和知识传递中,将课堂教学与信息技术进行融合,使"线下"(面授教学)与"线上"(网络教学)有机结合,实现高效授课(周天涯,2016)。

第六,能够更好地促进师生合作、生生合作,提高学生团队协作能力。学生围绕多样化项目展开合作,在合作中增强团队意识和问题解决能力。

2) 学校的混合式教学推广工作是否到位

关于这个问题,高校教学管理者与一线教师之间存在较大的分歧。高校教学管理者认为,学校已经通过各种手段和渠道,如鼓励教师参加混合式教学设计创新大赛、微课大赛,对混合式教学相关教科研项目申报给予政策倾斜,举办混合式教学相关讲座等方式,鼓励一线教师,特别是年轻教师积极参与混合式教学改革。然而实际的开展情况却并不尽如人意。尽管学校投入了大量的人力物力财力,但混合式教学仍然没有得到大规模的推广,很多教师虽然积极参与了混合式教学的课题研究,但在实际授课过程中,仍然以传统的教学方式为主,这显然与学校的推广初衷相背离。

而一线教师对这个问题却有不同的看法。教师们普遍认为,自己确实有较强的参与混合式教学改革的热情,也曾经积极参与尝试,但学校对此的政策扶持与培训力度却没有跟上。这就导致教师虽有心进行混合式教学实践,但在实际操作过程中却遭遇了各种现实的阻挠,如混合式教学经验缺失、学校网络基础设施难以满足线上教学要求等。另外,混合式教学要求教师不仅需要专注于课上的90分钟,还需要花费大量额外的精力在线上互动、线上资源建设以及线下课程设计上,而这些额外的、巨大的工作量在学校对教师的考核中却得不到应有的体现。因此,不少一线教师认为，学校在混合式教学的支持力度上仍须进一步加强。

3）混合式教学对提高学生的学业成绩是否有帮助

关于混合式教学对提高学生的学业成绩是否有帮助这个话题，所有参与访谈的教师，不管是学校管理者还是一线教师，意见都高度一致。他们都一致认为混合式教学可以有效提高学生学业成绩。不少教师都谈到了自己进行的混合式教学改革，都从实际的数据角度出发对参与混合式教学改革的实验班与未进行教学改革的普通班进行了数据上的横向对比，通过对比，得出确切的实验结果，即混合式教学可以有效提高学生的学业成绩。

总体而言，重点高校的教师认为混合式教学对学生的学业成绩的提高程度更为显著，而普通民办高校的教师则认为混合式教学可以在一定程度上提高学生的学业成绩，但提高的程度低于预期。至于差距出现的原因，教师们也坦言，跟参与混合式教学的学生长期以来形成的学习习惯有较大的关联度。重点高校的学生因为自主学习能力较强，往往能更好地适应课前的自主学习，因而也就能更好地推进后续的混合式教学过程。而民办高校的一部分学生本身自主学习能力较弱，这就导致部分学生难以仅靠微课视频完成自主学习。针对这种情况，教师们也作出了相应的调整，如采取对分课堂的教学模式，教师先利用部分线下课堂时间讲授重难点知识，然后学生根据教师提供的知识框架进行自主学习，最后再返回线下课堂展开课堂讨论。这些教师发现，通过这种混合式教学方式，学生的学业成绩有了较大程度的提高。

4）混合式教学模式相较于传统教学模式的最大优势

关于混合式教学模式相较于传统教学模式最大的优势是什么这个问题，所有教师的意见基本上趋于一致。受访教师普遍认为，混合式教学模式作为一种将线上资源优势与线下面对面优势有机融合的教学模式，一方面最大限度地实现了线上资源的合理利用，将慕课的在线学习完美地融入了混合式教学中。学生们可以随时随地进行慕课学习，对于听不懂的知识点，可以多次重复学习；对于已经掌握的知识点，可以以快进或倍速的方式大致浏览，从而最大限度地合理规划自己的时间，实现个性化的学习需求。另一方面,混合式教学也解决了单纯线上学习缺乏教师指导,完课率低,知识留存度低的问题。由于整个混合式教学过程都是在教师的有效指导下完成的,教师在整个教学过程中充当了导演和监工的角色,因此,相比于纯线上课程,学生会有更为强烈的学习紧迫感。另外,因为有教师的帮助,学生遇到问题可以随时寻求教师的解答,还可以在教师的指导下参与线下课堂讨论、案例分析,从而使自己的知识不再仅限于理论本身,逐步掌握如何将理论与实践相结合,用理论来解决实践问题的方法。

因此,从这个角度来说,混合式教学既保证了教育的公平性,也实现了因材施教,这也是这几年来混合式教学在高校中被迅速推广的主要原因。

5) 混合式教学是否适合在所有课程中推广

关于混合式教学是否适合在所有课程中推广,教师们对此普遍给出了否定的回答。其主要原因也与混合式教学的模式密不可分。由于混合式教学模式大多需要学生在课前按照教师指导完成课程自主学习,课上再在教师的引导下展开案例分析和讨论,因此,这样的教学方式对于一些注重演算与公式推导的课程来说似乎并不适用,而更适合一些理论与实践性较强的课程。

这是因为在一些注重演算与公式推导的课程中,学生需要熟练了解并掌握整个公式的推导过程,教师则需要根据授课过程中学生的反应,对部分过程着重讲解,甚至需要做额外的延伸。而这一切,在慕课中似乎较难实现。学生遇到没有理解的步骤,慕课并不会实时给出额外的解释,而教师的答疑由于受到时空的限制,很难像面对面授课那样讲授清楚。

由此可见,在混合式教学的推广过程中,授课教师应该根据课程实际情况以及学生的实际情况,来确定是否采取混合式教学方式,以及采取怎样的混合方式。

6) 目前阻碍混合式教学开展的主要因素

关于目前阻碍混合式教学开展的主要因素,受访教师由于各自工作经历的差异，对这个问题的理解也存在一定的差别。但笔者认为教师们提出的问题在现实中确实存在，一定程度上来说也代表了不同个体在混合式教学实践中可能遇到问题的某一个侧面，因此都具有较强的代表性。总结而言，老师们遇到的问题主要体现在以下几个方面：

第一，学校层面对混合式教学的重视程度不够。这个问题在一线教师看来尤为突出。教师们普遍认为学校虽然反复强调混合式教学，但缺少具体的建设与推广的措施，如学校给予混合式教学建设的资源投入不够、在线课程建设经费不足、人员培训力度不够、网络基础设施投入不足等，这一系列问题都牵制着混合式教学大规模的推广与应用。另外，一线教师们还认为，学校未赋予混合式教学应有的地位，在工作量计算、教师发展、工作考核以及课程安排上未体现学校对开展混合式教学改革教师的政策倾斜，从而导致一线教师虽有改革之心，但愿望并不迫切。

第二，部分教师开展混合式教学的经验较为匮乏，改革意愿不够强烈，这也是一直以来令高校管理工作者头痛的顽症。在他们看来，学校为推进混合式教学做了许多的工作，但部分教师由于受到传统教学模式的影响，不愿意主动进行改革，不愿意主动学习在线教育的理论与实践知识，也不愿意根据学生特点去建设混合式教学平台。当然，对这种现象，管理者们也纷纷表示，下一阶段学校将结合国家、地方政府相关政策，加大混合式课程改革的推广及支持力度，并积极开展混合式教学改革的经验分享，通过树立典型、完善激励制度、加大培养力度等各种措施，使教师们在思想上高度重视，在能力上进一步提高。

第三，混合式教学急需构建统一的课程标准体系，这几乎是所有高校教学管理者以及一线教师的共同心声。目前高校混合式教学的开展存在随意性和盲目性的问题，缺乏整体的设计和对学生需求的调研，课程内容设计尚缺乏系统性规划，不能针对学生的实际情况进行教学内容的调整，对学生个性化需求缺乏调整的灵活度，因而难以满足学生日益增长的多元化学习需求。

7）教师在今后的教学工作中使用混合式教学模式的意愿

教师们普遍表示，混合式教学是未来高校教学的改革方向，参与访谈的 2/3 的教师都曾至少进行过一轮的混合式教学改革。他们纷纷表示，虽然作为一种新生事物，混合式教学在发展过程中难免存在各种问题，但是总体而言，混合式教学的优势要明显大于劣势，而且在教学实践中，他们也确实发现，通过混合式教学，不仅学生的学业成绩有所提高，学生的团队协作能力、思辨能力也都得到了不同程度的提升。因此，混合式教学将会成为他们未来的努力方向，他们将通过自己的改革实践进一步完善混合式教学。

而没有参与过混合式教学的教师们也表示，自己虽然之前由于各种各样的原因对混合式教学一直持观望态度，但是也一直在关注混合式教学的发展进程。再加上国家、地方政府以及学校各个层面的强势推动，自己也准备在接下来的学期中尝试进行混合式教学改革。当然，因为经验匮乏，他们也迫切期望得到学校以及其他教师的帮助。

8) 教师对今后开展混合式教学的建议

关于今后如何开展混合式教学，受访教师们提了很多建议，总结起来可以归结为以下几点：

第一，应进行慕课平台的使用培训，改善学生操作体验。很多教师不愿意开展混合式教学，其中一个重要原因就是害怕因为学生对在线平台使用体验的抱怨影响自己的学评教成绩，进而影响自己的业绩考核结果。因此，教师们提出学生是在线平台的主要使用者，在选用平台时应充分考虑到学生操作上的友好度，还应对他们进行线上平台操作的专项培训。教师们建议，学生在进校初期，学校就可以对学生进行网络教学平台的使用培训，并将使用过程以使用手册的形式和讲解录屏的方式记录下来，供学生们随时参考，降低学生使用难度。

第二，应对教师进行短期技术培训，提高教师混合式教学能力。混合式教学对教师提出了更高的要求，但很多教师，特别是文科教师，他们的计算机及网络设备操作基础较为薄弱，因此需要学校组织专题短期培训，讲解如何组织线上课程、如何设计微课、如何制作微课、如何进行视频剪辑、如何操作系统、如何解决系统故障等。另外，学校也应该联合课程平台推出教师版的操作手册，并根据系统的更新对操作手册进行实时更新。

只有将教师从技术层面武装起来,才能从根本上降低教师的畏难情绪,使他们敢于并乐于开展混合式教学改革。

第三,学校应制定相应的政策措施,从课时、资金、设备、技术、考核等多个层面给予参与混合式教学改革的教师以政策倾斜,鼓励他们勇于尝试,并给予他们必要的课堂自主权,允许教师根据课程实际以及学生情况设计具有课程特色、符合学生实际需要的混合式课堂。

3.3 对问卷调查及访谈结果的反思

3.3.1 对问卷调查结果的反思

通过对问卷调查结果的分析,我们清楚地发现,作为"00后"的新一代大学生,他们普遍具有较强的计算机操作能力,他们也普遍愿意接受新鲜事物,拥抱教学改革。在课程教学中,无论是传统课堂还是在线课堂,他们普遍更喜欢那些互动性高、能体现自己独立思考能力而非机械重复的课堂活动。他们熟悉网络世界,喜欢长时间上网,遇到问题也喜欢在网络上寻求帮助。因此客观来说,这些学生相比于"70后""80后",已具备更好的混合式教学改革的基础,这也为我们大规模地推广混合式教学改革提供了现实可能。

此外,通过调查分析他们对混合式教学的认知与态度,我们可以清楚地看到,大部分学生都已经参与过混合式教学,并且对混合式教学的态度较为正面,他们认为混合式教学不仅能改善他们的学习效果,提高他们的自主学习能力,还能够增强他们的团队协作能力与时间管理能力。他们高度认可混合式教学模式,也期待有更多的参与混合式教学的机会。当然,他们也高度认可教师在整个混合式教学中的指导作用,认为教师的引导是他们顺利开展混合式学习的重要前提条件。

在混合式教学过程中,学生是整个教学活动的主体,从问卷调查得出的结论来看,绝大部分的学生积极拥抱混合式教学,这是开展混合式教学改革的重要前提条件。

3.3.2　对访谈结果的反思

对教师的访谈则更多地体现了教师们对教育事业的忠诚和面对困难愿意迎难而上的决心。教师们虽然提了很多目前在混合式教学中存在的问题,有来自自身的能力方面的问题,也有来自学校政策层面的问题,但都认可一个事实,那就是混合式教学能够给学生带来实实在在的好处,能够真正实现因材施教,能够切实提高学生的综合素质。因此,每个受访教师都愿意尝试混合式教学改革。客观的物理上的障碍并不可怕,可怕的是心理上的畏惧。而我们的教师在面对新鲜事物时勇于尝试,勇于改革,单单这一点,就已经值得我们所有人敬佩。

在访谈中,我们发现,无论是高校的管理者还是一线教师,思考得最多的就是怎样才是为学生好,只要是为学生好,他们都愿意克服一切困难来尝试。笔者相信,只要拥有这样的一份初心,再大的困难也无法阻挡我们前进的步伐。

当然,改革并非一朝一夕就能完成,需要我们付出持久的努力与坚持。

对于学生而言,在混合式教学中学生要发挥学习的主动性,即主动提问、主动思考、主动探索问题的答案、主动拓展知识的深度和广度。此外,在混合式教学中,学生还要学会专注。在混合式教学中学生需要在线上独立完成知识的自主学习,因此十分考验学生的专注力和自我管控能力。有些学生在微课自主学习过程中极易分心,一会儿刷刷网页,一会儿跟朋友聊下天,一会儿关注下最近的新闻,注意力的分散必将导致学习效果大打折扣,这也是这部分学生与其他学生拉开较大差距的主要原因。

对于教师而言,在混合式教学中教师要习惯自己角色的转换。教师的主要任务不再是对知识的讲解和灌输,而是对知识的梳理和对学生学习过程的引导与帮助。在传统面对面课堂中,教师习惯于告诉学生"知识是什么",而在混合式教学中,教师要学会引导学生主动探究"怎样学习知识",教师不再利用有限的课堂时间手把手传授知识,而更多的是引导学生展开讨论,教师主要起到引导和组织的作用。在传统面对面课堂中,学生的学习过程主要体现在"听"和"记"这两个环节,而在混合式教学中,学生的学习过程则更多地体现在"找"和"解"这两个环节,教师通过鼓励学生自主通过网络和其他渠道寻找问题的答案,来培养学生的知识探索能力和问题解决能力。所有在上述混合式教学中发生的变化实际上是网络时代知识的生成、发展、获取及传播方式的变化,而这样的变化也必然带来"教"与"学"之间关系的变化(杜世纯、傅泽田,2016)。

对于学校而言,一方面,要尽其所能地鼓励教师参与到混合式教学中,通过考核、课时计算、教科研立项等方面的政策倾斜,给教师们吃上定心丸,让教师们切实体会到混合式教学给他们自身带来的好处,从而让教师们愿意主动承担起混合式教学改革的任务。另一方面,学校应在教学改革过程中给予教师们更多的自主权。如前讨论,不是所有课程都适合进行混合式教学。有的推演类课程整体不适合进行混合式教学,有的课程前面几章适合进行混合式教学,而后面几章则并不适合。因此,在混合式教学课堂设计中,学校应赋权于师生,学校不能采取一刀切的方式,而应该鼓励教师们根据课程实际情况,根据学生情况灵活调整授课方式。只有让教师根据课程特点和学生接受程度灵活进行课程设计,才能真正实现在线学习提升学生学习兴趣、改善学习效果的目的。

对于整个教育环境而言,混合式教学模式的完善和改进是一个长期的、艰难的过程,这个过程仅仅依靠政府部门、学校、教师、学生的努力是远远不够的,还需要全社会教育理念的转变。教育决定着一个社会的未来,一种全新教学模式的推广,需要社会各界的共同努力。目前,有的高校已经开始网上跨校选课以及跨校学分互认的工作,有些慕课平台上的课程会在学生学完后开具相应的学分证。但是这样的学分证目前还得不到用人单位的普遍承认,这也说明,一种新教学模式的推广还需要全社会的支持和认可。当然,笔者相信,随着教学改革的不断深入,混合式教学模式的日趋成熟以及在线课程质量的不断优化,以慕课为基础的混合式教学模式必将成为我国高等教育人才培养的主流模式之一。

第4章　新文科背景下外语专业课程的教学改革思路

4.1　新文科视角下外语人才培养面临的核心问题

习近平总书记在全国高校思想政治工作会议上提出，要想将我国高校办成世界一流大学，首先要解决的核心问题就是如何全面提高人才培养能力（2016）。归根到底，要建设教育强国，实现高等教育的高质量可持续发展，其核心就在于培养一流人才。上海外国语大学姜智彬教授在《新文科背景下外语人才培养的定位》一文中指出，随着网络时代的到来，社会对外语学科人才的需求在发生变化，外语专业人才所要求的核心素养也随之发生变化（2019）。因此，在新文科建设背景下，我们外语教育工作者应顺势而变，结合社会对外语人才需求的最新变化，对外语人才的培养目标、培养能力、核心素养以及培养路径进行重新定位，努力关注并解决外语人才培养中凸显的核心问题，以回应新文科建设对外语学科提出的时代要求。

核心问题一，话语主权的重夺和文化自信的重塑。随着我国综合国力的进一步增强,我国已成为世界第二大经济体,在世界经济舞台上发挥着日益显著的作用。然而,经济实力的增长并未带动文化软实力的相应提升。即使到今时今日,我国在政治、经济、军事等各方面已经取得了举世瞩目的成果的背景下,也尚未形成引领世界舆论的强势话语体系。"西强我弱"的全球舆论环境仍未从根本上得到改变,我们依然面对着西方文化霸权的挑战,中国话语在国际舞台中的分量尚显不足。2013 年 11 月,党的十八届三中全会在京召开。习近平同志在会议中提出了"加强国际传播能力和对外话语体系建设"的重要历史课题(2013)。在此背景下,高校作为培养新时代人才、进行中外文化交流的前沿阵地,理应承担起培养跨文化交际人才、构建中国话语体系的历史使命。

传统的外语教育往往过于注重学生外国语言能力和外国文学素养的培养,因此,在外语教材的选择上往往倾向于使用国外原版教材,或者采取西方语境的主设置背景,这就导致我们培养的外语人才对中国文化的了解有所不足,缺乏文化自信,甚至会产生"中国文化失语症"现象。有鉴于此,我国的学者提出了话语主权重夺与文化自信重塑的人才培养目标。而新文科建设正是培根铸魂的国家重大战略部署,在新文科建设的指引下,外语教育要回归到彰显国家意识的正轨上来。在此目标下,我们应对外语教学目标作出相应调整,将对外语能力的培养转换到跨文化交际能力的培养上来,帮助学生树立文化自信,学会用外语工具讲好中国故事,为提升中国文化软实力、构建强势话语体系作出贡献。

核心问题二,实现专业建设与学科交叉的互利共赢。新文科建设的核心要素是融合,正如我们在第 1 章里谈到的,这里的融合不仅指的是技术手段的融合、评价方式的融合、中外文化的融合,更重要的是指外语学科与其他学科的交叉融合。语言是交际的工具,更是知识的工具,本质上是价值的承载(姜锋、李岩松,2020)。因此,我们在外语教育中要学会合理利用语言的工具性,拓展语言的人文性,实现外语教育的跨学科融合。外语专业建设如何实现外语与其他学科的融合,如何实现"1+1>2"的教育教学效果,如何更好地为现代化国家战略服务,外语学科如何探索现代化的人文培养路径,这些都是眼下外语教育亟须深入探讨的重要议题。

此外,从顶层设计上加强学科融合,构建协同育人的机制,是当下外语学科在新文科建设背景下的必然选择。

换言之,外语教育改革要面向市场对外语人才的具体需求,积极探索培育新兴交叉学科的增长点。以法律英语为例,新时代国家对外开放向纵深发展,市场迫切需要大量涉外法律人才,市场的需要催生出法律英语这一新兴交叉学科。在习近平法治思想的引领下,加快设置法律英语专业,积极有效地培养涉外法律人才意义重大。另外,外语也可以与时下的信息科学、统计科学相融合,催生出新兴特色学科。例如,语言数据科学与应用是基于信息科学、统计学、语言学和翻译学的新兴学科,它对接新文科发展战略,顺应当代学术研究交叉与融合的趋势,旨在研究语言数据的各种类型、状态、属性及其变化规律,以期解释人类语言和语言行为背后的规律,探讨语言数据在智慧教育和人工智能领域的应用(项江涛,2021)。

核心问题三,实现专业内涵与课程思政的有效衔接。外语专业是中西文化交流和冲突的前沿阵地,外语专业师生承担着讲好中国故事、传播中华文化的重要历史使命,也是实现中华民族伟大复兴的重要力量。因此,外语教育领域应格外重视课程思政,注重价值导向引领。现代的外语教育,受到市场经济的冲击,将过多的精力放在了职业训练和专业培养上,忽视了通识教育与人文引领的重要性。这就导致了部分外语人才思想政治素养不过硬,在对外交流中言行失当。这种现象在外语教育领域时有发生。如何有效地促进外语专业教育与课程思政的深度融合,如何在培养学生高水平外语能力的同时塑造他们正确的价值观,如何培养具有高尚人格与过硬专业能力的新型现代化外语人才,是新文科视域下外语专业建设迫切需要解决的又一个核心问题。

核心问题四,促进理论知识与创新实践的同步发展。人们对外语专业学生的刻板印象由来已久,他们认为外语专业学习只要求背诵记忆,并不强调应用与创新。虽然并不完全准确,但也在一定程度上反映了当前外语教学的短板所在,即外语专业的学生在加强创新意识与提高创新能力方面还有较大的进步空间。长期的传统教学模式使得部分学生创新意识、创新能力不够,缺乏主动思考、大胆质疑的专业精神,也欠缺独立解决实际问题的能力。这些问题的出现在很大程度上与外语教学的传统模式同政、产、学、研联动不足存在很大关系。

新文科建设强调人文学科与现代技术的有效融通,强调政、产、学、研协同发力,合作育人,以破解人才培养过程中面临的实践能力不足的问题。因此,在外语学科人才培养方案的制定过程中,应加大促进学生实践能力培养的学时比重,将创新意识、创造能力以及创业精神确立为评价人才培养质量的重要指标,形成理论知识与创新实践同步发展的人才培养机制。

核心问题五,达成外语教育目标与国家宏观战略的契合。从某种意义上来说,我国的外语教育受到传统教育体系的影响,无法完全满足我国社会对新型外语人才不断增长的现实需求。然而,国家对高等外语教育一直寄予厚望,认为其"覆盖全、规模大、责任重"(吴岩,2019),是高等教育的最重要组成部分之一。外语人才的培养,特别是跨文化外语专业人才的培养,是关系到我国国家形象构建、话语主权掌握以及文化自信塑造的重要一环,因此,外语人才的教育必须跟上现代化建设的步伐。

如何解决这一矛盾,新文科为此给出了前进的方向和努力的路径。在新文科建设背景下,外语教育工作者应积极拓展外语学科内涵,实现外语教育的国际化和多学科交叉融合,着力培养外语人才的国际视野和全球意识,增强学生的中国情怀和中国传统文化修养,使他们学会使用外语工具传播中华文化,从而最大限度地实现外语教育为国家战略服务的宏观目标。

目前,中国是全球第二大经济体,同时也是全球第一大贸易国,中国的发展已经完全融入全球经济一体化的发展进程中。随着全球跨文化活动的日益频繁,外语人才作为桥梁、纽带,自然在其中起到了沟通、互联的重要作用。因此,培养适应国家新时代战略需求的高素质、复合型跨文化交际人才就成了当下外语教育的重中之重。在此背景下,各大高校应结合本校实际,以服务地方与区域经济为基本导向,致力于培养满足社会需求的现代化"外语+"人才(郭鸿杰、张达球、丁冬,2021)。

4.2　新外语的提出与内涵

如上节所述,我们的外语专业建设已经不能完全满足国家、社会及个人的需求,因此传统的外语教学模式急需改革,外语教学的教学目标和培养规格需要重新定位。新外语的概念由此应运而生。蔡基刚(2021)教授认为,新外语作为新文科的一个分支,绝不是简单地在原有的课程或专业中添加一些新的课程或采用一些新的教学方法,而是要彻底打破旧有的培养理念、学科体系与专业结构,建立全新的理念、体系与结构。从其结构与体系出发,新外语有四大内涵:

第一,新外语意味着要拥有自己全新的外语培养理念。所谓新的外语培养理念,就外语专业人才培养而言,是指各大高校在外语人才培养过程中,除继续培养外国语言文学及翻译人才外,还应结合各自院校的特色与定位,将外语人才培养与满足国家、社会及用人单位的实际需求相结合。这里以笔者所在的浙江越秀外国语学院为例,该校是经教育部批准设立的民办全日制普通本科高校,学校坐落于历史文化名城浙江省绍兴市,迄今已有 40 余年历史。作为一所地方民办院校,学校始终将服务地方经济发展作为人才培养的重要目标,将专业特色与地方经济特色紧密挂钩。学校利用自己的外语优势与绍兴纺织之都的区域优势,在培养语言能力的同时,一方面注重对学生实践能力的培养,不仅在课程设置上加入"纺织英语""外贸单证"等纺织类专业课程,还为学生提供了大量的实践锻炼平台,学生可以以志愿者的身份参加大量的实践活动,如 G20 杭州峰会、世界互联网大会、联合国世界地理信息大会、中国义乌进口商品博览会、中国绍兴国际纺织品博览会等,在实践中锻炼自己的跨文化沟通能力。另一方面,学校注重对学生进行中国传统文化及地方传统文化的教育,在课程设置上加入了"中国文化概况""绍兴地方文化外译"等特色课程,增加学生对本土文化的了解,培养他们的文化自信。

第二,新外语意味着要构建自己的学科体系。只有确立全新的外语学科体系,外语专业人才才有可能实现真正意义上的学科交叉和学科跨界。这种学科范式的重新寻找和定位意义重大,它不仅可以摆脱外语长期以来被认为只是一种工具而没有学科属性的尴尬境地,也可以在外国语言文学、翻译学、教育学这些传统学科以外发现新的能与新工科、新医科、新农科相交叉的新兴特色学科。同时,还可以回答长久以来困扰外语界的几个问题:外语学科和其他学科交叉融合的边界在哪里?外语学科可以为交叉学科提供什么?交叉学科又可以为外语学科的建设提供什么(宁琦,2020)?

第三,新外语意味着要构建应用型为主的专业结构。新外语必须完成从研究型学科向服务型学科的转变。传统的外语专业设置基本上以研究型为主,如外国语言学及应用语言学研究、外国文学研究、翻译研究、外国文化研究等。这些研究虽然促进了文学文化领域的繁荣,也在一定程度上服务了国家及地方经济,但并不适合所有高校的外语专业。除部分外语院校及国家重点建设高校保留这些研究项目外,大部分地方高校,特别是地方应用型本科高校,应将专业建设重点转向提供语言服务、语言翻译以及文化服务上来,以此更好地实现高校服务社会经济发展的目标定位。

第四,新外语还意味着要实现真正的学科交叉融合。这里的学科交叉融合,单单立足于现有的人文社科领域内的交叉融合或者与人文类学科(如心理学、历史学、法学)的交叉融合是远远不够的,新外语应努力实现与新工科、新医科以及新农科的交叉融合,以实现培养国家急需的硬学科交叉人才的培养目标。我国目前的外语,特别是英语的普及率很高,学生大多从小学开始就接触英语,更有部分学生在学龄前英语就已经达到较高的听说水平,因此,如果还将语言当作一门专业来学,单纯强调其语言运用能力,外语专业的竞争优势就几乎无从谈起。这也是为什么英语专业一度沦为我国红牌预警专业的根本原因。因此,要增强外语专业人才的市场竞争力,归根到底就是要实现外语人才的多学科融合发展。专门用途外语的出现,就是在多学科融合发展道路上的一次有益尝试。只有将满足经济社会发展需要列为人才培养的首要目标,把社会及用人单位需求和外语专业的设置和优化调整密切结合,主动适应我国社会主义现代化建设过程中出现的新产业、新技术以及新模式,外语专业人才的可持续发展才有可能实现。

4.3　新外语人才培养的战略定位

我国的传统外语人才培养体系为我国改革开放现代化建设事业培养了一大批外国语言文学方面的专业人才。但与此同时,我们也不得不承认,传统的外语人才培养体系存在着跨学科性不足、实践性不够等问题,这也直接导致了近年来一些外语专业,特别是英语专业多次出现在教育部的预警专业名单内,英语专业被称为红牌预警专业,部分高校甚至裁撤了英语专业。由此,高校外语专业转型问题日益引起人们的关注,这已经不仅仅是学科优化的问题,还是关系到外语专业生死存亡的大事。很多学者多次呼吁外语专业应尽快实现转型,然而在"往哪转""如何转"等关键性问题上却始终没有达成一致意见。

如 4.2 所述,在新形势下,新外语的核心内涵已经发生变化,相应的,新外语人才培养的战略定位也必须随之变化以满足国家的战略需求和适应社会与企业用人标准的变化。

宏观而言,新外语人才培养的战略定位必须坚守两个核心原则:一是立足中国,二是面向世界。新外语人才的培养必须首先立足中国社会现实,贴合我国外语人才培养的现实需求构建外语人才培养体系,运用中国特色外语人才培养理论指导我国外语人才的培养实践活动。2016 年 9 月 27 日,在中共中央政治局就二十国集团领导人峰会和全球治理体系变革进行的第三十五次集体学习会上,习近平总书记强调,参与全球治理需要一大批熟悉党和国家方针政策、了解我国国情、具有全球视野、熟练运用外语、通晓国际规则、精通国际谈判的专业人才。要加强全球治理人才队伍建设,突破人才瓶颈,做好人才储备,为我国参与全球治理提供有力人才支撑(新华社,2016)。为落实习总书记对培养我国参与全球治理所需人才的期望,外语人才培养需进行系统性改革,打造新文科背景下的富有中国特色的新外语人才培养体系。落实到具体的实践中,须对具体的课程体系、教学内容、教学模式、教学方法、教学评价体系等方面进行全面改革。改变过去英语专业"只要求培养英语能力"的做法,通过课程调整加强学生的中国文化素养培养,通过课程思政丰富学生的中国情怀,通过实践锻炼帮助学生了解社会实际,增强对社会问题的敏锐度。

其次,新外语人才的培养还需要面向世界。2013 年 10 月 3 日,在印度尼西亚国会,习近平发表题为《携手建设中国—东盟命运共同体》的重要演讲,倡议筹建亚洲基础设施投资银行,共同建设 21 世纪"海上丝绸之路"。由此,"一带一路"的概念被人们所熟悉。"一带一路"的建设离不开外语人才的支持。在"一带一路"建设和国际合作中的语言服务,应该是集语言技术、信息处理技术和市场营销技术为一体的知识密集型服务,因此外语人才的培养要面向市场、面向技术、面向国际、面向未来。未来需要更多的跨界语言服务人才,需要具有战略性思维、跨界能力强、跨界视野宽阔的复合型外语人才。然而,目前我国的外语人才培养,对跨学科、跨专业知识的学习少,对行业背景和专业知识的了解少,而且忽略了团队合作、吃苦耐劳、责任担当等综合素质和能力的培养,毕业生很难适应"一带一路"沿线复杂和艰苦的工作环境(张东,2017)。基于上述考量,在培养外语人才的过程中,应将培养学生的跨学科能力、团队合作能力以及全球意识纳入学生核心素质的培养目标中。

立足中国和面向世界的人才培养核心原则要求新外语专业人才既要有中国情怀,又要有全球意识,既要立足中国社会现实,又要熟悉全球合作规则。这就要求我们在外语人才培养过程中,通过战略定位调整明确外语专业学生应具备的核心素养能力,并给予学生充分的自主选择权,全方位支持和保障新外语人才培养目标的达成。

4.3.1 以"外语+"人才培养为基础

汉斯·海因里希·斯特恩(Hans Heinrich Stern)在《语言教学的基本概念》(*Fundamental Concepts of Language Teaching*)一书中明确指出,

二语能力可分为三个层次：知识层次、技能层次以及使用层次（1999）。斯特恩对二语能力层次的梳理有助于我们清楚地了解外语人才的能力框架。

首先，新型外语人才需要具备扎实的外语知识基础。这里的外语知识基础不仅仅局限于第一外语，而应该形成以第一外语为核心，以第二外语、第三外语为辐射的多元复语人才培养体系。目前的很多大学也在尝试开展这样的人才培养试点工作。以笔者所在的浙江越秀外国语学院英语学院为例，该校充分利用自身外语专业院校的优势，努力实现学生多语种的交叉融合。学生在大一和大二建立扎实的英语语言基础后，大三可以根据自己的喜好选择门类多样的第二外语。另外，学生从大一和大二阶段开始还可以根据自己的兴趣爱好选择其他学院的某一个专业作为自己的辅修专业或微专业进行学习。同时，学校还为学生提供了多样化的通道，帮助学生进校后调整自己的专业，保证学生对自己所学专业的较高兴趣度。学校从各个方面入手，确保学生在知识层面上达到"外语＋"的人才培养目标。

其次，新型外语人才需要具备灵活运用外语技能的能力。学校一方面应通过课程设置，强化对学生外语"听、说、读、写"四个基本技能的训练，另一方面，学校也应该通过各种方式以第二课堂的形式强化学生的外语技能。以浙江越秀外国语学院为例，该校利用各种方式实现以赛促学，形式多样的外语戏剧大赛、外语诗歌朗诵大赛、辩论大赛等，在训练学生外语技能、活跃校园氛围的同时，为学生提供了丰富多彩的校园文化生活。除此之外，学校还注重外语人才复合型技能的培养，通过创新创业大赛、乡村振兴计划等形式，培养学生解决实际问题的能力和团队协作能力，让他们在参与中明白沟通与思辨的重要性。

最后，新型外语人才需要具备理论结合实际的应用能力。部分用人单位招聘时明确表示不招收应届大学生，就是因为我国的高等教育长期注重理论知识的传授，而轻视了实践能力的培养，导致很多大学生有"眼高手低"的通病。外语专业人才作为立足于中国、面向全球的专业沟通人才，其实践能力的培养更是其未来实现全面发展的关键所在。习近平总书记在全国教育大会上明确指出，要把劳动教育纳入社会主义建设者和接班人培养的总体要求中,构建德智体美劳全面发展的育人体系(薛素君,2021)。这也从国家政策层面强调了培养学生动手实践能力的重要性。因此,在高校的外语人才培养方案中,应将外语专业人才的实践能力培养放在与理论知识传授同等重要的地位。除了人才培养方案中明确的实践课时外,各校应结合自身实际开展灵活多样的实践活动,增强学生的实践动手能力。以浙江越秀外国语学院为例,该校的学生实践能力培养按照全方位、立体化、多层次的原则展开。在基础要求层面,所有在校生需要每年完成一定量的义工时考核,义工时的获取形式丰富多样,打扫教室、担任学生助理、参与志愿者服务、协助教师开展课程建设等,都可以获得相应的义工时。在高阶要求层面,鼓励学生参与形式多样的大型会议及展会的志愿者服务工作。通过会议口译、随展助理、会务服务等形式,实践在课堂中学到的知识,发现自己的能力短板,以期下一步有针对性地加强训练。

4.3.2 以"区域国别＋"能力为抓手

随着新全球化时代的到来,外语人才的培养不应再仅仅局限于对语言能力的培养,而更应着眼于对学生"区域国别＋"能力的锻造。外语专业的人才培养应以"区域国别"能力为抓手,以外语能力为基本依存,以跨学科知识为必要外延,全方位发挥外语人才的综合能力优势,为国家、地方制定政策提供咨询服务,为跨境交流发挥桥梁作用。戴炜栋和王雪梅教授认为,外国语言文学类专业应发挥其语言优势,对国际政治、军事、经济、文化问题展开研究,提升对跨文化冲突及国际舆情的判断力,通过对外协作及交流,为我国重大外交政策的制定和文化"走出去"战略的具体实施提供服务(2012)。这就要求学生在具备"外语＋"能力的基础上,增强其跨文化交际能力与批判性思维能力,使学生成为具有区域国别意识的综合性、立体化人才。

上述能力的培养,同样应体现在外语专业人才培养计划中。随着普通中国人外语能力,特别是英语能力的不断提高,英语专业学生的核心素养不应再局限在其语言基本功上,而应更多地关注其跨文化沟通的能力。

因此,在制定专业人才培养方案时,应增加区域国别研究、跨文化交际、国家概况、西方文明史等课程的比例,让学生首先从理论角度增强对区域国别学的理解。接着,学校应为学生提供各种访学与国外实践锻炼的机会,强化学生的国际化水平和跨文化交际能力,培养其未来参与区域国别研究的问题意识与政治敏锐性。

4.3.3　以多学科交叉复合型人才培养为核心

传统外语人才培养模式培养的纯外语人才已经不能满足当下社会对复合型人才的需求。外语专业本身的服务属性也要求新型外语人才应在掌握精湛的外语技能的同时,具备多学科背景,这也是顺应新全球化浪潮与增强我国在国际舞台上话语主权的必然要求。因此,在外语人才的培养中,应牢牢把握外语人才培养面向世界、面向未来的原则,致力于凸显外语人才人文素养与桥梁价值的融合统一。

在课程体系的设置上,除了传统的语言类核心课程以外,还应该提供给学生接触其他学科知识的丰富机会。一方面,学校应继续通过辅修专业、微专业等形式,吸引外语人才选修其他专业,如法学、新闻学、传播学、管理学、教育学、金融学等,拓展学生的专业广度。另一方面,对未参与第二专业学习的学生,学校也应提供丰富多样的专业内任选课,拓宽学生知识面。学校应通过层次多样的人才培养机制上的创新,如通过大类招生打通跨专业基础课,通过实施辅修专业或微专业丰富学生专业背景,通过引入丰富的海外实践项目开阔学生视野,引导和鼓励学生掌握除外语能力以外的多学科知识和技能。

4.4　新外语课程创新的具体实现

目前关于新文科与新外语建设的研究,整体上来看尚处于起步阶段,对其研究仍处于理论层面的探讨阶段,而对其具体实践形式的研究则相对更少,国内各大外语院校也都处于摸石头过河的探索阶段。对于课程的具体建设,特别是如何实现新外语课程建设的创新,也仍然处于探索阶段。

新文科视域下的新外语建设强调创新发展的理念,而英语专业作为新外语专业中的主支,其改革走向与创新力度关系到我国外语学科未来的人才培养质量,更是关系到国家战略方针能否圆满实现的重要一环。本节笔者将基于新外语的主要内涵及其战略定位,从新外语的课程理念、课程模式、教学评价、课程类型四方面的创新入手,结合浙江越秀外国语学院英语类专业的教育教学改革实践,就新文科背景下新外语课程建设创新的具体实现提出一些初步的构想与建议。

4.4.1 新外语课程理念的创新

新文科建设是在对传统文科建设进行反思的基础上的传承、突破以及创新。传承意味着新文科建设并不是要将旧文科的一切推倒重来,而是要取其精华、去其糟粕,将旧文科中的优秀部分继续发扬光大。突破与创新则意味着新文科不应拘泥于旧文科的条条框框,应勇敢地突破枷锁,在其基础上寻求创新,以更好地适应社会主义现代化建设的迫切需要。

在此思想指导下,新外语的建设应顺应时代潮流,充分利用我们的语言优势,推动跨学科交叉融合。山东大学外国语学院院长王俊菊(2021)教授认为,外语学科是推动中国人文学术国际化、引领国际前沿学术潮流的重要力量。新文科建设为外语教学的改革提出了新要求与新目标,也带来了新的机遇与挑战。我们应运用战略创新的思维对外语学科进行改革,在新文科建设理念的指导下推动新外语学科的内涵发展,使新外语建设在新文科建设中发挥其应有的作用。这种战略性创新思维,在具体的改革实践中首先表现为课程理念的创新。

在课程理念上,新外语建设倡导以多元智能理论为指导的教学思想。多元智能理论是霍华德·加德纳(Howard Gardner)于1983年在其《智能的结构》(*Frames of Mind*)一书中提出的,并在后期实践中经历了多次发展补充。该理论认为,智能是解决某一问题或创造某种产品的能力,而这一问题或这种产品在某一特定文化或特定环境中被认为是有价值的。就其基本结构来说,智能是多元的,每个人身上至少存在七项智能,即语言智能、数理逻辑智能、音乐智能、空间智能、身体运动智能、人际交往智能和自我认识智能(张晓峰,2002)。该理论的核心思想是:倡导弹性的、多因素组合的智力观;提倡全面的、多样化的人才观;倡导个性化的因材施教的教学观;倡导多种多样的、以评价促发展的评价观(郭红霞,2011)。多元智能理论自提出以来,立刻在世界各地的教育工作者中引起了热烈反响。由于该理论的主要思想与我国自 20 世纪末倡导实施的素质教育理念存在共通之处,因此,该理论在中国受到了极大的关注与支持,人们普遍认为,多元智能理论是对素质教育的最好背书。

加德纳(1999)认为,每个人身上的这七种智能并不是独立存在的,而是以智能组合形式存在的。因此,根据多元智能理论的思想,新外语课堂的教学过程应着力培养新型外语复合型人才,使新外语课程理念呈现出多层次特征,实现多种智能的共同发展,这也恰好与新文科倡导的理念相一致。在新外语课程建设的具体实践中,应注重以下几点。

第一,培养新外语人才,应大力培养学生的语言智能。语言是外语人才的立身之本与学科基础,因此,发展语言智能是新外语人才的首要任务。在新外语课程建设中,语言智能的发展不应仅仅局限在传统的"听说读写"技能的训练上,还应结合当下学科融合发展的趋势,拓展外语教学的广度,帮助学生在更加宽泛与多元化的学科体系内进行外语的学习与实操训练。例如,浙江越秀外国语学院与上海交通大学下属东京审判研究中心合作,翻译出版了《远东国际军事法庭庭审记录·全译本》,该系列图书涉及日本发动侵略战争的诸多重大历史事实,包括日本如何策划侵占中国东北,实施长期殖民统治,并把战火扩大至中国各地的罪行;太平洋战争全面爆发后日本在亚太多个国家和地区犯下的极为严重的战争罪和反人道罪等。该系列图书对于拓展和深化日本侵华史、抗日战争史和世界反法西斯史的研究具有重要价值。这一伟大工作不仅帮助国人全面了解了日军侵华犯下的滔天罪行,为思想政治教育工作提供了优秀素材,还发挥了外语工作者在爱国教育中的重要作用,深化了外语学科的育人功能,是我校"外语＋"战略的一次成功尝试。

第二，培养新外语人才，应注重外语课程对学生其他智能的协同开发，特别是人际交往智能。根据加德纳的多元智能理论，新外语人才的培养不应仅仅局限于对学生语言智能的培养上，还应该更多地关注学生其他智能的系统发展，逐步将新外语课程的功能转到促进语言智能、提升人际交往智能等多元智能的协同开发上来。例如，通过项目任务的形式，培养学生与他人合作学习、合作解决问题的能力；通过小组互动，培养学生交流互动、人际交往的能力，从而实现人际交往功能的发展。

第三，新外语课程的建设应倡导全面的、多样化的人才观。社会需要的并不是单一化的人才，而是多样化的人才。每个学生的智能发展水平各不相同，每个人都是一种或多种智能的组合，因此，没有一种普遍的教学方法适用于所有的学生。传统的偏重语言及数理逻辑智能培养的教学方法，极大地抑制了人才的多样化培养需求，忽视了对其他智能突出人才的培养。而根据多元智能理论，应倡导多元化的人才观——只要教育得法，相信每个学生都能发掘出自身某一方面的智能特长，从而有可能成为某一方面的专业人才。

第四，新外语课程的建设应倡导个性化的因材施教教学观。每个学生都具有某一方面的发展潜力，只要为他们提供适合的教学方法，每个学生的智能水平都可以得到发展。因此，在培养学生的过程中，应为学生创设多样化的训练场景，给学生提供多样化的学习选择，帮助学生扬长避短，激发潜能，从而实现学生"全面发展"与"个性化发展"的有机结合，帮助学生成才。即便是相同的教学内容，也应该根据学生的不同智能水平、学习风格以及发展方向，采取多种多样的教学形式，以满足学生的个性化需求。

第五，新外语课程的建设应倡导多样化的、以评价促发展的评价观。主张采取多种形式对学生进行全方位的考核，而不仅仅以传统的标准化测试作为对学生的主要考核依据。应充分认识评价的作用，评价只是手段，而绝非目的，评价的作用是促使学生发现自己学习过程中的薄弱环节并加以改进。在这种思想的引领下，新外语课程的评价体系应是多元化的形成性评价体系。

4.4.2　新外语教学模式的创新

在以加德纳多元智能理论为核心的新外语教学理念的指导下,新外语教学模式应尽量多元化,致力于培养一专多精的复合型人才。传统的外语教学手段往往较为单一,传统课堂以教师为中心的教学模式往往难以调动学生的学习积极性和主动性,也使培养学生的自主学习能力成为纸上谈兵。在新外语建设大背景下,外语学科的教学模式应以"智能＋混合＋虚拟仿真"为主要技术路径,在教学模式的创新中推动育人水平的不断提升。

所谓"智能",主要体现在多样化教学手段与设备的应用上。智能教室、智慧门禁系统的应用,在实现外语教学硬件的升级和教学场地智能化的同时,也为教学模式的创新提供了环境支持,使得多样化教学手段的实现成为可能,这也是新外语背景下教学模式创新的第一步。

所谓"混合",主要指的是教学模式的混合。新外语背景下的教学模式不再拘泥于传统的面授式教学模式,而是根据实际教学内容与教学目标的要求灵活采取多样化的教学手段,如面授法、小组讨论法、在线课程学习法、项目任务法、小组呈现法等,一切有助于实现学生自主学习能力提升以及教学效果改善的教学手段都可以灵活地应用于课堂教学中。

虚拟现实是一种可供创建并体验高度拟真的虚拟世界的计算机仿真系统,涉及计算机图形学、人机接口技术、传感技术及人工智能等技术,可达到真实的体验效果并具有提高人机交互的功能。虚拟仿真技术在教育中的应用将会越来越广泛,特别是网络及人工智能与虚拟仿真技术的结合,将使其在教育中的应用更加智能化、信息化,并达到多感知、沉浸式、交互性、构想性的效果(钱勇,2009)。虚拟仿真技术作为一种优秀的辅助教学工具,可以用于情景创设、协作交流等教学活动。虚拟仿真的实训教学可以通过创设多种情景、采用三维动画模型、添加丰富的色彩和音乐等手段激发学生的学习兴趣。由于虚拟仿真项目具有形象生动、交互性强、反馈及时等明显的优势,能够对学生学习过程中所提出的各种假设模型进行虚拟,同时通过虚拟系统可以直接观察到假设所产生的结果,从而激发学生的创造性思维,培养学生的创新能力,因此虚拟实训教学有利于学生提前熟悉实训的真实环境,熟练掌握职业技能,激发学生的学习兴趣(林徐润、段虎,2012)。

4.4.3 新外语教学评价的创新

在以加德纳多元智能理论为核心的新外语教学理念的指导下,新外语教学的评价方式应体现多元性及形成性评价的原则。提倡学科交叉融合的新文科建设理念为新外语教学评估的创新提出了新的要求。针对新外语的教学理念和教学模式的变革创新,教学评价也应作出相应变革。

传统的外语教学评价以终结性评价为主,教师对学生的考核主要包含考勤、课堂表现、作业以及期末考试四大块内容。随着我国大学的大面积扩招,以专业课为例,每个教师每个学期面对的学生人数大多都在 100人以上,甚至多至 200 余人。这使得教师对学生的考核工作量十分巨大。一个学期下来,教师甚至无法记住学生们的名字,更不用说对每个学生的课堂表现作出客观评价。而对学生作业的评价也同样耗费教师大量的心力。每次作业上交后,教师须在批改完所有学生的作业后,及时进行成绩登记,以备期末核算。这一切都给教师的日常教学带来了极大的负担。因此,在实际操作中,大多数教师都以期末考试作为学生课程学习评价的主要依据,所以,这实际上是一种终结性的评价体系。

而在新外语教学中,教师的考核手段更加高效简洁。教师可灵活利用"智能 + 混合 + 虚拟仿真"的教学模式,借助现代化的教学技术和教学软件,对学生整个学期的学业表现进行智能化全过程的记录。学生的考勤可以利用随堂教学软件打卡记录,学生的课堂表现也可以利用随堂教学软件的打分功能进行实时记录,学生的在线学习、在线作业、在线测试则可以通过慕课平台自动完成,这样可以大大减轻教师的教学工作量。在新外语教学中,教师对学生的考核方式也更加多样化。考核过程方面,教师利用大数据技术,建立了多元化的形成性评价体系,将过程性考核与终结性考核有机融合。考核主体方面,也不再局限于教师,而是囊括了教师与学生两大主体。这不仅提高了学生的学习积极性,也帮助学生在学习过程中及时发现自己的薄弱环节,进而展开有针对性的改进。同时,教师可以实时观测到学生的学习数据,据此对自己的教学方式、教学计划进行调整,或对个别学生的学习状态进行督促指导。

4.4.4　新外语课程类型的创新

新文科作为国家高等教育发展的核心战略规划,为新外语的人文性以及工具性发展提出了更新更高的要求,新外语既是新文科发展的重要组成部分,又是推动实施新工科、新医科、新农科融合发展的助推器。无论从国家教育发展的宏观规划来看,还是从学习者的多样化学习需求角度来看,过去单一的外语课程都已经无法满足学生的个性化学习需求,因此,我们迫切需要在现有的外语课程体系内增加选修课的数量和类型,给学生更加多样化的学习体验,增加学生学习语言、应用语言的机会与环境。换言之,课程类型的创新既是国家教育体制改革的战略需要,也是实现跨学科人才个性化培养的必然选择。

第一,要实现新外语课程类型的创新,首先应保证线下课程的教学质量。外语课程类型的创新并不意味着要抛弃旧有的课程类型。在新外语课程教学中,伴随着教学模式的改革,新外语课程的教学将以"线上＋线下"混合式教学为主的形式展开。线下课程的教学是实现教学互动、增进师生情感沟通的最有效途径。因此,线下课程应继续保留,并采取多样化的形式,保证线下课程的教学质量。线下课程的授课形式应注重多元化,教师应根据课程教学大纲以及课程教学计划设计丰富多样的课程形式,以灵活多样的教学方法激发学生的学习积极性,培养学生的思辨表达能力、团队合作能力以及责任担当。教师授课的目的不再是单纯的知识输出,而应更多地考虑学生的学习获得感与满足感。此外,课堂上,教师可以以案例讨论、项目任务等方式鼓励学生自主探索知识,拓宽学生所学知识的深度与宽度,在潜移默化之中实现外语学科与其他学科的深度融合,增进学生对跨学科知识的掌握。

第二,要实现新外语课程类型的创新,还应保证在线资源的优质性与丰富性。线上资源的质量会对学生的自主学习成效产生直接影响。因此,教师们在制作慕课或选用他人慕课时,应认真把关,不仅要关注课程质量本身,还应该综合考虑慕课与授课学生实际情况的匹配度。有些在线课程,特别是引进的课程,虽然课程名称一样,但由于授课对象学业水平不同会直接导致课程的难易程度或者考核重点与线下课程不匹配,这就会极大地影响学生的自主学习积极性,从而导致自主学习的失败。另外,教师还应该保证在线资源的丰富性。除了应提供学生必须学习掌握的微课视频外,教师还应在慕课平台上提供在线测试、在线作业供学生对自身学习成果进行自我检验,并提供拓展阅读材料供学生了解本学科最新发展动态,拓宽学生的知识面。

第三,要实现新外语课程类型的创新,还应保证"线上""线下"的充分混合。这里所谓的混合,不是机械地将"线上资源"与"线下课程"捆绑在一起,而是在教学过程中通过"线上""线下"的合理互动实现教学效果的最优化。笔者认为,"线上""线下"并不是学习方式上的割裂,更不是学习空间上的间隔。正确的混合式教学,应该实现"线上""线下"教学你中有我,我中有你的融合状态。在线下课堂中,教师可以实时通过随堂教学软件,利用智慧教室中的智能设备对线上相关资源进行投屏,展现学生线上互动情况或自主学习过程中的困惑,引导学生进一步展开讨论。同理,线上空间也可被视作线下教学的进一步延伸拓展。对于课堂上来不及完成的讨论,可以转移到线上继续进行。教师甚至可以针对学生在线下课堂中共性的知识掌握盲区,采取专题视频的形式进行线上答疑,方便学生事后回顾复习。只有将"线上""线下"两种教学场景有机融合,灵活运用,才能最大限度地保证理想的教学效果的实现。

第四,要实现新外语课程类型的创新,还应创设丰富多彩的第二课堂,打造多层次的外语教学场景。以浙江越秀外国语学院为例,本着活跃学校外语文化氛围,打造立体式的校园外语生活的目的,学校开展了一系列外语相关竞赛及社团活动,如外语戏剧大赛、教学能力大赛、外语诗歌朗诵比赛、外语演讲比赛、英语辩论赛、外语文化节、各种外语沙龙等,帮助学生在实践中锻炼自己的外语综合能力及团队沟通能力,实现以赛促学,以赛导学,以赛育人的目的。

第5章 新文科背景下外语专业混合式教学的模式构建

要成功实施混合式教学,科学的教学设计和高效的慕课平台缺一不可。混合式教学要求学生在授课教师的统一指导下,通过慕课平台完成线上自主学习任务,再通过线下面对面的交流互动检验巩固学习成果,从而最终实现预先设定的教学目标。在整个混合式教学过程中,既包含学生在慕课平台上的自主学习过程,也包含线下课堂的面对面学习过程,因此,可以将混合式教学过程看成是在线学习与线下学习的有机融合。混合式教学中的在线自主学习部分虽然依靠慕课平台完成,但与单纯慕课相比,混合式教学在课程的开放度、学习者人数、学生课程完课率、师生互动等方面存在较大差异。譬如,在课程开放度上,慕课是面向全世界学习者的大规模开放课程,而混合式教学则是面向在校特定学生群体的小规模课程;在学习者人数上,慕课受众范围广泛,旨在解决优质教学资源的大规模普及问题,而混合式教学只针对特定的在校学生,且受授课教师精力限制,往往单期受众人数有一定限制;在课程完课率方面,慕课由于缺乏对学习者的有效约束,学习者能否完成课程学习基本上完全依赖于学生的自我约束力,因此整体完课率较低,而混合式教学的学习进度一般由授课教师统一安排,学生在教师的引导下逐步开展在线课程自主学习,后续还会有检验自主学习成果的线下互动,因此课程完课率与传统线下课程几乎没有差别;在师生互动方面,慕课由于其大规模性,授课教师无法一对一回答众多学习者的提问,只能采取定时见面课或者集体答疑的方式,因此,无法做到及时和全面的师生互动,而混合式教学中有专门的线下课堂供师生之间进行互动,且学生在线上学习过程中遇到问题也可以随时与教师或同伴进行交流,故可以保证师生之间的高质量即时互动。由此可见,混合式教学是一种更契合高校及学生实际情况的教学方式。

5.1 外语专业实施混合式教学的背景考量

5.1.1 新外语课程开展混合式教学的必要性

如上一章所述,对新外语课程实施线上线下的混合式教学模式是十分必要的,它既可以充分发挥教师的引导作用,也可以有效提高学生学习的积极性和主观能动性(何克抗,2005)。而传统的面对面教学以教师为教学活动的中心,无法有效激发学生的学习热情,因此,近年来,广大教育工作者一直在尝试进行各类教学改革,希望解决传统教学模式中的种种弊端。本节笔者将结合传统外语课堂中存在的问题,分析新外语课程进行混合式教学的必要性。

1) 传统课堂无法满足教师对新外语教学的需求

大部分教师认为,虽然传统课堂中教师能够较好地按照既定教学计划完成知识传授,但仍存在较明显的局限性。

首先,传统课堂的学时限制制约了课堂学习效果的提升。传统的外语课程,特别是专业课程,学时往往较为有限。英语类专业的核心课程,如"英语语言学导论""跨文化交际""英语文学导论"等,每门课往往只有2个学分。这就意味着教师需要在34学时内完成一门课所有内容的教授。而这样的专业课往往内容庞杂,以"英语语言学导论"为例,其一共包含 12 个章节,前 6 章为理论性章节,后 6 章为应用性章节。在现有的 2 学分课时内,教师紧赶慢赶只能勉强讲授完前 6 章,这对于学生应用性能力的培养显然是不利的,而学生也会觉得枯燥,认为这门课程的应用性不强,完全是理论知识,故其课程学习的积极性会受到极大影响。而在混合式教学过程中,教师可以将理论知识的讲授通过微课自主学习的方式安排在课前让学生自主完成,课中主要结合案例分析探讨语言学的实际应用,从而让课堂效果得到了极大提升,学生也会觉得这门课程具有较强的应用价值,并非纸上谈兵。

其次,教师的教学评价及教学反馈需要更为高效的平台支撑。在传统的面对面课堂中,教师对学生的评价主要以学生的期末成绩为主,对学生的课堂表现记录往往不足,即使有所记录,也可能无法兼顾到所有的学生。因此,期末考核时容易出现考核结果依据性不足、教师担心被学生质疑的情况。而在混合式教学中,一方面,平台和相关软件可以对学生的课堂表现、自主学习情况、作业完成情况等进行实时记录,期末时教师只需要设定各部分成绩比例即可自动导出平时成绩,这就极大地提高了成绩评价的公正性与客观性。另一方面,学生也可以实时看到自己平时成绩的各模块得分,清楚地了解自身的不足,明确努力方向,从而改进学习行为,提高学习效果。

2) 传统课堂无法满足学生对新外语学习的需求

其一,面对竞争日益激烈的就业市场,学生越来越强烈地意识到语言能力及应用能力的重要性。而传统课堂受到学时的限制,再加上语言课程较强的理论性,往往无法充分培养学生的应用能力。语言的作用在于学生能够轻松自然地表达,而不在于记忆,因此学习语言的目的就是让学生在具备一定的语言基础知识的基础上,熟练运用语言进行表达与沟通。语言学习不仅应强调理论知识,更应重视对学生语言运用能力的培养。而语言专业本科阶段的学习(不同于大学外语的学习)旨在要求学生掌握更深层次的语言运用技能,成为专业型的语言人才。因此,学生的语言学习更应该重视语言的实际应用能力的培养。

而混合式的语言教学可以充分保证学生理论知识与实践应用能力的

同步协调发展。首先,线上学习为学生提供了丰富多样的学习资源,并为学生创设了线上的语言应用环境,譬如线上语言作品赏析、线上外教教学等,学生的学习资源更为丰富及多样化,他们可以接触许多课本上没有的拓展知识,从而拓宽知识的广度,增强自身的语言学习兴趣。其次,纯线上的教学环境虽然可以给学生提供更多的外语学习内容,但若不与线下操练相结合,便不能很好地达到实践锻炼的目的。而线下教学则很好地弥补了这一缺憾。在线下教学过程中,教师主要针对学生的薄弱环节展开教学活动,学生通过面对面教学,可以补充线上教学中理论知识的薄弱环节,加深对理论知识的理解与掌握。另外,在线下教学过程中,教师通过面对面沟通可以更好地了解学生对知识的掌握情况,并据此确定下一步的教学方案,从而使得教学活动更有针对性,以此夯实学生的语言基础能力。总体而言,学生一方面可以通过线上学习获取更多的语言知识与应用机会,提高语言的理论知识水平与应用水平,增强自身的自主学习能力;另一方面,学生通过线下与教师的互动,查漏补缺,可以保证更全面的语言学习效果。因此,我们有理由得出结论,实施线上线下混合的教学模式,对于促进学生的理论知识与实际应用能力的同步发展,具有极强的必要性。

其二,线上线下混合式的教学模式可以有效提高资源的利用效率。众所周知,线上教学最大的优势之一就是可以实现教学资源的共享,学生可以很方便地从线上获取更多的相关学习资源,更好地完成自主学习。与中小学生相比,大学生已具备较强的计算机操作能力与自我控制能力,因此能较好地适应线上教学,故在大学生中开展线上学习具有更明显的优势。当然,我们也清楚地知道,如果完全依赖线上教学,面对环境复杂的互联网世界,部分学生会因学习自主性与自我管控能力不足,很容易在线上学习过程中分心,最终导致学习效果不尽如人意,甚至有个别学生因为在学习过程中接触了不良信息,而误入歧途。为此,如何提高学生的线上自主学习效率,如何筛选有益的自主学习资源,仍然是摆在学习者面前的一道难题。而通过线上线下混合的教学模式,学生一方面在线上完成教师事先提供的自主学习资源,一方面线下受到教师的督促与制约,教师可以更多地引导学生,帮助其提高学习效率。此外,学生在在线学习过程中可能会遇到这样或那样的学习问题,很多也需要教师在线下帮助他们解决。譬如,学生在线上学习过程中可能遇到没有完全听懂的知识点,在线上互动过程中并未完全得到满意的答复,这时学生就可以在线下学习时向老师或同学请教,在答疑解惑中理解与掌握知识。因而,线上教学与线下教学相辅相成,互为补充,可以很好地提高学生对学习资料的利用率,这同样也是新外语课程进行混合式教学必要性的充分体现。

5.1.2　新外语课程开展混合式教学的可行性

1) 建构主义等知识和学习理论为新外语课程实施混合式教学提供了理论支持

如第 2 章所述,新外语课程的混合式教学模式的本质是通过教学模式与教学环境的改变,鼓励学生在教师的引导下独立完成知识的获取与建构,并通过鼓励开展积极的师生、生生互动,最终实现知识的内化与吸收。在混合式教学过程中,教师不再是单纯的知识的输出者,而是课堂教学活动的设计者、组织者以及引导者,学生也不仅仅是知识的接受者,而是积极参与课堂活动的讨论者,在质疑与被质疑,发现问题与解决问题中探求答案的知识主动建构者。这样的教学理念事实上与皮亚杰的建构主义理论存在很多的相似之处。

其一,建构主义认为,学习者在学习过程中不应单纯地被动接受知识,而应该主动地探索知识,学习的过程应被看成学生通过主观努力完成知识自主建构的过程。由此可见,建构主义高度强调学生在学习过程中的主体性地位。传统的面对面教学模式往往只强调教师在学习中的主导作用,而忽视了学生在学习过程中的主观能动性,在教学实践中往往采取单向的教学方式,学生的学习积极性无法得到有效调动;而纯慕课在线学习又只体现了学生的主观能动性,没有意识到教师引导的重要作用,因此,学生的学习过程缺乏教师的有效监督,学习效果大打折扣。线上线下混合的教学模式则很好地体现了建构主义的教学理念,学生开展有效的自主学习与课堂互动,教师提供有品质的学习资源,并作恰当的引导,两者相辅相成,缺一不可。

其二,建构主义认为学习的过程实质上是在交互合作中实现知识内化的过程。因此,学习过程中交互式的合作学习具有极为重要的意义。通过交互式学习,师生可以实现充分的交流互动,教师在学生自主学习过程中为学生提供个性化的指导,帮助学生完成有效的知识建构。通过合作学习,学生在质疑与被质疑中收获知识,达成高质量的知识建构。由此可见,混合式教学的课中环节——互动讨论,具有坚强的理论支撑。

2) 前人的研究为新外语课程实施混合式教学提供了数据支持

自"混合式教学"的概念被提出后,越来越多的中外学者投身于混合式教学的理论研究与实践应用中。笔者以"混合式教学""混合式学习"等作为关键词在中国知网上进行检索,截至 2022 年 12 月 31 日,共查找到29 973 篇有效期刊论文,梳理这些期刊后发现,对"混合式教学"的研究一直是教育界的一大热点,并且随着这几年教育技术的不断发展,对"混合式教学"的研究成果不仅在数量上呈现逐年上升的趋势,在研究的广度与深度上也在不断拓展。

其中的一大研究热点是混合式教学对学习效果促进作用方面的研究,对此,大量学者运用对比实验的方法研究混合式教学模式、面对面线下教学模式以及纯线上教学模式对学生学业成绩、学习动机等方面的影响,证实了混合式教学模式对学生学习成绩的正向促进作用。由此可见,新外语课程实施混合式教学模式是经过实践检验证明确实可行的。

3) 高水平的教师队伍为新外语课程实施混合式教学提供了人才保障

首先,普通高等学校外语教师具有较强的综合素质与新鲜事物接受能力,这为新外语课程开展混合式教学提供了充足的人力保障。

其次,新时代的外语教师普遍具有较强的计算机操作能力和较高的信息处理水平。混合式教学模式的开展与授课教师的计算机水平和互联网教学工具的使用水平密切相关。教师须学会使用视频录制软件完成视频录制,使用视频剪辑软件完成视频制作,使用慕课平台完成资源上传与作业批改,使用随堂教学软件完成学生课堂表现记录,所有的这一切都与教师的计算机操作水平存在很大的关系。新时代高校教师较高的计算机应用能力保证了教师可以熟练操作上述软件进行混合式教学。

最后,外语教师往往具备较强的课堂教学改革的意识。课堂教学改革作为高校教学工作的重要内容,一直以来受到高校以及教育主管部门的高度重视。高校教师更是教学改革的直接受益者,因此,他们有较强的意愿推动教学改革的开展。笔者曾对本院的 83 名教师做过关于实施混合式教学改革意愿强烈程度的问卷调查,结果显示,在这 83 名教师中,67.5% 的教师曾开展过混合式教学改革,49.4% 的教师已有自己负责或参与制作一门在线课程的经验,88% 的教师有意愿开展混合式教学。这些数据足以表明,大部分的外语教师具有较强的混合式教学改革意愿。

由此可见,这批改革意愿强烈且具有较强的计算机实操能力的外语教师,必然能为混合式教学的顺利开展提供坚实的人力保障。

4) 当代大学生为新外语课程实施混合式教学提供了生情背景

第一,新时代的大学生普遍具有较强的计算机操作能力,他们能很好地使用现代化的网络教学工具开展学习。这一代的大学生被形象地称为"网络一代",他们的成长过程恰好伴随着互联网兴起的过程,因此,他们从小接触网络,适应网络,在日常生活中又高度依赖网络,他们有能力也有强烈的意愿利用网络来进行学习。

第二,新时代的大学生普遍具有较强的个性化学习的需求。他们不再满足于传统课堂上千篇一律的授课方式,而期待个性化的学习方案。混合式教学很好地契合了学生个性化学习的需求。课前,学生根据教师提供的自主学习方案,按照自己的学习习惯自主完成课程理论知识学习,并可以在课程平台上按照自己的兴趣点自由选择拓展材料拓展自己的知识面;课中,学生可以根据自己的学习体会,与同伴和教师展开互动讨论,在交互中解疑释惑,巩固所学;课后,学生根据自己的知识掌握情况进行学习反思,进一步增强学习效果。

第三,新时代的大学生往往具备较强的自我管控与自我表达能力。一方面,这一代的大学生从小伴随着互联网长大,因此,他们眼中的网络早已成为一种司空见惯的工具,相对于"70后""80后",互联网对他们的诱惑不再那么强烈,他们更希望将重心放在如何更有效地利用互联网上;另一方面,这一代的大学生在更为开放与自由的环境下长大,他们的自我表达能力、逻辑思维能力更强,表达自我的意愿也更为强烈,因此,他们能很好地适应混合式教学中讨论互动的教学环节。

第四,新时代的大学生具有更为丰富的参与教学改革的经验。这一代大学生是在国家教育教学不断改革的过程中成长起来的,因此,他们往往具备更为丰富的教改经验,他们对教学改革有着自己的独立思考与判断。一方面,学生可以结合自己的感受为教学改革提供自己的意见建议,使得教学改革更有针对性;另一方面,学生也可以感受到参与教学改革的成就感,从而更好地提高课程参与的积极性与主动性。

5) 教育技术的不断发展为新外语课程实施混合式教学提供了技术支撑

互联网技术的不断发展在给人们的日常生活带来极高便利性的同时,也以肉眼可见的速度推动着教育的现代化进程。

5G技术的推广提高了直播课堂的流畅度,减少了网络卡顿的发生,使得师生在线学习、在线互动成为现实,拉近了师生之间的距离。

网络平台的发展给我们提供了丰富的课程资源,教师可以结合这些课程资源改进自己的教学,提高自己的教学水平;学生则可以最大限度地享受到开放式教学带来的好处,享受到更多的优质教学资源,从而更好地促进教育公平。

另外,教学软件的开发、大数据技术的应用也有效减轻了教师的工作负担,使得教师可以从繁重的成绩登记工作中解脱出来,将更多的精力花在提高教学水平上,从而实现教学质量的逐步提升(楼凌玲,2021)。

5.1.3　新外语课程开展混合式教学的意义

混合式的教学模式在国内外的广泛推广,不仅是符合高等教育发展的必然趋势,也是促进学生深度学习和优秀教育资源充分利用的有效手段。

1）新外语课程进行混合式教学是高等教育发展的必然趋势

教学模式的改革一直是高等教育教学改革中的最重要领域之一。传统的教学模式由教师主导，对学生积极性有一定的影响。而混合式教学模式强调"以学生为中心"，以培养学生创新能力与自主学习能力为主要目的，采取多种途径培养学生的思辨能力与合作意识。同时，信息技术的不断变革也推进了教育领域的改革。混合式教学模式充分发挥互联网技术的优势，将传统线下教学与线上学习融为一体，实现教学效果的最优化，这也是高等教育发展的必然趋势。无数的研究结果表明，与单纯的线下课堂或线上学习相比，混合式教学是最有效的教学方式。因此，混合式教学模式的发展符合目前高等教育的发展目标，也是未来几年实现高等教育高质量发展的必然选择。

2）新外语课程进行混合式教学是促进学生深度学习的有效手段

混合式教学模式不仅是线上学习与线下教学的混合，也是学生自主学习与教师积极引导的混合，是实现理想教学效果的有效手段。根据布鲁姆的教育目标分类理论，认知领域的教育目标主要分为六类：记忆、理解、应用、分析、综合及评价。在传统的面对面授课模式中，教学的重点被放在了知识的记忆与理解上，且由于课堂教学实践的限制与应试的压力，对应用与分析涉猎较少，而综合与评价则未能涉及。而在混合式教学模式中，知识记忆与理解被安排在线上自主学习阶段完成，部分能力较强的学生甚至在线上就完成了对部分知识的分析与应用，并结合在分析、应用过程中遇到的问题，进行线下互动讨论。教师可以根据学生自主学习情况安排学生的互动内容，培养学生的应用分析能力，并通过生生评价以及课后反思环节，培养学生的综合与评价能力。因此，从这个角度来看，混合式教学模式可以很好地促进学生的深度学习（王金旭、朱正伟、李茂国，2018）。

3）新外语课程进行混合式教学是推动优秀教育资源充分利用的必然选择

教育行政部门及各级各类学校对慕课建设的重视，促使平台上出现了大量的在线精品课程。如何最大化地利用这些在线精品课程，促进教育公平,成为当前教育工作者必须要深入思考的一个问题。在混合式教学中,利用平台上已有的符合学校实际情况的课程作为线上教学资源,一方面可以减轻每个学校自建慕课造成的资源浪费,另一方面也可以促进本校教师向这些教育名家学习,从而提升本校教师的教学水平及专业水平。另外,通过引入平台已有的慕课资源,学生可以便捷地学习到国内顶尖教师的课程,这极大地促进了教育公平,也提升了学生的学习积极性和主动性。当然,仅引用优质教学资源让学生开展自主学习是远远不够的,还需要教师根据学生的在线学习情况组织线下课堂教学,以更有针对性地帮助到学生,满足学生的个性化学习需求。由此来看,混合式教学可以很好地实现优质教育资源的充分利用。

4) 新外语课程进行混合式教学是实现教师个人成长的有力途径

新外语课程中实施混合式教学也为教师的个人成长提供了便利条件。在传统教学环境下,教师要想向其他优秀教师学习,只能通过参加学术沙龙或交流访问的方式,但每个教师都参加教师培训也会给学校造成较大的经济负担。在混合式教学模式下,教师可以利用慕课向其他优秀教师学习授课方法,利用平台互动向优秀教师请教,这种在做中学的方式一方面解决了单纯进行理论学习而造成的应用性不足的问题,另一方面也切实提高了教师的授课水平,增强了教师,特别是青年教师站稳讲台的自信心。同时,混合式教学模式的推广也同步衍生出了很多混合式教学技能大赛与微课大赛,这也给教师们提供了层次多样的自我提升机会,当然也为我国外语教师的可持续发展添加了无穷的动力。

5.2 外语专业混合式教学的目标

教学目标是指在教学活动中所期待达成的学生的学习成果,是关于教学将使学生发生何种变化的明确表述。混合式教学的教学目标是混合式教学预期应达成的学习成果,也是混合式教学设计的出发点及落脚点。具体而言,混合式教学的教学目标可以分为三个维度:知识目标、能力目标与情感目标。知识目标方面,通过混合式教学,使学生掌握课程教学大纲所要求掌握的知识内容,熟悉课程知识脉络;能力目标方面,通过混合式教学,提高学生自主学习能力以及运用所学理论知识分析实际问题的能力,为学生将来从事相关工作奠定坚实的基础;情感目标方面,通过混合式教学,帮助学生提高团队合作意识以及跨文化交际能力,深化其全球视野及中国情怀。混合式教学中教师应关注学生的学习感受及其在整个学习过程中的表现,以培养学习能力和批判性思维为目标,而不应仅片面地追求学生学习成绩的提高。

5.3　外语专业混合式教学的设计

混合式教学目标的实现有赖于科学合理的混合式教学设计。混合式教学中的教学设计是指授课教师在相关教育教学理论的指导下,利用慕课平台,将慕课在线学习与传统线下课堂教学有机融合而形成的教学活动总体框架设计。在混合式教学的设计过程中,应遵循教学目标明确、教学内容明了、教学过程完整以及教学活动设计可操作性强的原则。在混合式教学设计过程中,应充分注重学习者对教学设计的反馈,根据学生反馈实时调整自己的教学设计。不同于传统线下课堂“以教师为中心”的教学理念,也不同于慕课在线学习以“优质教学资源为核心”的学习模式,混合式教学强调“以学生为中心”的教学设计理念,所有的教学安排、教学方法、教学活动以及教学评价制度都应与初始设立的“增强学生学习效果、提高学生自主学习能力”的教学目标相一致,一切教学安排都应以学生的切身体验与实际所得为核心展开。同理,在混合式教学过程中,教师的角色也发生了相应的变化,他们不再是学生学习的领导者,而是转化为学生学习的引领者以及答疑解惑者。学生的学习过程主要依靠在线平台自主开展,教师负责把握学习进度,给予学习反馈。

在此思想的指引下,与传统课堂相比,混合式教学中的学情分析、教学模式设计、学习活动设计、教室座位设计、教学管理设计等均有所差异,笔者将在以下小节一一阐述。

5.3.1 外语专业混合式教学的学情分析

混合式教学的学情分析主要指任课教师在开展混合式教学前对该课程基本情况的判断与分析,包括对教学环境的分析、对教学对象的分析以及对教学内容的分析。

1) 对教学环境的分析

混合式教学的教学环境主要由线上学习环境与线下课堂环境两部分构成。线上学习环境可以大致分为硬件环境与软件环境两大块。硬件环境主要指联网设备获取的便利性、服务器的稳定性、教师微课录制室的配合度等,软件环境主要指慕课平台操作的简易性、随堂教学软件的便利性、大数据分析的精准性等。课堂教学环境则主要指教室多媒体设备的配备情况、教室座椅安排的科学性等。混合式教学相对于传统线下教学以及单纯的线上学习,对教学环境提出了更高的要求。上述提到的混合式教学环境的优良与否直接决定了混合式教学能否正常开展以及开展得成功与否。因此,在开展混合式教学之前,教师应首先对教学环境是否适合开展混合式教学进行分析,这也是教师进行学情分析的第一步。

2) 对教学对象的分析

对教学对象即选课学生的分析也叫生情分析,主要分为两大块内容。第一,对学生学习需求的分析。授课教师应在开展混合式教学之前,对学生的混合式学习需求以及学习动机展开调查,通过问卷调查或者访谈的形式,了解学生真实的学习需求,以及对混合式教学的改进建议。教师只有了解了学生对混合式教学的真实想法,并根据学生的需求调整自己的教学设计,才能真正调动学生的学习积极性,这对于提高学生学习效果具有至关重要的作用。

第二,对学生学习风格以及认知特点的分析。不同年代、不同成长背景的大学生可能具有截然不同的学习习惯和心理特征。因此在开展混合式教学之前,教师应对当代大学生的认知特点以及学习风格有较为全面的认识与了解。开展对学习者特征的分析,有助于教师基本掌握学生的学习风格以及学习偏好,从而帮助教师根据学生的学习特征设计合理的教学活动、制定个性化的培养方案,最终实现对学生自主学习能力以及问题探究精神的培养。

3) 对教学内容的分析

相对于传统的线下教学方式,混合式教学对教师宏观把握教学内容的能力提出了更高的要求。在开展混合式教学之前,教师应结合教材对教学内容进行全面的梳理,有时甚至需要根据生情分析对教学内容进行重新排序或做适当增减,以更好地满足学生的实际学习需求。教学内容的分析一般放在教学设计的前端完成,是整个混合式教学设计过程中不可或缺的一环。通过教学内容分析,教师应明确教学进度、教学内容、教学目标以及教学重难点,从而帮助学生更好地把握本课程知识脉络。

5.3.2　外语专业混合式教学的教学模式设计

在充分体现学生的主体地位的基础上,混合式教学的教学模式设计还应强调教师对教学过程的全程引导作用。混合式教学强调教师与学生之间的信任与配合,这种全新的教学模式将慕课与传统线下课堂教学进行了有机的融合,是高等教育在互联网时代变革创新的成功探索。如前所述,教师在进行混合式教学的教学模式设计时,应充分考虑到教学环境、教学对象以及教学内容等各方面的因素,综合考虑后确定适合自己课程的最优教学模式。因此,混合式教学的教学模式并非千篇一律,而应根据教学坏境、学生情况以及课程特点进行相应的调整。这里笔者仅呈现一般情况下外语专业混合式教学的教学模式设计图(见图 5 - 1),供读者参考。

由图 5 - 1 可见,外语专业的混合式教学过程主要分为三个环节:课前、课中及课后。在整个教学过程中,教师活动与学生活动贯穿其中。课前,教师应在混合式教学平台上上传自主学习任务清单,选定每次课课前应完成的微课视频,并明确在线学习应完成的学习目标,通过在线测试、在线练习、在线互动讨论等形式考查学生的知识掌握情况;课中,教师可以结合案例或者学生们在自主学习过程中的学习困惑组织专题讨论、案

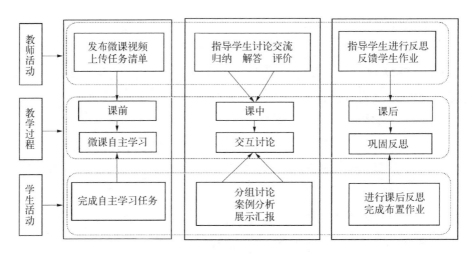

图5-1 外语专业混合式教学模式图

例分析、汇报展示等,通过灵活多样的形式帮助学生内化知识、查漏补缺;课后,教师应引导学生完成课后反思以及课后作业,帮助学生巩固知识。通过课前、课中、课后三个环节的活动安排,授课教师可改变以往单一枯燥的学习环境,帮助学生拓展知识学习的广度与深度,提高课程学习效果。另外,混合式教学平台和线下随堂教学软件都可以随时记录与监测学生的学习状态,并给予学生客观、公正、有理有据的学习效果反馈。

混合式教学模式的实施过程应满足以下四点要求:

1)教学元素的优化整合

混合式教学的顺利开展离不开教学元素的有效整合与利用。教学环境、教师、学生、教学策略等每一个都是混合式教学的重要元素,如何进行最优化组合,使这些教学元素发挥最大的优势,是混合式教学的重要课题之一,也是混合式教学顺利开展至关重要的前提条件之一,其中最核心的是要处理好两方面的关系:不同教学媒体的选择与组合问题,以及线上学习与线下学习的时间分配比例问题。

第一,不同教学媒体的选择与组合问题。混合式教学模式与传统面对面教学模式最大的区别之一就在于其对教学媒体和教学策略的不同选择上(王金旭、朱正伟、李茂国,2018)。在传统面对面教学中,教师选择教学媒体时的首要考虑因素是如何更清晰明了地呈现教学内容,因此教学媒体只是辅助教师开展教学的一种演示工具；而在混合式教学中，教师在选择教学媒体时应更多考虑哪种教学媒体能够更好地帮助学生学习，也就是说，在混合式教学模式中，教学媒体的角色发生了巨大的改变，它不再仅仅扮演着工具的角色，而是转化为师生获取信息的主要渠道。可见，在混合式教学中，教学媒体的选择与组合的重要性更加凸显。

第二，线上学习与线下学习的时间分配比例问题。混合式教学指的是传统线下学习与慕课在线学习的混合，因此，线下线上各占多少比例，什么样的"混合程度"能促使教学效果最优化，是每个开展混合式教学的教师需要思考并决定的问题。有部分教师认为，教师可以通过慕课教授知识，却难以通过慕课达成育人目的。线上教学虽可以引导学生自主学习，促进师生互动、生生互动，但却无法构筑与面对面交流一样的信任感，从而影响深度学习的达成，这也是单纯线上教学无法百分百取代传统教学的一大原因。因此，综合考虑多种因素，为实现最优的学习效果，授课教师应选择合适的混合式教学模式，明确合理的线下、线上时间分配比例。

2）成熟教学平台的支持

从之前大量的研究实践发现，混合式教学的顺利开展离不开平台强大的技术支撑，也就是说，成熟教学平台的有力支撑是保证混合式教学效果的重要条件。在慕课大规模应用之前，不少专家、学者已经对网络教学有过一定的尝试。2003 年，教育部正式启动国家精品课程建设计划，首次明确了精品课程的概念和内涵。也是从那时候开始，教育工作者开始关注精品课程的建设，但即便如此，大规模的线上课程尚未进入人们的视线。那个时期教师们录制的上课视频由于技术限制，仍然仅仅停留在视频录制层面，并没有给学生参与的机会。视频课程的提供者也仅仅是提供教学视频，并不会围绕这些教学视频组织线下教学，也无法及时对学习者作出学习评价，因此，这种初始版的微课课程并没有给传统面对面教学带来实质上的冲击。

而在慕课基础上发展起来的混合式教学则被认为是线上课程与传统线下教学完美融合的产物，是信息技术和教学理念不断更新的结果。混合式教学的顺利实施必须有成熟的教学平台作为有效支撑。目前混合式教育平台的开发主体主要有两类,一类是专门为高校提供技术服务与支持的在线学分课程运营服务平台,这类平台协助教师建设新课程,实现教学方法改革,还为课程上线和优质课程引用提供平台支持和服务。在国内,大型的课程运营服务平台包括中国大学慕课、学堂在线、智慧树等。第二类是各高校或高校联盟自主开发的教学平台,如基于"清华教育在线"发展而来的优慕课在线课程平台等。在国外,哈佛大学与麻省理工学院合作开发的 edX 平台主打"交互式学习设计",它不仅作为网络平台为线上线下混合式教学提供支撑,还能利用大数据技术对学习过程中的学习数据进行分析并作出即时反馈,从而提高学生学习效率。edX 作为最早发展起来的慕课平台之一,拥有强大的技术实力,这也是其成为世界范围内的慕课巨头的秘诀所在。对比而言,我国的慕课平台虽然起步较晚,但发展迅速,目前几家主流平台的学习者注册人数以及平台上线课程数量已经达到世界一流水平,并且成功经受住了 2020 年春季学期受新冠疫情影响而开展的大规模线上授课的考验。我们坚信未来混合式教学平台的发展势必会越来越成熟和专业,从而为师生进行混合式教学提供强大的技术支撑。

3)师生教学理念的更新

有专家认为,目前阻碍混合式教学模式大规模高质量发展的最大因素是尚不完善的教师培训体系无法满足高等教育快速发展的时代需要。在高校教师未得到完善培训的情况下,仓促地要求将所有适合的线下课程全部转化为混合式教学课程,容易导致教师们一时无法适应,进而被迫随波逐流,缺乏课堂创新。事实上,相对于传统线下教学,混合式教学的变革不仅体现在学习环境的变化、学习方式的变化以及学习行为的变化上,更体现在授课教师教学理念以及学生学习理念的变化上,这也被认为是最根本、最核心的转变。而教师教学理念和学生学习理念的变化都不是一蹴而就的。

对于教师而言,教师教学理念变化带来的行为变化主要体现在以下两点:

第一,不同于以往教师按部就班的教学方式,混合式教学要求教师重新梳理课程的知识脉络,并进行相应的打乱、补充以及重组工作。而后,教师须在混合式教学平台上上传自主学习任务清单以及课程视频,学生应按照任务清单开展自主学习,并完成相应的自我检测。最后,在面对面线下课堂,教师须引导学生就具体案例、具体话题或者学生之前在自主学习中遇到的困惑展开讨论,并对讨论结果给出总结与释疑。这个过程事实上对教师提出了更高要求,教师不仅要把课程内容吃透,还要能对学生的疑问作出合理的解答,因此,教师往往需要花费比传统授课更多的精力去进行教学内容的钻研,这对提高教师的专业水平也有很大的帮助。在混合式教学的初期,很多教师还未完全从以往照着 PPT 进行传统教学的模式中脱离出来,面对已完成自主学习但带着一堆疑问来上课的学生,还是情不自禁地复述微课视频中的内容,不能很好地解答学生的疑问。从中我们也可以发现,要保质保量地完成混合式教学,教师应更新教学理念和提高专业水平。

第二,通过混合式教学,教师可以全方位、更清楚地了解每个学生的学习状况。在线上教学中,教师可以通过平台大数据清晰地了解每个学生的过程数据,包括学习时长、学习次数、作业及测试完成情况、在线互动积极程度等;在线下教学中,教师同样可以利用随堂教学软件实时记录学生的课堂表现。通过线上线下联动,教师可以充分了解学生的学习状况,从而更好地帮助学生改善学习行为,提高学业成绩,同时这也为教师进行学业评价提供了参考。这就要求实行混合式教学的教师高度重视互联网技术带来的教学方式革新,努力提高自身的计算机应用能力与数据处理能力,只有这样,才能稳步推动混合式教学的开展。

第三,混合式教学也在督促学生改变以往传统的学习理念,变"要我学"为"我要学",使自己真正变成学习的主人。在传统的面对面教学中,虽然也一直强调预习的重要性,但学生面对单一的书本,往往提不起劲。再加上传统课堂上教师习惯了事无巨细的授课方式,因此,课前预习并未得到学生的真正重视。而在混合式教学中,课前的自主学习已经成为学生获取知识的最主要方式之一,教师原则上也不会再重复微课视频中的基础知识,这就迫使学生重视自主学习,并结合自身的知识层次与兴趣选择适合的拓展材料进行拓展学习。而在线下课堂中,学生也不再是知识的被动接受者,而转变为知识获取的主动参与者,学生真正成了学习的中心。当然,这也给学生的自主学习能力、团队协作能力以及反思质疑能力提出了较高的要求,反向促使学生重视培养这些成绩以外的大学生核心素养。

4) 行之有效的评价标准

由于教学模式的变革以及教学形式的多样化,混合式教学中的教学评价自然而然成了众多学者与教育工作者关注的热点,近年来他们也探索出了各种行之有效的评价方法。一般而言,混合式教学中学生的学业成绩由平时成绩与期末成绩构成,期末成绩主要指期末考试或学期论文的得分,而平时成绩则由线上学习得分与线下学习得分两部分构成。具体的分数分项构成以及占比则由授课教师根据课程特点以及考核要点进行确定。随着各种混合式教学平台与辅助教学软件的开发,互联网技术与大数据也被广泛地应用到混合式教学的学业评价中。技术的发展在给教师的教学与学生的学习提供便利的同时,也对评价标准的合理性提出了更高的要求。因此,教师在制定评价标准的时候,应以相关理论为指导,在结合自身教学经验的同时,广泛听取师生的意见,制定出行之有效的评价标准。

5.3.3 外语专业混合式教学的教学活动设计

外语专业混合式教学的教学活动设计可以分为课程导入、学习组织以及学习支持三个阶段。

1) 课程导入阶段

课程导入一般在课前完成,指的是课程正式开始之前,在教师的指导下,学生先利用混合式教学平台进行微课自主学习。课程导入阶段的主要作用是帮助学生初步了解与掌握课程内容。在这个阶段,教师首先应在平台上上传自主学习任务清单、本次课程涉及的微课视频以及其他教学拓展阅读材料。学生根据教师提供的学习材料以及任务清单,完成相应的自主学习,并通过在线测试检验自己的学习成果。同时,学生可以整理自己在自主学习阶段的思考及困惑,在线上平台的互动版块寻求教师与同学的帮助。通过课程导入环节,学生可在教师的导学方案指引下完成知识的初步学习及个性化拓展,实现从被动接受知识到主动探索知识的转变,变浅层学习为深层输入,推动知识初获的顺利进行,并为接下来的课程学习组织阶段打好基础。

2) 学习组织阶段

学习组织阶段的任务一般在课中线下课堂完成。教师引导学生就课程学习过程中出现的疑问展开讨论,或就具体案例展开分析,又或就某一主题鼓励学生进行小组汇报展示。通过学习讨论、案例分析、答疑解惑、小组合作等丰富多彩的学习活动,教师与学生、学生与学生进行充分的思想碰撞与交流,学生也可解决前一阶段(课程导入阶段)遇到的疑惑,对知识的重难点达成全新的认识,并通过具体的案例分析、小组汇报等形式学会如何将理论应用于实际,加深对所学知识的理解和掌握,从而达到预先设定的学习目标。

在混合式教学中,学习组织阶段的任务一般采用传统课堂的面对面学习方式完成,因为面对面的交流可以帮助师生建立更为深厚的情感连接,也使得师生、生生之间直接的交流更为便捷深入。在混合式教学的导入阶段,教师可以通过平台记录以及数据分析了解学生的学习进度以及学生在学习中遇到的困惑,并据此在学习组织阶段有针对性地引导学生展开讨论,也可为后一阶段的学习支持提供重要的参考依据。虽然混合式教学中学习组织阶段的教学仍旧以传统课堂面对面的方式展开,但其与传统教学又并不完全一样。在混合式教学中,教师会借助于随堂教学软件实时记录学生的课堂表现情况以及问题回答情况,从而为之后的课堂设计提供依据,也可为公正合理的学习评价提供参考。

3) 学习支持阶段

混合式教学的学习支持指的是授课教师通过在线测试、作业、随堂测试等形式对学生所学知识进行检测以达到巩固内化目的的学习活动。学习支持一般发生并贯穿于整个教学环节中,包含课前、课中及课后的学习支持。设计学习支持环节的主要目的是以多样化的方式检测学生的学习情况，从而达到帮助学生内化巩固所学知识的目的。在学习支持环节，授课教师可以利用混合式教学平台、随堂教学软件等教学工具检测学生的答题情况，并根据答题过程中暴露的问题进行有针对性的辅导与答疑，帮助学生优化学习成果，提高学习质量。知识的内化离不开教师的学习支持，混合式教学强调学生应对所学知识进行及时的检验与反思，通过互动、交流、练习、测试、作业等形式巩固知识，改善学习效果。

5.3.4 外语专业混合式教学的教室座位设计

混合式教学，特别是外语专业混合式教学的顺利开展，在对在线学习资源及课程平台提出较高要求的同时，也对线下教学环境提出了特别的要求，其中就包括对教室座位布局的要求。混合式教学中的线下教学活动主要包含互动讨论、小组汇报、案例分析等形式，这对教室的布局提出了两方面的要求。

首先，教室的座位布局既要方便小组同学之间开展讨论，又要方便大家聆听小组代表的汇报及教师的统一总结答疑。因此，传统的教室布局（即大家熟悉的讲台在前，座位在后，且一排排按顺序排列）明显无法满足开展小组讨论的功能要求。因此，理想的开展混合式教学的教室最好采取智慧教室的布局（详情可参考图5-2）。这样的布局一方面允许小组同学坐在一起，方便同学之间交流讨论，而教师可以随意在教室内走动，方便及时记录并引导学生的讨论；另一方面，教室的四侧都安装有显示器，这样当老师在讲台上做材料展示或者小组代表上去做汇报时，其他同学可以很轻松地看到屏幕，避免因座位问题影响上课注意力。这样的智慧教室目前已被越来越多的学校所采用，而教学实践也证明，这样的智慧教室可以有效提高课堂效率。

其次，教室的布局也应充分考虑网络连接的方便性。即使在混合式教学的线下课堂，师生也要频繁地运用网络进行学习资源的获取、分享以及传递，单纯利用手机流量无疑将给师生带来较大的经济负担。因此，在混合式教学大规模开展之前，校方应投入资源完善校园无线网络布局，使得学生在校园内可以轻松地利用无线网络完成在线课程自主学习以及线

图 5 - 2　混合式教学智慧教室布局图

下课程交流互动。以笔者所在的浙江越秀外国语学院为例,该校早已完成校园无线网络的全面覆盖,学生在使用前只需登录校园网,就可以享受到快捷方便的网络服务,同时,校园网也在很大程度上保证了师生的网络安全。

5.3.5　外语专业混合式教学的教学管理设计

混合式教学的教学管理设计指的是教师借助混合式教学平台、随堂教学软件及其他大数据管理系统对教学进行智能化管理的过程,它是根据我国高等教育中学生数量较多、专业背景复杂等教学管理中的难点痛点提出来的应对举措。

混合式教学平台中的教学管理主要包含课程基本信息管理、授课团队管理、选课学生管理、课程资源管理、课程活动管理、讨论区管理等,教师在混合式教学平台教师端可以随时查看学生学习进度,掌握学生学习状态,并对学生学习成果作出及时评价。通过混合式教学平台,教师可以轻松掌握每个学生的在线学习进度、学习状态、在线测试、在线作业等情况,从根本上提高教师教学管理的效率及质量。混合式教学平台将教学团队、教学班级、学习小组等不同级别不同类型的学习组织有机融合在一起,实现了教师与教师、教师与学生、学生与学生之间的知识分享与交流,丰富了学习资源,提升了教学质量和教学效果。

随堂教学软件中的教学管理模块则主要包括教学资源管理、班组成员管理、教学活动管理、课程信息管理等,教师在利用随堂教学软件开展随堂教学互动的同时,随堂教学软件实时记录反馈学生的课堂互动和答题情况,为教师进行学生课堂表现评价提供客观依据。通过随堂教学软件,学生课堂表现以数据的形式被清晰地呈现出来,这为教师进行线下课堂管理提供了极大的便利,也让学生清楚地了解自己在线下互动环节中的优势与不足,明确下一步努力的方向。

一系列课堂教学管理工具的应用,一方面保证了课程管理质量,确保了后续学习评价的公平合理性,帮助学生明白了自己下一步努力的方向;另一方面也大大减轻了教师的课程管理负担,提高了课程管理效率。

5.4 外语专业混合式教学平台的课程设计

混合式教学融合了线下课堂"面对面学习"与线上课堂"自主学习"的优势,成功实现了资源的优势互补,是一种值得大力推广的教学模式。当然,在混合式教学过程中,在线平台的选择和利用至关重要。混合式教学不宜简单地依赖现有的慕课,而应根据课堂教学实际,个性化地构建适合自身的混合式教学平台课程。

5.4.1 混合式教学平台课程的设计原则

在构建混合式教学平台课程的过程中,授课教师应从课程特色、课程性质、学生情况等角度出发,设计适合自身课堂实际情况,能满足混合式教学要求的在线课程。在设计过程中,应重点遵循以下四条原则:

1）凸显以学生为中心的教学理念

混合式教学一直强调"以学生为中心"的教学理念,关注学生的个性化成长和学习能力培养。因此,在混合式教学平台课程的设计上应充分展现这一理念,全面实现线上学习与传统课堂面对面学习的有机结合,改变传统课堂的教学模式,给学生耳目一新的学习体验。教师事先制作好微课视频,上传到在线平台,同步向学生明确自主学习任务,学生在教师指导下按照自己的节奏自主学习微课视频,然后完成在线测试及相应练习。这种学习方式一方面允许学习者按照自己的节奏、自己习惯的方式完成知识的初步获取;另一方面也给线下互动预留了足够的时间,在线下课堂,学生不再需要埋头于课程涉及的基础理论知识,而可以根据已学到的基础理论尝试展开小组协作、互动讨论以及案例分析,从而培养团队协作能力、自主学习能力以及思辨能力。

2）强化学生的自主学习需求

混合式教学平台课程的设计应充分考虑满足学生自主学习以及个性化学习的需求,尽可能地让学生在教师的指导下,自主控制学习内容、学习进度、学习时间以及学习频次。在学习内容方面,教师应明确混合式教学平台上提供的教学资料哪些属于必学内容,哪些属于选学内容,保证学生在完成规定知识内容学习的同时,有一定的自主选择空间。特别是在平台上提供的拓展阅读材料中,教师应充分考虑到拓展阅读材料的多样性以及难度梯度,方便让层次不同、兴趣点不同的学生自主选择适合自己学业水平以及研究方向的拓展材料,增强学生学习兴趣。在学习进度及学习时间方面,教师一般只需要规定在一周或者一段指定时间内应完成的学习任务,至于学生什么时候开始学习、分几次学习、每次学习多少,则应该放手交给学生自由把握。在学习频次方面,由于学生的学业基础以及理解能力存在一定差异,在传统的课堂教学中,教师讲完一遍后,基础扎实、领悟能力较强的学生往往能够迅速抓住教师的讲授要点,完成知识的获取;基础薄弱、领悟能力较弱的学生则可能无法完全听懂教师的教授,最终获取知识失败。混合式教学则很好地解决了这一问题。在混合式教学平台上,学生可以根据自己的知识理解能力,自由选择观看微课视频次数,对无法一次理解的知识点可以选择反复观看甚至在线寻求教师或同伴帮助。因此,混合式教学平台的运用,使学生可以根据自身情况灵活选择学习时间、学习地点、学习内容以及学习进度,实现其个性化学习的需求,增强其自主学习的能力。

3) 重视教师的组织引导作用

在传统课堂教学模式中,往往采取教师主导的授课方式,教师处于学习上的绝对领导地位,这不利于学生自主学习能力的培养。而在慕课在线学习中,学习者往往更关注在线学习资源,而并不寄希望于能够与教师开展实时互动,因此,教师在学习过程中的价值得不到应有的体现。一般而言,慕课团队在完成微课视频录制和在线课程架构后,其工作重心随之转移到在线学习资源的定期更新上,而对学习者学习过程中的疑问的实时解答则不在其重点考虑之列。这也是长久以来慕课学习遭受质疑的主要原因之一。混合式教学将线下面对面教学与线上慕课教学的优势完美地融合在一起,在课程的设计上充分体现了教师的引导组织作用。教师的角色不仅仅是知识的传授者,还是学习活动的组织者、学习过程的引导者以及学习效果的评价者。首先,作为知识的传授者,教师应用心完成微课视频的制作,每个视频一般不超过 15 分钟,这就要求教师对知识点进行整理归纳,以简洁明了的方式向学生输出;同时教师还应该在网络教学平台上给学生提供其他的拓展学习资料,帮助学生了解学科最新发展动态,拓展知识的广度与深度。其次,作为学习过程的引导者,教师应在学生开展自主学习之前在教学平台上上传自主学习任务清单,帮助学生明确自主学习的任务及要求;同时,在自主学习过程中,教师也应及时关注学生的学习进度,做好督促工作。另外,作为学习活动的组织者,教师应帮助学生明确各阶段学习的要求及流程,解答学生在学习过程中的疑问,引导学生进行深入的知识探索。最后,作为学习效果的评价者,教师应在混合式教学平台上以在线测试、章节练习等方式灵活检验学生的学习成果,帮助学生及时内化及巩固所学。

4) 充分利用大数据分析方法

混合式教学模式的实施单纯依靠教师个人的组织引导是远远不够

的,还应充分发挥大数据海量分析、精准监测的功能。在混合式教学过程中教师应充分利用平台的学习分析功能,对学生学习过程进行全程跟踪。在混合式教学平台上,学生的学习进度、学习时间、学习频次、学习状态等都被如实记录下来,教师可以利用平台上的学习分析功能在最短的时间内轻松分析每个学生的学习状态及学习态度,如学生的学习习惯、学习风格等,实时掌握学生的学习状态变化,及时发现问题、了解问题,这也为教师有针对性地解决问题提供了数据支持,从而真正实现个性化教学。

5.4.2　混合式教学平台课程的常见类型

混合式教学平台课程的设计一般由授课教师团队、助教以及教学平台技术人员共同完成。目前,我国主流混合式教学平台课程的开发模式有两种,一种是慕课直接引进型,另一种则是自主开发型。

1) 慕课直接引进型

慕课直接引进型指授课教师依据混合式教学的理论,参照学生的学业水平及课程特点,在教学主管部门的指导下,直接引进成熟的慕课平台课程,并在此基础上构建自己的混合式教学平台。接着,教师利用引进的优秀教学资源在混合式教学平台上组织学生开展课前自主学习,为后续线下课堂活动的组织奠定基础。

采用直接引进慕课的方法开展混合式教学,优势是显而易见的。首先,直接引进设计合理、质量优秀以及师资一流的慕课作为混合式教学的课程资源,很大程度上降低了教师自己制作微课视频的时间成本、人力成本以及资金成本,也保证了教学质量。拿 2 学分的课程举例,教师一般须完成 600 分钟左右的微课视频制作,一节微课一般控制在 10~15 分钟,也就是说,授课教师至少应完成 40 个微课视频的制作。而每个微课视频的制作都需要经过脚本撰写、视频拍摄、视频剪辑等多个步骤,会耗费授课教师大量的时间及精力。另外,有些教师自己不会制作微课视频,希望专业的制作公司帮忙制作,而专业的制作公司制作微课往往以分钟计费,一门课程下来,至少需要花费几万元的制作费用。这对于教师个人还有教师所在学校而言都是一笔巨大的支出。而直接引进成熟的慕课可以在很大程度上减轻授课教师的负担。同时,教师可以根据自己学生的情况及教学目标安排学习进度及自主学习任务,再以班级为单位开展面对面的课堂交流讨论,这样既利用了慕课平台的优质教学资源,又实现了满足自身需求的个性化教学。

其次,采取直接引进成熟慕课资源的方式开展混合式教学,也符合慕课制作方的利益。优质的慕课,特别是国家级精品课程,其制作的主要目的就在于资源的最大化利用与共享。因此,引用其课程的学校越多,其制作的教学资源的利用率也就越高。当然,对于资源提供方的教师与教师所在学校而言,也是增强其美誉度的重要机会。因此,慕课制作方也自然愿意花更大的力气去更新和改进资源,实现教学资源的可持续发展。

当然,直接引进型课程也存在其不可避免的问题。大部分优秀的慕课,特别是国家级一流课程,往往由一流高校开发制作,他们的目标教学对象的学业水平往往较高,课程的难度往往也较高。而对于地方民办高校而言,如果直接采用他们难度较高的教学资源,学生的学习积极性容易受到打击,久而久之,学生会丧失学习热情。因此,引用了优质教学资源后如何根据学生实际情况进行调整实现课程本土化,是开展该类型混合式教学的教师无法回避的问题。当然,令我们欣喜的是,目前有越来越多的地方民办高校加入到优质慕课的制作中,笔者所在的教学团队制作的"东方遇见西方:跨文化交际之旅"课程于2020年被成功立项为国家级一流在线课程。这也为慕课的多样性选择提供了更多的可能性。

2)自主开发型

自主开发型混合式教学课程是指教师根据课程特点及学生实际情况,自主研发制作慕课资源,搭配其他拓展学习资源,从而打造的全新混合式教学课程。这种课程类型以"学习者为中心",融合线下面对面教学与线上在线学习的优势,可促进学生的个性化学习。

自主开发型的混合式课程平台一般由教师端、学生端以及后台管理三个模块构成。

教师端模块主要以微课视频的创建以及其他拓展学习资源的上传为主,内容包括课程信息介绍、课程建设、课程资源、课程活动等,主要围绕课程资源的建设展开。

学生端模块主要以课程资源的学习以及测试练习的自我检验为主,内容包括单元学习、在线测试、拓展资料学习、互动讨论、作业练习等,主要围绕课程内容的学习展开。单元学习部分涵盖每单元的自主学习任务清单、微课视频、电子课件等,学生应根据要求在课前完成本部分的自主学习。在线测试部分主要供学生在完成微课自主学习后进行自我检测,进一步深化对知识的理解与掌握。拓展资料学习部分主要包含拓展阅读材料、相关案例、电子教材、专业词汇表等,此部分内容可分为必学和选学两大块,学生在完成基础知识的获取后可根据自身情况进行拓展学习,了解学科动态和行业发展,拓展知识的深度与广度,掌握理论知识的实际应用。在互动讨论部分,学生可以根据自主学习情况提出自己的思考,也可以就自己的疑问向授课教师及同伴寻求帮助。作业练习部分则要求学生在课后完成相应的练习,巩固所学知识。通过这些模块的相互配合,学生可以便捷高效地实现知识的自主学习,增强自主学习能力。

后台管理模块主要由任课教师管理、选课学生管理、课程归档管理、学习分析管理等部分构成,后台管理旨在应用大数据技术,对学生的学习过程进行实时跟踪记录,并根据记录的数据对学生的学习状况进行动态分析,为教师对学生的学习评价以及学习过程干预提供重要参考,是实现智能化教学的技术保证。

一般情况下,自主开发型的混合式课程创建首先需要教师团队根据教学实际情况确定教学内容以及课程风格,然后由课程开发团队(此处可能包括教学团队与专业制作公司)负责微课视频的制作。微课视频的制作一般可以分为知识脉络梳理、微课框架确立、脚本撰写、视频录制、视频剪辑等步骤,单个微课视频时长应控制在 15 分钟以内。微课制作完成后,上传至混合式教学平台。平台首先应根据课程需要确定各组成版块框架,然后根据框架填充相应内容,如在线测试、拓展性阅读材料、案例素材、电子教材、专业词汇表、配套练习等。整个课程的制作应保证重点突出、布局合理、要点清晰,能满足学习者的自主学习及个性化学习需求,同时也应注意彰显教师的授课风格及课程特点。实现课程知识点的阶梯化、层次化递进,保证学生的知识接收效率,需要整个课程团队的集体智慧来完成。

5.5 外语专业混合式教学的方法

如前所述,混合式教学旨在培养学生的学习积极性、创造性以及自主性,因此,混合式教学在教学方法设计上也应强调学生自主学习能力的培养以及团队合作能力的锻炼。混合式教学一直注重"以学生为中心"的教学理念,这就要求学生在学习过程中充分发挥主观能动性,开展辩证性独立思考。

按照布鲁姆教育目标分类理论,课程应分为初阶、中阶、高阶三层次。初阶为教师导学 + 学生线上学习,初享学习成果;中阶为学生参与式学习,全面课堂互动,分享学习成果;高阶为反思质疑,促进创新,在实践中检验学习成果。课程设计的在线教学资源库可包含多个主题各异的子库,满足学生的个性化学习需求。此外,课程在日常教学中应注重融入思政元素,比如在"英语语言学导论"课程中,学习了句法学相关知识后,学生在课上展示事先搜集的中国英语素材(中国英语是英语在全球化传播中与中国特有的社会文化相结合的产物,是具有中国特色的语言变体),分析讨论它们在词汇、句法、语篇层面的表现,从而感受日益强大的中国对世界文化的影响,增强民族自豪感。

混合式教学可灵活采取多种教学方法,如学生自主学习、小组讨论、翻转课堂、综合项目协作、案例分析等。教师活动、学生活动贯穿整个教学环节,教师作为引导者指导学生的学习活动,突出学生的中心地位。首先,混合式教学平台为学习者开展自主学习和团队合作提供了充分的空间。学生可以在课前完成微课视频的学习,利用在线测试平台自我检验学习成果,也可以利用平台上的互动工具开展团队协作学习。其次,在线下教学中,教师同样可以运用丰富多彩的教学方法,如小组讨论、案例分析、综合项目协作等,帮助学生主动参与知识架构的内化,提高知识留存率。

5.6　外语专业混合式教学的实施

事实上,受课程特点、学生学业水平等多方面的影响,外语专业的混合式教学并没有统一的步骤要求。教师应根据自身教学实际情况灵活组织自己的课程教学。但为给第一次开展混合式教学的教师一些大致的参考,这里笔者简单罗列了一般情况下外语专业混合式教学的实施步骤。

步骤 1:教学准备

教学准备也被称为教学分析阶段,这一阶段教师应明确教学目标、确定教学内容以及教学对象情况。首先,教学目标的设定应围绕本课程拟达成的教学效果展开。教学目标的设定不应过于简单,应体现课程"两性一度"的要求;但也不能难到超过学生实际水平,否则将影响学生的学习积极性。其次,在教学内容的确定方面,除了要包含教材以及课程的基本教学内容外,还应做适当的拓展延伸,如本学科的最新发展动态等,帮助学生拓展学习的深度和广度。另外,教学内容的线上线下安排比例及实现形式也应在第一次课上清楚说明,帮助学生明确课程学习方法,养成良好的学习习惯。最后,应完成对教学对象情况的摸排了解。混合式教学围绕学生展开,学生作为混合式教学的中心,直接对混合式教学的成功与否起到了决定性作用。因此,在进行具体的教学设计之前,教师应对学习者的学业基础、学习习惯、学习动机、对混合式教学的态度等有一个清晰的认识与了解,再根据了解的学生情况有针对性地设计混合式教学方案,从而达到事半功倍的效果。

步骤 2:教学设计

在完成教学准备工作后,第二步就是教学设计。混合式教学中的教学设计应重点完成对线上自主学习以及线下面对面教学过程与内容的设计。线上自主学习部分,教师首先应完成在线课程的设计,包含微课视频个数、各视频主题、视频呈现方式、后期制作、剪辑分工等各个方面。同时,课程团队还应完成对线上其他教学资源的设计,例如拓展资料、电子教材、专业词汇表、在线测试题库、课后练习等。在课程视频以及其他教学资源的设计上,既应体现同一门课程下属不同章节内容与风格的一致性,又要注意体现每一章的独特之处,避免千篇一律,使学生出现审美疲劳。

教学设计的第二个重点应放在线下教学内容的设计上。线下教学内容的设计同样包含几个部分。第一个部分是对相关案例、项目主题及其他课堂活动的设计。学生线下课堂讨论的案例应经过授课团队的精挑细选,一般建议同一个主题最好提供两个案例,第一个案例由教师带领学生一起分析,使学生学会案例分析的角度与方法;第二个相似案例由小组独立分析完成,从而培养学生的团队协作能力以及分析解决问题的能力。第二个部分是对课堂流程的设计。混合式教学的课堂教学部分不同于传统课堂教学,教师更多的是作为教学活动的组织者与引导者,并不过多地进行基础内容的讲解。换言之,教师在线下课堂的主要任务是针对学生自主学习阶段遇到的困惑展开分析答疑并根据学生所学理论知识组织相应的实践活动。因此,教师在课前教学设计阶段就应对此做好充足的预案,对整个线下课堂教学流程做到心中有数、手中有策。

步骤3:教学实施

在完成充分的教学准备和教学设计后,混合式教学正式进入教学实施阶段。传统课堂是面对面的,因此教学的具体实施过程表现为教师的讲解和学生的聆听,教师只需要在授课的同时注意管控好课堂纪律,就能基本保证教学实施过程的顺利进行。然而,在混合式教学过程中,情况则表现得更为复杂。

在线上自主学习过程中,教师应充分发挥教学监督作用,利用互联网技术的优势,结合大数据分析,及时跟踪学生的学习状况,回应学生的在线求助,并对个别学习上有懈怠倾向的学生进行私下督促引导,从而保证学生自主学习的效果。当然,线上自主学习的顺利展开也与线上课程的质量存在紧密关联,这也变相考验了教学团队前期教学设计的水准。只有课程质量上去了,学生觉得学有所得、学得有趣,才能够保证其自主学习的积极性与参与度。

在线下面对面教学中,教师应注意角色的转变。教师不再是知识的传输者,而应转变为课堂活动的设计者与活动实施的组织者,引导学生展开讨论,在思辨中完成知识的内化与吸收。

步骤 4:教学评价

在顺利完成教学的前 3 个步骤的基础上,教学评价也就自然而然地被提上日程。这里应明确一点,教学评价的目的并不是评价本身,或至少不仅仅是评价本身,而更多的是实现教学质量的提升和学生学习能力的增强。因此评价标准的制定应反映学生学习的全过程,而不应仅仅是对学生期末成绩的反馈。在此理念的指引下,外语专业的混合式教学一般采用多元形成性评价体系。事实上,混合式教学课程评价最大的优势就在于可以利用网络平台和辅助教学软件作为评价工具,从而使评价的维度更加多元化,评价的标准更为全面,评价结果也就更为客观公正。

除此之外,网络化的评价体系也给学生参与教学评价标准的设计提供了空间,教师可以根据学生的反馈以及学习情况对评价体系加以改进,从而促使评价标准更具针对性和合理性。由于学生作为主人翁参与了对自身学习评价标准的制定,其学习积极性便会大幅度提高,这对改善学生的学习效果大有裨益。

当然,混合式教学也使得参与教学评价的主体更加多元化。不同于传统面对面课堂,混合式教学的评价主体不仅包含老师,还包含学习者本身。学习者可以根据自己的观察和体会对自己和同伴的学业表现作出评价,因此,混合式教学的学业评价实际上包含了教师评价、学生自评以及同伴互评,避免了教师作为单一评价主体的主观性,最大限度地保证了教学评价的客观性与公平性。

5.7　外语专业混合式教学的"课程思政"

5.7.1　"课程思政"的实施背景

高等教育肩负着培养社会主义建设者与接班人的重要使命,一直以来,党和国家高度重视高等教育的发展。根据习近平总书记"其他各门课都要守好一段渠、种好责任田,使各类课程与思想政治理论课同向同行,形成协同效应"的指示精神,2020 年 5 月 28 日,教育部印发《高等学校课程思政建设指导纲要》,为进一步提高高校人才培养质量,促进高校课程思政的体系化建设和改革创新明确了前进方向(齐鹏飞,2020)。

在此背景下,如何切实做好课程思政,如何解决课程思政长期存在的问题,如何全面合理地进行课程评价,是摆在每个教学工作者面前亟待解决的问题。其中,外语类专业课程的"课程思政"建设意义尤为重大。

首先,外语类课程的"课程思政"建设有助于学生形成正确的价值观,守住守好意识形态的底线、红线。学习外语不仅仅是学习一门语言,更是接触、了解、学习他国文化与价值观的过程。在这个过程中,学生极易受到西方意识形态的影响。因此,在外语类专业课程中融入课程思政,对帮助学生运用马克思主义分析事物的本质和增强是非判断力具有十分重要的作用。

其次,外语类课程的课程思政建设有助于提升学生的民族自信心与自豪感,增强学生为祖国而努力奋斗的坚定信念。通过在专业课程中添加"润物细无声"的隐性思政教育,教师可以以更加生动形象的方式使学生了解我们祖国在各方面日新月异的变化,感受日益强大的中国在国际舞台上的重要地位,增强民族意识和责任担当。

最后,外语类课程的课程思政建设有助于培养既了解西方文化、又熟悉中国国情的跨文化交际人才。很多外语专业毕业的学生将从事跨文化相关工作,因此,培养兼具国际视野和中国情怀的外语类人才,对于讲好中国故事、弘扬中国精神具有举足轻重的作用。

5.7.2 "课程思政"的内涵

关于课程思政的内涵,不同学者给出了不同的定义。邱伟光(2017)教授指出课程思政是以课程为载体、以各学科知识所蕴含的思想政治教育元素为切入点、以课堂实施为基本途径的育人实践活动。高德毅教授和宗爱东教授(2017)认为课程思政是将高校思想政治教育融入课程教学和改革的各环节、各方面,实现立德树人,构建全课程育人格局的活动。吴月齐(2018)教授将"课程思政"等同于课程德育,她认为课程思政指的是学校所有教学科目和教育活动以课程为载体,以立德树人为根本,充分挖掘蕴含在专业知识中的德育元素,实现通识课、专业课与德育的有机融合,将德育渗透、贯穿教育和教学的全过程,助力学生的全面发展。

综上所述,课程思政作为一种全新的课程理念,将知识传授与价值引领有机结合,充分挖掘思政课程以外的通识课程、专业课程及实践课程中的思想道德元素,使思政课程与各类其他课程有机融合,实现全员、全方位育人(卫娜,2021)。

由上可见,课程思政具有非显性与融合性的特征:

第一,非显性。课程思政是一种隐性的思想政治教育。传统的思政课程中教师往往采取显性的思想灌输方式,帮助学生建立对思想政治的基础认识。但学生从小学开始就一直在学习这些内容,久而久之,便容易产生倦怠感。在此背景下,发挥思政课以外课程的隐性育人功能迫在眉睫。

课程思政的隐性教育不仅体现在教学内容的潜隐性上,还体现在教学形式的潜隐性中。在教学内容上,专业课程中的思政元素往往隐藏在专业知识体系中,需要任课教师主动挖掘梳理,并在授课过程中以学生喜闻乐见的方式呈现出来。在教学形式上,专业课程中的课程思政教学不再采取传统思政课堂中的教学方式,而是通过形式灵活的翻转课堂、案例分析、角色扮演、课堂讨论等教学方法,在知识传授的同时实现价值引领,从而达到润物细无声的作用。

第二,融合性。课程思政的融合性首先体现在专业知识与思政元素的有机融合上。课程思政不是思政课程,更不能为思政而思政。专业教师应深挖专业知识中蕴含的思政元素,找准专业知识与思政元素的融合点,以潜移默化的形式达到思想教育的目的。

课程思政的融合性还体现在各门课程教学目标的有机融合上,也就是说,各门课程应在情感教学目标上有机统一,实现学生自身需求、社会用人单位需求以及国家发展需求之间的平衡统一。

5.7.3 外语专业课程"课程思政"存在的问题及成因分析

尽管目前教育工作者已经对外语专业课程推进课程思政建设的重要性及必要性达成了共识,但落实到具体实施上,仍然存在一些问题。

5.7.3.1 外语专业课程"课程思政"存在的问题

1)部分课程的思政元素挖掘得不够充分

在推行课程思政的过程中,还存在着部分课程思政元素挖掘得不够充分的问题,这与授课教师和选用的教材存在一定的关系。

授课教师方面,部分授课教师课程思政能力不足,缺乏思政育人的能力,不能充分地挖掘专业课程中蕴含的思政元素来开展隐性思政教育;还有部分教师将思政元素生硬地运用到自己的课程之中,为思政而思政,从而招致学生的厌烦情绪,影响课程思政的育人效果。

选用的教材方面,受就业压力和传统教育体制的影响,专业课程教学中一直存在重知识传授轻道德教育的倾向,这种倾向也导致部分教材里理想信念方面的内容不够。这些教材因循守旧,缺乏时代性和创新性,侧重知识讲解,忽略人文教育;侧重知识深度,忽略知识广度;侧重理论知识,忽略实践应用。简而言之,部分教材中蕴含的思政元素严重不足,对授课教师后续开展课程思政教学带来了现实困难。

2)部分课程思政教学方法单一,教学效果不理想

传统专业课教学一般以理论讲授为主,辅之以案例分析。教学方法相对单一,也未注意与时下社会热点相结合,因此无法通过深挖课程本身蕴含的思政元素,帮助学生直面社会问题,并探析问题背后的深层次社会根源。

此外,单一的教学方法无法激发学生学习热情,导致学生在课程学习过程中产生倦怠心理,进而影响学生学习目标的达成。

3)部分教师对"课程思政"积极性不高

自"课程思政"概念被提出以来,教育部及各大高校都在大力推行课程思政建设。尽管如此,仍然有部分教师,特别是专业课教师没有认识到课程思政的重要性,认为价值引领是思政课教师的任务,作为专业教师,其工作重点就是传授专业知识。他们没有认识到思政教育对于学生和国

家未来发展的重要性。

另外,他们当中也有相当一部分人认为,进行专业课课程思政教学改革要花费很多精力,却不一定能得到学生好评,而其额外工作量也无法在教师考核中得到体现。因此,相当一部分教师对参与课程思政改革兴趣寥寥。

5.7.3.2 "课程思政"难实施的原因分析

1) 课程思政相关指导培训不到位

"课程思政"概念自提出以来,受到党中央和地方政府的高度重视,各大高校也都在不遗余力地推进本校课程思政建设。但到目前为止,尽管关于课程思政的相关纲领性文件很多,但具体如何落实课程思政的行动指南却较少,关于课程思政建设的相关培训则更少。部分教师有心开展课程思政建设,却发现无从下手,不明白思政教育的内容是什么,也不知如何将思政教育与专业知识相结合,更不知如何做到隐性育人。这一切疑问,都需要有关部门与学校给予指导与培训。

2) 教师考核评聘中"课程思政"要素体现不足

"课程思政"教学理念在不少高校一直无法真正落到实处,另一个根源则在于部分高校激励措施不够,考核制度存在不合理性。

目前教师职称评定中的唯学历、唯资历、唯职称、唯论文、唯项目现象仍然比较严重,虽然教育部已经多次发文强调"破五唯",但不可否认,学历、论文、项目仍然是职称评定中的核心要素。而教师教学水平的高低虽然会在职称评定时有一定的体现,但一般并不起到决定性作用。在这些核心要素支配下,教师们埋头于写论文、申报项目,真正用于教学改革、推动教学水平提高的时间和精力少之又少。在这样的大环境影响下,教师们自然将大部分精力放在了论文、项目中,而不愿意花大力气推动专业课课程思政建设。

5.7.4　最优化理论视角下外语专业课程"课程思政"的实现路径

5.7.4.1　最优化理论的内涵

教学过程最优化理论是 20 世纪 70 年代初期由苏联教育家巴班斯基

提出的。该理论运用现代系统论的原则和方法,对教学理论进行了综合性的研究和探索。

教学过程最优化理论将教学过程视作一个系统进行研究,并且对构成该系统的各个有机组成部分进行综合考察。根据最优化理论,教学过程中的人(教师和学生)、条件(教学物质条件、教学卫生条件、教学的道德心理条件)、教学过程结构(包括教学目的和任务、教学内容、教学方法、教学组织形式、教学结果)以及教学实施的基本环节一起组成了教学过程的完整系统(王春华,2012)。

所谓最优化,是指在给定条件下为解决任何一种任务选择最佳方案的过程。巴班斯基(2007)认为,在现代条件下,最优化的教学组织过程应该是使每一个学生在掌握知识内容方面达到他当时实际可能达到的最高水平(优、良或合格)。具体而言,教学最优化包括以下几个方面:取得最佳的可能效果;耗费最少的必要时间;耗费最少的必要精力;花费最少的经费(毛亮清,2008)。

教学过程最优化理论试图解决教学过程中的关键问题,即如何实现教学效果与师生工作量之间的平衡,既要最大程度达到最优化教学效果,又不会过多增加师生负担。根据巴班斯基的理论,实现教育最优化的方法主要包括以下几点:① 综合规划和确定最重要的教养任务、教育任务和发展任务;② 划出教学内容中主要的、本质的东西;③ 选择最适当的课堂教学形式;④ 选择最合理的教学方法和手段;⑤ 达到最优化教学效果(付宝威、曹纯、郑一筠,2009)。因此,利用教学过程最优化理论可以有效指导课程思政在专业课程中的实施,实现专业育人与思政育人的同向同行。

5.7.4.2 最优化理论视角下外语专业课程"课程思政"的实现路径

基于上述认识,笔者以浙江越秀外国语学院"跨文化交际"课程为例,分析最优化理论视角下外语类专业课课程思政的具体实现路径。

1) 制定课程思政教学规划,实现教学效果的最优化

巴班斯基认为,教学目标主要体现在教养、教育与发展三个方面,只有综合考虑这三个方面的任务,实现三层次任务的有机结合与协调发展,

才能实现教学效果的最优化。

在"跨文化交际"课程思政中,教养的任务是培养学生的跨文化交际意识与跨文化交际能力;教育的任务是帮助学生确立积极的人生态度,培养全球意识与国际视野;发展的任务是培养学生的自主学习能力,提升学生的思辨能力,增强学生的综合文化素养。

在课程思政的具体实践中,只有将教养、教育与发展三者有机结合,才能有效达成教学目标;同时,某一单项任务的解决有助于其他任务目标的实现。以"跨文化交际"课程第四章——文化模式的教学为例,教学目标可以细分为以下三项:教养目标,熟悉文化模式的概念及其三大基本元素,掌握研究文化模式的基本方法,并能熟练运用相关理论解释语言文化现象;教育目标,提高学生对文化多样性的认识,增强民族自信心,领略中华文化魅力;发展目标,增强学生的团队合作能力、自主学习能力及辩证思维能力。在教学任务设计中,让学生结合具体实例分析中西方文化差异,一方面达成了教养目标,另一方面也培养了学生的思辨能力,达成发展目标;同时,让学生在分析中感受中华文化的博大精深,可以增强学生的民族自豪感,从而达成教育目标。这样综合三方面教学目标和任务的课程思政教学规划,才能实现教学效果的最优化。

2)深挖外语专业的课程思政元素,实现教学内容的最优化

巴班斯基认为,教师应精选教学内容,实现教学内容的最优化。因此,在外语类专业的课程思政教学中,教师应结合现有教材,尽可能挖掘专业课知识与思政元素的结合点,并利用课外资料,对现有教材进行适当补充与拓展。

例如,"跨文化交际"第八章介绍了全球化的概念。在该单元的学习过程中,授课教师引入了蚂蚁森林的案例。众所周知,环境污染、气候变暖是全人类面临的严峻问题。2019 年 6 月 5 日,在第 48 届世界环境日上,由支付宝蚂蚁森林发起的"公益林"绿色联合活动正式启动,这是一项旨在带动公众低碳减排的公益项目,每一次的低碳行为均在蚂蚁森林里被计为"绿色能量"。"绿色能量"积累到一定程度,就可以申请在生态亟须修复的地区种下一棵真树,或者在生物多样性亟须保护的地区"认领"

保护权益。我们的学生或多或少都参与过或者至少听说过这项活动,从这样的身边事入手,学生的感触自然会更加深刻。通过对本案例的分析,学生就能更好地理解全球化的概念,增强人类命运共同体意识。

3)合理选择外语专业的课程思政教学形式,实现因材施教

教学过程最优化理论认为,应结合不同的教学内容和不同的授课对象,选择最优化的教学形式,实现因材施教。在"跨文化交际"课程教学过程中,一方面,教师针对不同的教学单元采取了不同的教学组织形式,实现教学效果的最优化。譬如,第一单元为概述章节,教师在本单元多采取全班教学的方式,使学生对课程所涉概念有基本的认识与掌握。而第二单元、第三单元为偏重实践的章节,因此教师会采取小组讨论与角色扮演的方式,使学生能够更快速地掌握所涉知识点,提高跨文化交际能力。

另一方面,针对不同教学对象,"跨文化交际"课程也在教学形式上有不同的侧重。例如在讲到职业素养的章节时,针对翻译系学生,授课教师会给出翻译案例要求学生进行现场翻译;而针对英语系教学方向的学生,教师则会请同学们讨论教师的职业素养。教师通过差异化的教学形式,使学生更好地理解与掌握章节知识,提升对职业精神的认知,为他们将来更好地融入职场做好准备。

4)灵活使用各类教学方法,促进全方位协同育人

教学过程最优化理论认为,应根据不同的教学内容和教学任务,灵活运用不同的教学方法。在讲解章节重难点知识时,可以运用教师讲授法,使学生能够在短时间内最快速地吸收和掌握知识;在介绍背景知识与引入思政元素时,可以使用观看视频或图片的方法,使学生产生最直观的学习感受;在进行思政案例分析时,可以引入小组讨论法与课堂展示法,最大限度地激发学生的创新思维,培养学生的思辨能力。课后,通过课后反思、虚拟仿真练习、小组实践等方式帮助学生固化知识,实现知行合一。例如,在学习了第四章霍夫斯泰德的文化维度理论后,教师要求学生课后运用霍夫斯泰德的文化维度理论,结合 BBC 纪录片《中国老师来了》分析中英教育方式差异,并探讨差异背后的深层次原因。这样的亲身实践,不仅锻炼了学生分析问题、解决问题的能力,也增强了学生对文化多样性的

认识,增强了民族自信心。

5) 多维度评价教学效果,注重学生价值引领

在评价教师教学效果时,不应仅仅关注学生的学习成绩,还应全方位、多维度地考察教师育人职能的实现情况、学生的思想成长情况。在对教师的综合评价中,教师的敬业精神、职业道德应作为其中最重要的考核项,德育水平也应融入教案评审、同行评教、学生评教等现有的教师综合考评之中。

在评价学生学习效果时,也不应仅仅关注学生的期末考核成绩,而应采取形成性评价体系,将学生的课堂表现、在线学习情况、学习态度、学习反思等融入课程评价中,实现全方位、立体式的评价。

第6章　新文科背景下外语专业混合式教学的质量评价

■
　■
　　■
　　　■

6.1　构建有效质量评价体系的必要性

正如前几章所言,混合式教学因其多样化的教学手段、不受限的学习环境以及颠覆传统的教学模式,在获得普遍肯定的同时,也对学生的自主学习能力以及主动学习态度提出了更高的要求。换言之,混合式教学模式需要学生一直保持较强的学习积极性以及较为强烈的学习参与热情。这一方面要求教师具备较高的教学水平以及课堂组织能力,另一方面也迫切需要我们构建起有效的课程质量评价体系,激发学生主动参与学习的动力,更好地保证混合式教学的效果。

1) 构建有效的质量评价体系是混合式教学顺利实施的有力保证

在混合式教学模式中,学生首先需要根据教师布置的自主学习任务清单完成线上自主学习,并通过在线测试等方式检验自主学习成果;而后,学生要带着自主学习后的思考或疑问参与线下课堂互动与讨论,在小组任务、小组讨论、案例分析等活动中解决疑问,内化知识;最后,通过撰写学习反思以及完成课后作业及时巩固所学知识。相比于传统教学模式中单一的面对面授课的教学手段,混合式教学模式中学生的学习战线被显著拉长了,学习过程也被分成了条理分明的三大模块。但在这个过程中,个别学生可能会因为学习态度不够端正等原因而使得主动学习的动力不足或持续减弱,最终学习失败。任何文明社会的发展都离不开健全的法律制度的约束。同理,混合式教学的顺利开展也离不开有效的质量评价体系的保驾护航。质量评价体系犹如法律法规,约束着每个学生的行为,也为教师评判学生的学习成果提供了重要参考。通过构建公开透明、全员参与的质量评价体系,学生可以对标课程评价标准,清楚地了解自己在课程学习中的不足,知晓如果不全程认真参与课程的混合式教学会面临的后果,从而保持较强的学习动力与积极性。因此,从这个角度而言,构建有效的质量评价体系可以有效保证混合式教学的顺利实施。

2) 构建有效的质量评价体系是改善学生学习效果的必然选择

要提升学生的学习效果,选择适合本专业本课程的混合式教学模式是第一步,而构建有效的课程质量评价体系则毫无疑问是第二步,也是极其关键的一步。如果缺乏有效的质量评价体系,学生对各个阶段的学习应产生的效果与达成的目标就会有疑问。目标一旦不明确,行进过程中就极有可能出现偏离道路,甚至与目标背道而驰的情况。因此,通过构建有效的质量评价体系,将评价体系拆分成若干个层次的指标,学生就能很清晰地明白自己在某个指标项上要想取得高分而应该达到的学习效果,由此,学生就可以目标明确地朝着该方向努力,从而从制度上保证学习效果的稳步提升。

此外,构建有效的质量评价体系,即将形成性评价与终结性评价相结合,可以有效防止学生"轻过程重结果"的不良学习习惯的出现。过去的传统教学多采取终结性评价的方式,评判学生学习效果的唯一标准就是学生的期末考试成绩,这导致学生过度重视期末考试,甚至出现为了期末得高分而临时抱佛脚甚至考试作弊的现象。这样的学习方式导致学生实际留存的知识十分有限,更无法保证学习效果。而在混合式教学中,教学质量的评价被分为形成性评价与终结性评价两大块，一块考核学生的过程性学习表现，另一块考核学生的期末考试表现。近几年的教学改革中有些课程甚至将期末考试成绩调整为只占最终成绩的 30% 左右。在这样的指挥棒指引下，学生不得不重视课程的过程学习，端正学习态度，将学习的目的调整为有效地获取知识而不仅仅是最后期末考试得高分，从而确保最终的学习效果。因此，从这个角度来看，构建有效的质量评价体系可以有效改善学生的学业表现。

3）构建有效的质量评价体系是对教师辛勤工作的积极回应

混合式教学模式与传统教学模式不同，其教学被分成线上教学与线下教学两大块。线上教学须在混合式教学平台上完成，而无论采取直接引进现有成熟慕课的方式，还是选择教师自主原创的方式，教师都需要花费大量的时间与精力来构建混合式教学平台，设计各个教学模块，实现线上教学的教育功能。线下教学部分，为充分带动课堂气氛，吸引更多学生主动参与课堂讨论，教师需要花费比传统课堂更多的时间进行教研备课，设计不同的教学手段，达到帮助学生内化知识、将理论知识转化为实践应用的目的。由此可见，混合式教学尽管可以改善学生的学习效果，但实际上也大大增加了教师的教学工作量。

在这样的情况下，如果仍然采用传统的终结性考核方式，学生还是会习惯于采取考前临时抱佛脚的应对方式，而对平常的知识积累不够重视，那么教师付出的辛勤工作就得不到应有的回报，长此以往，教师的工作热情也将受到极大的打击。因此，构建有效的质量评价体系，增强对学生学习过程的考核，让学生充分利用好教师提供的资源，是对教师教学工作的极大回报和尊重。

4）构建有效的质量评价体系是培养学生综合能力的有力手段

传统的质量评价体系往往采取期末考试的方式检验学生的学习效果，而并不注重对学生实践能力的培养，从而导致大量学生只会"纸上谈兵"。

而混合式教学提倡构建有效的质量评价体系，通过形成性评价与终结性评价的有效融合，在注重学生知识积累的同时，强调对学生综合能力的培养。混合式教学的多元评价体系中,增加了对学生自主学习成效、课堂表现、小组发言等的评价,而评价的方式也由单一的教师评价转换为教师与学生共同参与评价,因此,学生的自主学习能力、团队协作能力、逻辑表达能力、批判性思维能力的评价均被纳入了评价体系。以团队协作能力为例,在评价考核标准中,教师与学生须共同对学生的小组讨论情况、小组协作情况、小组任务中个人的参与度等进行师生评价、生生评价与自我评价。在这个过程中,受到上进心以及同伴效应的影响,学生会有意识地敦促自己更好地融入团队并积极参与团队事务,在团队与团队、团队内部成员之间的竞争中实现共同成长。因此,构建有效的质量评价体系可以有效地促进学生综合能力的提高。

5) 构建有效的质量评价体系是检验混合式教学质量的有效路径

如果教学质量的评价仅仅局限在最后的期末考试成绩上,那学生在学习过程中的知识能力获得情况就无法得到全面的展现,因而该评价体系也就无法真实地反映混合式教学的质量与水平。只有构建有效的混合式教学质量评价体系,将混合式教学的全过程纳入质量考核范围,才能以更为全面客观的方式反映混合式教学的成果,增强师生进行混合式教学的信心。

显然,要了解混合式教学开展的真实水平,单单依靠传统的终结性考核方式是远远不够的。混合式教学培养的知识与能力更为多元化,多元化的知识与能力培养目标的达成情况显然无法单用一张试卷进行检测,而需要搭配相应的、更加多元化的考核体系。比如,在混合式教学中教师要求学生在课前观看微课视频完成自主学习,学生观看后效果如何,教师应该用在线测试或练习的方式及时检验,并在线下课堂通过案例分析或其他途径再次检验。而在线测试、案例分析、互动讨论等环节中学生的表现也都会被折算成最终成绩的一部分,这显然比单纯用一张试卷进行检验要科学得多,因为试卷题型再复杂,题目再多,也无法保证完成对所有知识内容的考查。由此可见,构建有效的质量评价体系对于检验混合式教学质量具有重要意义。

6) 构建有效的质量评价体系是进一步改进教学的重要依据

混合式教学中的多元形成性评价体系强调对教学全过程的有效监督

与评价。评价的目的并不仅仅是考核本身,而更多的是改进。这里的改进不仅包含学生行为的改进,也包含教师行为的改进。

学生行为方面,多元形成性评价体系对学生学习的各个环节进行评价,且大部分评价分数学生都能通过在线教学平台以及随堂教学软件随时查看,通过对比,学生可以及时发现自己的薄弱环节以及须进一步努力的方向,随后完善自己的学习行为。从这个意义上来说,有效的质量评价体系就像一把标尺,可以帮助学生随时衡量比较,改进自己的学习行为。例如,学生在学习过程中,发现自己自主学习后的在线测试分数偏低,而在线测试分数是最终成绩的重要组成部分,因此,学生要想最终在本门课程取得较为理想的成绩,就需要认真观看视频和阅读拓展学习资料,及时排除学习过程中的疑问,通过一系列努力提高自己的在线测试成绩。

教师行为方面,鉴于多元形成性评价体系会对学生的整个学习过程进行考核,一方面,教师应及时关注学生的学习数据,对落后学生进行督促指导,帮助他们赶上学习进度,提高学习成绩;另一方面,教师应对学生的整体学习情况有宏观的把握,针对学生在在线平台中提问较多的问题进行记录并在线下课堂进行集中解答和分析,帮助学生更深入地掌握知识。此外,教师还可以对学生的薄弱环节有意识地增强训练,帮助学生更好地掌握相应的知识点。由此可见,构建有效的质量评价体系对改进师生教学行为具有重要的参考意义。

6.2 构建有效质量评价体系的意义

2020 年 10 月 13 日,中共中央、国务院印发的《深化新时代教育评价改革总体方案》明确指出,应创新评价工具,利用人工智能、大数据等现代信息技术,探索开展学生各年级学习情况全过程纵向评价、德智体美劳全要素横向评价。因此,探索基于"互联网＋"的多元形成性评价体系在混合式教学中的应用具有重大的理论价值及实践意义。

理论价值方面,目前大部分混合式教改研究都是从教学方法的改革入手,从教学评价角度研究混合式教改整体提升方案的较少,而探索混合式课堂教学评价体系构建的则更少。笔者以成果导向教育(Outcome-based Education,OBE)理念为指导,探索基于"互联网＋"的多元形成性评价体系在混合式教学中的构建与实施,可以进一步充实混合式教学下对形成性评价体系构建的相关研究,丰富多元评价体系的理论成果。

实践意义方面,本研究有助于引导高校师生重视形成性评价在提高课堂教学效果中的作用,提高学生课堂积极性与参与度,增强学习效果。学生的课堂学习积极性与参与度提高了,学习效果增强了,又会反向刺激授课教师,促使授课教师增强实施混合式教学以及高质量课程评价体系的信心,使他们愿意投入更多的精力在教学工作中,从而进一步改善学生学习效果,由此形成良性循环体系。

6.3　相关概念的厘清与研究现状综述

6.3.1　OBE 理念的提出与内涵

OBE(Outcome-based Education)即成果导向教育。该教育理念由美国教育家斯派蒂(William G. Spady)于 1981 年率先提出。斯派蒂(1994)在《基于产出的教育模式：争议与答案》一书中将 OBE 定义为"清晰地聚焦和组织教育系统,使之围绕确保学生在未来生活中获得实质性成功的经验"。该教育理念自提出后,受到了国内外学者的极大关注。

英国教育家伯克(John Burke)将 OBE 教育理念运用于课堂教学实践中,指出 OBE 教育理念可以帮助学习者培养自主学习能力,提高学业水平(伯克,1995)。戴维斯(Margery H. Davis)进一步拓展了 OBE 理念的内涵,并提出了将 OBE 教育理念运用于教学评价中的设想(戴维斯,2003)。

与以往以内容为导向的教育模式有所不同,OBE 理念实质上是一种反向的教学设计模式,教师首先应明确教学目标,再根据教学目标反向思考教学方法及实现途径,最终达到帮助学生提升能力、增强学习效果的目标。OBE 理念在实践中追求"以生为本",一切教学活动设计坚持以学生为中心,重点关注学生的收获,突出能力本位教育。在教学模式设计上强调"清楚聚焦、扩大机会、提高期望、反向设计"四大原则,所有教学设计、教学过程及教学活动全部围绕"学什么""怎么学"展开,在注重学生知识获取、能力培养的同时,关注其综合素质的提高。

6.3.2 形成性评价与终结性评价的区分

混合式教学一般采取在线数据监测与线下考核并重、定性考核与定量考核相结合的方式对学生学习效果进行评价。在考核过程中,与传统单一考核方式相比,混合式教学的考核方式更加强调对学生整个学习过程的实时考核与评价,侧重对学生团队协作能力、自主学习能力、反思质疑能力、思辨表达能力、创新思维能力以及深度学习能力的考查,最后结合学生的期末考试数据,得到学生的最终成绩。

在这个评价过程中,实际上有两种常见的评价方式:形成性评价方式与终结性评价方式。根据学习质量评价的内容以及时间阶段的不同,学习评价可以分为形成性学习评价和终结性学习评价两种。形成性学习评价强调关注学生学习的全过程,整个评价过程贯穿学生线上自主学习阶段与线下面对面学习阶段。

在线上自主学习阶段,教师可以有效地利用互联网技术对混合式教学平台上的学生学习数据进行全程跟踪与记录,实时掌握学生的学习情况,并据此有针对性地对相关学生进行干预指导。教师在混合式教学平台上上传与授课内容相关的微课视频以及相关学习资料后,学生应根据教师提供的自主学习任务清单逐项完成本课程的自主学习任务。在学生自主学习过程中,系统会自动记录学生的微课学习时长、其他拓展学习资料学习情况、在线测试与练习完成情况以及在线交流互动的情况,教师可以随时在后台进行监测,并对自主学习有问题的学生提供有针对性的指导。

在线下面对面学习阶段,教师可以利用随堂教学软件发起面对面互动,其教学形式包括但不限于头脑风暴、案例分析、随机点名、小组协作、课堂测试等。通过各种丰富多彩的教学手段,学生的课堂参与情况被完整记录在随堂教学软件中,该软件以量化的形式实时反映出学生每项的得分。

通过线上线下的全过程记录,形成性评价可以客观公正且全面地反映学生的学习风格、学习态度、学习习惯、学习上存在的问题以及整体的知识掌握情况,为教师下一步进行有针对性的教学干预以及学生的自我学习行为调整提供客观依据。同时,通过平台上学生学习数据的全过程反馈,教师也可以清晰地发现自身在教学内容设计以及教学手段应用上的不足之处,为后期的课程内容设计以及方法改进明确方向,进而提高自己的教学水平和教学质量。由此可见,形成性评价是一种动态的评价体系,其评价目的不仅仅是考查,更多的是改进。

终结性评价则是指对课堂教学的结果进行恰当的评价,即在教学活动结束后为判断其效果而进行的评价。一个单元、一个模块,或一个学期的教学结束后对最终结果所进行的评价,都可以说是终结性评价。它是对一个学段、一个学科教学的教育质量的评价,目的是对学生阶段性学习的质量作出结论性评价,给学生下结论或者分等级(智虹霓,2017)。

终结性评价一般在学期末按照期末考试成绩以分数的形式进行反馈,因此它具有回顾式的特点。终结性评价可以大致反映学生对所学知识的掌握程度,相对于形成性评价,终结性评价是一种静态评价体系,它无法全面反映学生的学习全过程,但它具有操作简便的特点。

通过对形成性评价与终结性评价各自特点的分析,我们可以发现两种评价方式具有较大的区别。两者的主要区别见表 6-1。

表 6-1　形成性评价与终结性评价的区别

对比项	形成性评价体系	终结性评价体系
评价目的	1) 根据学生学习全过程的表现,形成对学生的学习评价。 2) 评价的目的是改进,而不仅仅是考核鉴定。	1) 根据期末考试成绩,形成对学生的学习评价。 2) 评价的目的是考核鉴定。

（续表）

对比项	形成性评价体系	终结性评价体系
评价方式	1) 定性评价与定量评价相结合。 2) 评价手段更为多样化。 3) 考试被认为是一种学习活动。	1) 定量评价为主。 2) 评价手段较为单一。 3) 考试不是学习活动。
评价标准	1) 评价标准更为多元化。 2) 教师不仅关注学生学习效果，更关注学生综合能力的提高。	1) 评价标准较简单。 2) 教师重点关注学生的学业成绩。
课堂管理	1) 采取混合式教学模式。 2) 学生拥有很多展现学习能力的机会。 3) 以学生为中心。	1) 采取面对面授课模式。 2) 学生展现学习能力的机会较少。 3) 以教师为中心。

通过表 6-1，我们可以清晰地发现形成性评价与终结性评价的明显区别。传统教学往往采取终结性评价的方式，而忽视了形成性评价的重要性。在混合式教学模式中，构建形成性评价与终结性评价相结合的多元评价体系意义重大，它能有效促进对学生学习能力、思辨能力及实践能力的培养。在实际操作中根据各专业以及课程特点差异，形成性评价与终结性评价占比各有不同，应根据学生情况以及本课程培养目标综合判断决定。

6.3.3 形成性评价研究现状

在本小节中，笔者通过对形成性评价的国内外研究现状的评述，发现目前研究的薄弱环节，从而为下一阶段构建适用于混合式教学的多元化形成性评价体系提供背景支撑。

6.3.3.1 国外研究现状评述

1967 年，著名学者迈克尔·斯克里文（Michael Scriven）提出了"形成性评价"的概念。美国教育家贝克豪斯与布洛姆随后将"形成性评价"引入教育领域（Beckhaus & Blom，2007）。

布莱克和威廉总结了形成性评价的主要特征，包括下达丰富多样并具有挑战性的任务、课堂中开展高质量的提问和讨论,以及采用自我评估和同行评估相结合的评价方式,除此之外,师生之间的高质量互动也至关重要(Black & William,1998)。

美国教育专家斯塔弗尔比姆(Stufflebeam)则认为评价最重要的目的不是证明,而是改进,其观点为形成性评价的后续发展奠定了理论基础(徐勇、龚孝华,2001)。

学者卡罗尔·波士顿指出形成性评价能够提高学生学习效果,他认为形成性评价中的反馈信息能够帮助学生更好地改进自身行为,提高学习效率(Boston,2002)。

综上所述,国外学者认为形成性评价对提高课堂教学效果意义重大,但是如何落实到细节,即如何在混合式教学中构建有效的形成性评价体系,则鲜有人提及。

6.3.3.2　国内研究现状评述

在中国期刊全文数据库中,以"形成性评价"合并"混合式教学"作为主题词进行检索,筛查、剔除重复文献和不相关文献,截至 2022 年 12 月底,笔者共查找到 326 篇有效期刊论文。梳理文献发表日期后发现,以该主题发表的期刊论文数量逐年递增,2016 年后更是呈现井喷式增长。

整理上述论文后发现,国内的混合式课堂形成性评价研究总体可分为两大类:

1) 理论研究类。一部分学者围绕形成性评价的研究领域、研究主体、研究方法、研究内容以及其主要特点与发展趋势进行了相关理论综述;另外一部分学者则从理论层面构建了应用于混合式课堂的形成性评价体系框架,并强调了课堂评价质量对提高课堂教学质量的重要性。

2) 实证研究类。学者们主要围绕混合式课堂中的评价方式、评价内容、评价主体的评价质量等展开相关研究,结合相关数据印证形成性评价对提高课堂教学质量的积极作用。例如,王学锋(2016)探索了形成性评价对大学生英语写作水平的动态影响;蒋宇红、周红(2010)开展了大学英语课堂中形成性评价体系对学生自主学习能力促进作用的实证研究;范劲松、季配英(2017)采用多层面 Rasch 模型探讨了大学英语翻译教学中的师评、自评、互评的评分严厉度与评分标准的交互性问题。

6.3.3.3　国内外研究现状述评

综上所述,当前对形成性评价体系的研究已引起学者们的广泛重视,但仍存在较大不足。大多数研究仍停留在理论综述或理论探讨层面,缺乏实验数据支撑,因此无法对理论框架的具体实施提供建设性建议。少部分研究虽然有实证数据支撑,但由于数据收集等原因,研究缺乏广度与深度。譬如,一些研究局限于单一的形成性评价工具,缺乏整体观与系统观,未考虑如何结合眼下教学实际将形成性评价与"互联网＋"教学的实际情况相结合,进而开发多元形成性评价体系;另外,目前对于信息技术在学习评价中的应用研究主要集中在写作评价领域,但随着"互联网＋"教学的不断推进以及移动教学平台的不断完善,如何将移动学习成果纳入评价环节,将成为高校教育工作者亟须研究解决的重要课题。

6.4　目前课程质量评价存在的主要问题

本节中笔者将探讨目前高等教育课程评价体系中存在的问题,方便后续对症下药,提出对应的改进策略。

6.4.1　部分教师对课程评价的重要性认识不足

很多任课教师仅仅将课程评价看作学期末不得不完成的任务,他们进行课程评价纯粹是为了完成学校布置的任务以及给学生一个分数,并没有真正认识到课程评价对于帮助学生改善学习习惯、提高自主学习能力、增强学习效果的重要作用。在这样的错误观念影响下,教师自然不愿积极主动地对课程的评价模式进行科学合理的设计,更难以通过课程评价环节对学生作出公平、客观、全面的评价。

6.4.2　部分课程评价标准过于单一

目前高校课程评价基本上以终结性评价为主,以学生的期末考试成绩作为衡量学生学习效果的主要手段,这种"一考定音"的评价方式忽略了学生在课程学习过程中的综合表现,显然不利于培养学生的自主学习能力、思辨能力及创新意识。一方面,较低的考分会影响学生的自我评价,不利于学生自信心的培养;另一方面,单一的评价标准会给学生以错误的导向,让学生误以为学习的目的就是在考试中取得高分,从而阻碍了学生综合素质的发展与批判性思维的养成,甚至导致学生为了拿到高分舍本逐末。

6.4.3　部分课程评价方式缺乏灵活性

近年来,高校虽然一直倡导以课程过程化考核为抓手来推进学业考核评价改革,进而实现教学质量提升,但在实际操作中,由于高校教师一般授课班级较多,仅凭印象无法对每个学生作出全面的课堂表现评价,因此平时成绩的构成基本以出勤分数为主。这种评价方式实际上与终结性评价大同小异,存在较大的不合理性,无法客观呈现学生在课程学习过程中的学习态度、学习成果以及进步幅度,更无法动态地反映学生在学习过程中学习动机、学习方法、学习积极性、学习能力以及知识掌握程度上的变化,教师也就无从根据学生的变化适时作出教学目标、教学内容、互动模式以及授课方式上的调整,无法真正实现高水平、高素质的教学。

6.4.4　部分课程评价主体缺乏综合性

高校现行的课程评价基本上由任课教师完成,但任课教师的个人评价难免带有主观性及局限性,也容易受到自身好恶的影响。教师只能从有限的试卷、课后作业或者课程报告中对学生的学习情况作出评价,无法全面了解学生的学习过程以及学习态度,这最终很可能导致评价结果缺乏合理性。多元形成性评价要求教师、学生全部参与到课程评价之中,评价结果不仅应包括教师评价,还应包括学生自评以及同伴互评。只有这样,才能尽可能地避免单一评价主体导致的评价结果不合理问题,进而最大限度地保证评价结果的公正与公平。

6.5　混合式教学质量评价体系构建应遵循的主要原则

外语专业混合式教学的学习评价须遵循客观、全面、公正、多样、规范、以学生为中心的标准。学习评价的客观性是指对学生的学习评价行为要以真实为前提，以客观数据为准绳，确保评价分数来源的可靠性及评分标准的可测量性；学习评价的全面性是指学习评价过程中评价内容要全面，评价过程中应尽可能将影响学习效果的所有因素全部考虑在内，从学习过程到学习结果，从学习形式到学习内容，保证不片面强调某一方面而忽略其他方面；学习评价的公正性是指评价主体在对评价对象进行学习评价时，应秉承不偏不倚的态度，实事求是地对评价对象的学习表现进行评价，防止出现有失偏颇的评价现象；学习评价的多样性是指评价主体应尽量多样化，传统的评价模式中评价主体往往仅限于授课教师本身，而混合式教学模式中评价主体不仅包括教师，还包括同伴以及学生本人，这实现了教师评学、同伴互评以及学生自评之间的结合；学习评价的规范性是指在开展学习评价之前，应根据课程特色及学生情况设定一套可操作性高的规范评价指标体系，保证评价主体在进行具体评价活动时有明确的评价依据，从而保证学习评价行为的规范性；学习评价过程中的"以学生为中心"可从两个方面进行考虑。第一，学习评价的评价对象是学生，评价的目的除对学生的学业表现进行总结和反馈外，最重要的是帮助学生发现问题，促进学生的学业进步，也就是说评价的出发点是促进学生成长；第二，学习评价过程中学生是其中的主要参与者，学生有权参与评价标准的制定以及评价过程的监督，并对评价结果提出自己的看法，也就是说，学生是学习评价的主要评价主体。

为达到上述评价标准，在构建外语专业混合式教学的质量评价体系过程中，应遵循以下几个主要原则：线上线下相结合原则、过程与结果并重原则、教师与学生双评价主体原则以及评价过程透明化原则。下面笔者将对这四个原则进行详细说明。

6.5.1　线上线下相结合原则

混合式教学模式实质上是线下面对面教学与线上自主学习两种教学形式相融合的一种新型教学模式,经实践证明,两种教学模式相辅相成,缺一不可。线上自主学习具有灵活多样的特点,学生可根据自身情况灵活安排学习时间、学习地点以及学习方式;线下教学过程中教师可以根据学生的自主学习情况有针对性地安排答疑、讨论、案例分析、小组任务,帮助学生更好地内化与巩固知识。两者各有优势,授课教师不可因为线上学习的灵活性以及便捷性而花费过多精力进行线上教学,甚至忽视线下教学的重要性。同理,线下教学虽然具有不可替代的作用,但也需要线上自主学习做好前期铺垫,没有线上自主学习,线下互动便是一句空谈。

基于上述认识,在评价混合式教学模式下的学生学习效果时应做到两者兼顾,实现线上线下相结合的原则。

首先,线上评价具有灵活高效的优势。学生的微课视频学习时长、学习次数、参与讨论次数、测试成绩、作业情况等均可以由混合式教学平台实时记录,特别是在线的客观题测试,学生在完成测试后,平台可以实时给出测试成绩以及题目解析,帮助学生发现问题、解决问题,从而提升学习效果。另外,教师可以通过混合式教学平台迅速掌握所有学生的学习状况、作业情况、主要的疑惑点等,方便在后续的线下面对面授课过程中及时调整授课重点,对学生普遍存在疑惑的地方进行有针对性的讲解以及训练,促进学生的知识获取与内化。

其次,随着技术的发展,线下考核也逐渐摆脱了原先教师手动打分的方式,而更多采取云打分的方式。教师可利用各种随堂教学软件,如云班课,实时记录学生课堂上的问题回答情况、讨论情况、头脑风暴参与情况、随堂测试情况、小组汇报情况等。学生的课堂表现分数会以经验值的形式记录在软件中,期末填写课堂表现分时教师只需要按照事先设定的比例将经验值换算成分数即可。学生的课堂表现情况被直观量化,一方面他们可以互相看到彼此的课堂表现成绩,形成同伴之间的比较与竞争,这有利于班级内部形成你追我赶的学习态势;另一方面,教师可以很方便地注意到学生之间的经验值差距以及构成总经验值的各部分分项分值,及时发现学生学习态度以及学习行为上的变化,并与有问题的学生及时沟通。学生感受到教师的关心,并从教师那里得到学习方法的指导,可以快速找回自信,端正学习态度,提高学习成绩。

由此可见,在混合式教学模式下的学习评价中,线上自主学习评价与线下课堂评价缺一不可,同等重要。因此,在学习评价过程中应始终坚持线上线下相结合的原则。

6.5.2　过程与结果并重原则

学习效果是教学质量的直观体现,因此在教学质量评价过程中往往有人认为"学生最终成绩即代表学生学习质量"。这样的观点显然有以偏概全的嫌疑。通过前面几章的分析我们可以很清晰地发现,影响学生学习质量的因素体现在学习过程的各个环节,种下什么样的因就得到什么样的果,什么样的学习过程就决定了会收获什么样的学习结果。特别是混合式教学模式中,"混合"的理念更多地体现在教学过程中。因此,要评价混合式教学模式下的学生学习成果,仅仅关注学生最终的学业成绩显然是不够的,而应该将眼光放在整个学习过程中,强调学生的学习行为、学习态度以及取得的过程性结果,及时对学生学习过程中反映出的学习状况作出评判,并有针对性地给予学生相应的指导。

首先,学习评价过程不应忽视过程评价的重要性。互联网时代的学习评价充分利用了网络带来的便捷性。混合式教学平台以及各种随堂教学软件可以实时记录学生的各项活动参与情况,反映学生的线上线下学习轨迹,对学生的学习活动参与情况作出定量或定性评价,并根据相应的评价指标分值设定计算出平时成绩。混合式教学采取过程性考核的方式,可以促使学生正视知识获取过程的重要性,把学生的关注点从单纯的成绩转移到对知识的掌握上,避免因为部分学生的投机心理造成对学习过程的忽视。在混合式教学的质量评价中,过程性评价一般会占50%～70%,并且考核的各个子指标清楚、明确,这就促使学生不得不重视学习过程的积累,从而变相帮助学生养成良好的学习习惯,培养他们的自主学习能力以及问题解决能力,实现学生的长久可持续发展。另外,通过过程性评价中的相关数据,教师与学生可以实时对学习过程进行动态调整,促进学生的学业进步以及教师教学水平的提高。

其次,学习评价过程也应充分体现终结性评价的作用。虽然过程性评价已经在很大程度上反映了学生在这门课上的学习表现以及学习效果,但终结性评价同样不可或缺。一方面,终结性的期末考核评价可以对学生一段时间来的整体学业情况作出较为全面客观的量化,促使学生更认真地对待课后的知识内化与巩固。另一方面,终结性的期末考核也代表着一种学习过程终止的仪式感,可帮助学生更重视自己的课程学习。

6.5.3　教师与学生双评价主体原则

为更好地实现客观公正的评价目标,混合式教学的质量评价应采取教师与学生双评价主体的原则。混合式教学的顺利开展离不开教师与学生两个教学活动主要参与主体的积极参与,同理,混合式教学的质量评价也同样离不开教师与学生这两个主要参与主体。

首先,混合式教学的质量评价仍然应以教师的评价为主,这可以最大限度地保证评价过程的客观公正性。混合式教学中的总评分数由平时分数与期末分数构成。教师根据学生的答题情况,按照评卷标准进行流水改卷,得出学生的终结性期末考核分数。而平时分数的构成则相对比较复杂,一般由课堂表现分、在线学习分、随堂测试分、作业练习分等部分构成。课堂表现分中的互动讨论分与小组呈现分一般由教师与学生共同打分,回答问题分、头脑风暴分以及其他课堂表现相关分数一般由教师进行打分;在线学习分由系统按照教师事先设定的标准自动给出,随堂测试分与作业练习分也主要由教师给出或由系统按照教师预设标准自动给出。

其次,混合式教学的质量评价应适当发挥学生的主观能动性,吸引学生参与到混合式教学评价过程中。这样做的好处是显而易见的。第一,吸引学生参与到质量评价中,可以促使教师更多地考虑学生的多元化意见,使得评价标准更为系统化、全面化,从而保证课程评价的有效性和客观性;第二,吸引学生参与到质量评价中,可以使学生从全新的视角更加客观地发现自己学习过程中暴露出来的问题,从而为下一步的改进提供更多的空间;第三,吸引学生参与到质量评价中,可以在一定程度上校正教师在学生学业评价过程中出现的偏差,防止出现因为教师个人因素影响评价客观公正性的情况。教师的个人因素确实有可能影响到评价结果的公平性,从这个意义上来说,学生在参与质量评价的过程中,不仅仅扮演了评价发出者的角色,也同步起到了评价监督者的作用。

6.5.4　评价过程透明化原则

评价结果是学生课程学习情况的综合反映,是学生一段时间以来学习成果的直接体现,也是对学生努力的一种回报。因此,为防止发生由于评价结果有失公允而对学生学习积极性造成负面影响的情况,评价过程应确保透明化。

首先,由于互联网技术的应用,目前混合式教学的过程性质量评价基本上依靠混合式教学平台以及随堂教学软件实现。这在技术上首先保证了评价过程透明化的可实现性。基本上所有的评价数据都呈现在平台上,教师和学生可以随时了解目前的考核分数,并且学生有权就某一部分分数提出质疑,这也进一步保证了考核过程的透明化。

其次,混合式教学的质量评价要求教师在学期初的课程导入环节就向学生明确课程评价模式以及具体的评价指标,帮助学生清楚地了解要达到理想的学业成绩自己应该努力的方向,确保学生有的放矢,增强学生的学习动力。

最后,混合式教学的质量评价可充分发挥学生的主观能动性。在传统教学模式中,学生只是单纯的被评价者,且大部分学生对自己最终分数的构成并不了解,因而,对于如何取得更高的分数也缺乏特别清晰的规划。而在混合式教学模式中,由于教师一开始就向学生明确了评价标准与依据,学生可以充分对照标准明确努力方向,保持学习热情。另外,学生自身也是参与学习评价的一分子,这无形中也增强了其参与学习的主人翁意识和责任感,同时对于提升学生的学业表现,培养他们的使命感与责任感具有较为明显的作用。

6.6　外语专业混合式教学质量评价体系的构建流程

在混合式教学模式下,学习评价标准的构建应关注评价主体在评价过程中的作用,将促进、引导、激励作为质量评价的基本目标,厘清外语专业混合式教学模式下质量评价的内容、指标以及方法。

6.6.1　厘清核心评价内容

混合式教学注重培养学生的自主学习能力以及思辨表达能力,在教学过程中突出学生的主体地位,致力于培养学生的可持续全面发展能力。而结合混合式教学模式构建的质量评价体系,应以配合混合式教学目标的实现为前提,有效细化与量化质量评价内容,使学生的学习评价核心内容与该课程的培养目标相契合。

首先,高等教育的首要目标是教书育人。学生通过某门课程的学习,直接得到的收获应是知识的获取与内化。因此,在构建混合式教学质量评价体系的过程中,毫无疑问应将知识的掌握度放在首位,这也是质量评价最为核心的内容。混合式教学模式下知识掌握度的考核可以以多种形式进行,从传统的测试、练习,到强调实践应用的互动讨论、案例分析等,都可以有效考查学生的知识掌握程度。

其次,高等教育的育人目标同样不容忽视。因此,在评价体系的构建中,应充分融入对课程育人目标的考察。事实上这与当下高等教育中提倡的课程思政融入有异曲同工之妙。育人目标的考察相对于知识目标的考察往往更难以量化,专业课程的育人目标考察一般也不宜通过测试的形式进行,而应以隐性的方式巧妙地融入对日常教学环节的考察中。譬如在外语专业的课程教学中,授课教师可以通过丰富多彩的课程设计与活动,例如小组讨论、小组任务、案例分析、在线自主学习等,培养学生的爱国情怀、跨文化交际意识、自主学习能力、团队合作能力、认真负责的职业精神以及反思质疑的创新思维。

最后,高等教育也高度重视对学生实践能力的培养。在构建评价体系的过程中,也应将学生理论结合实际的能力纳入主要的质量评价内容。高等教育人才培养的主要目标是为社会主义现代化建设服务。因此,高等教育培养出来的人才应具有较强的实践能力。而这一点对于外语专业的人才来说显得尤为重要。外语专业是高度强调实践性的专业,学生须利用所学的语言知识灵活地进行跨文化交流,因此,如若在教学环节不强调对学生实践能力的培养,那么学生最后就有可能只会背单词而不懂沟通。实践能力的培养在评价体系中,体现为在教学过程中对学生的案例分析、小组任务、交流互动等参与情况的考查。通过自主学习与教师答疑,学生基本上完成了知识的自主获取,而后教师应有针对性地引导学生开展实践活动,帮助学生将理论知识融入实际应用,在实践中检验并进一步巩固理论。

6.6.2 构建多级评价指标体系

厘清了核心的质量评价内容后,教师应针对评价主体内容构建相对应的质量评价指标框架。在构建评价指标框架的过程中,教师应充分尊重学生的意见,以访谈、讨论、调查问卷等形式充分听取学生的意见,一步步完善指标框架。指标框架的构建应是分层级的,根据评价对象的特点、课程特点等构建适合本课程的评价体系,使评价过程清晰明确、有章可依、有据可循。

由于混合式教学的特点及混合式教学平台建设的实际情况,在构建混合式教学评价指标体系的过程中,不仅应考虑选择可测量指标,还应考虑指标与指标之间的关联度,尽量要求所选取的评价指标可测量度高、指向明确且不重复,确保最终构建的评价指标体系能够全面、准确地反映混合式教学的评价目标。在具体实践操作中,可应用以下几种方法:

1)文献研究法。文献研究法要求我们在正式开始进行质量评价体系构建前,应充分、多角度地阅读国内外关于质量评价体系指标构建的相关文献,从前人经验中梳理整合出评价指标体系的主要构成项。

2）调查研究法。通过问卷调查、深度访谈等形式,了解目前的课程质量评价体系存在的不足,明确影响混合式教学质量的主要因素。

3）目标分解法。目标分解法指的是在构建混合式教学模式下的质量评价体系的过程中,我们应从混合式教学的总目标出发,逐层分解任务、细化任务,最终得到各层级评价指标的方法。具体来说,我们应将混合式教学总目标定为评价考核的一级指标,然后根据目标实现途径,将一级指标分解为若干个二级指标,再由二级指标逐个分解,以此类推,最终得到末级指标。

4）德尔菲法。德尔菲法又名专家调查法。此方法将前三步得到的评价指标交由数位专家匿名评审,再根据修改意见进行整理归纳,而后再次提交专家征询意见,多轮往复,直至得到一致性意见。此方法主要用于优化评价指标。

5）层级分析法。层级分析法通过对主观想法定量化赋分,具化评价对象的价值。在混合式教学质量评价体系的构建过程中,此方法可用于确定各评价指标的权重,从而形成完整的评价体系。

6）实证研究法。在完成评价体系初构后,应采用实证研究手段,选择合适的课程进行实证研究,检验该评价体系的科学性与可行性。

笔者认为,在构建混合式教学的质量评价体系过程中,评价指标的遴选以及指标权重的确立是其中最为关键的一步。通过灵活使用德尔菲法对初步遴选的评价指标进行优选,以及层级分析法对指标权重进行确立,可以进一步确保评价指标体系的科学性与合理性,从而在基础上保证质量评价正向目标的实现。

6.6.3　选取科学评价方法

在一般情况下,外语专业混合式教学模式下的质量评价指标体系主要包含学习态度、学习能力、实践能力、学习成绩等几个一级指标,学习态度主要考查学生登录混合式教学平台的次数、观看微课视频的时长、提交作业的时间以及在在线答疑讨论模块中的互动频率。学习能力主要考查学生的微课自主学习情况、主动提问情况、同伴互评情况以及参与课堂讨论的情况。实践能力指标主要包含拓展阅读材料阅读能力、问题解决能力以及项目任务创新能力三个二级指标。学习成绩则主要包含在线章节测试、作业成绩以及期末考试成绩三个指标。

如前所述,混合式教学模式下的质量评价参与主体主要由教师与学生构成。不同的质量评价主体,由于其身份不同,其评价角度也会有所差异。在教师层面,他们作为整个课程的宏观构建者,对课程的教学目标、要求、主要学习内容、重点难点等都具备深入的全局把握力,因此,教师在对学生进行质量评价的过程中,可以利用混合式教学平台、随堂教学软件等工具,对评价体系中的各层级指标进行综合对照打分。而在学生层面,学生往往愿意站在学习活动参与者的角度来参与评价过程,他们的评价标准往往会更加细致、更加注重自身的感受与观察,因此能够为同伴提供更细致的改进建议,也能为教师提供改进课程教学的全新视角。

6.7 新文科背景下外语专业混合式教学的质量评价方案

要最大限度地发挥外语专业混合式教学的优势,基于"互联网＋"的多元形成性评价体系是不可或缺的。根据 OBE 教育理念的要求,教师需根据目标学习成果反向设计基于"互联网＋"的多元形成性评价体系,并将评价过程与混合式教学的教学流程紧密结合。在此,笔者列举了一种混合式教学模式下基于 OBE 理念的学习评价方案(详见图 6-1)。当然,不同课程的考核重点有所不同,因此本评价方案仅供参考,具体评价方法还需要授课教师根据课程特点进行专门设计。

OBE 理念指导下的混合式教学学生学业评价体系构建须首先明确学生的目标学习成果,即学生完成本课程学习应达到的知识目标、能力目标以及情感目标。

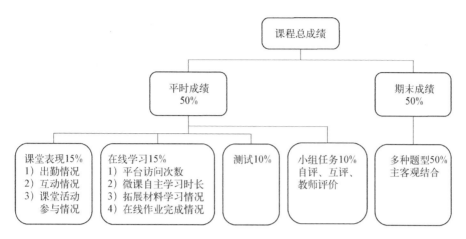

图 6 - 1　混合式教学模式下基于 OBE 理念的学习评价方案

根据布鲁姆对教育目标的分类,外语专业课程侧重于三个层次的教学目标。在知识层面,要求学生掌握本专业课程所涉及的基本概念和理论、该课程的主要研究领域及目前的最新研究成果。在能力层面,要求学生将理论与实践相结合,能够运用所学课程相关理论解释常见的现实问题,掌握运用所学理论解决实际问题的能力,并学会将本课程相关学习方法融入其他专业课程学习中。在情感层面,通过以学生为中心的学习,学生可以逐步形成逻辑思维能力、批判思维能力、分析问题和解决问题的能力,树立良好的职业道德并养成良好的习惯。

随后,从学生的目标学习成果出发,设计相应的教学手段,采用多元形成性评价体系对学生的学习成绩进行评价。在学生的课程总成绩中,一般而言,平时成绩占 50%,期末考试成绩占 50%,这体现了混合式教学中形成性评价与终结性评价并重的原则。平时成绩部分根据各门课程的考核特点与课程性质会稍有不同,在此仅以图 6 - 1 描述的一般情况为例展开阐述。根据图 6 - 1,课堂表现占 15%,包括学生出勤情况、课堂互动情况、课堂活动参与情况等。在线学习占 15%,包括学生的平台访问次数、微课自主学习时长、拓展材料学习情况、在线作业完成情况等。测试占 10%,学生需要在完成微课学习后完成各类在线测试,以便及时了解自己的知识掌握情况。小组任务占 10%,主要考查学生的团队合作情况以及创新意识。这部分分数由教师(教师评价)、学生本人(自评)以及同伴(互评)共同打分,再根据三者所打分数进行加权得出最终的小组任务得分。最后一项是期末考试成绩,占总分的50%。期末考试试卷由不同类型的题型组成,旨在全面评估学生的知识掌握情况。

在具体的评价方案中,应注重评价标准、评价方式以及评价主体三个方面的整体设计。

在评价标准上,其设置应实现对学生多维度的立体化评价。评价应从不同的维度出发:纵向上,多元形成性评价应贯穿学生学习的整个过程,对学生的考核不应该仅仅在期末考试时展开,而应该落实到每次课,细化到课前、课中及课后三阶段,实现时时考核、事事量化;横向上,评价应结合课程学习目标从多个方面对学生进行评价;深度上,课程评价不仅应反映学生的知识掌握情况,还应从认识、情感、意志、个性等认知发展过程角度考查学生学习情况。

在评价方式上,OBE理念下的基于"互联网 +"的多元形成性评价体系的目的不再仅仅局限于评价学生课业水平,更主要的目的是通过课程评价帮助学生发现自身学业水平与学习目标之间的差距,帮助他们缩小差距,不断接近目标,最终实现学业目标。因此,应尽可能在评价方式上全面反映学生的学习过程,对学生的学习态度、学习方法、学习成果作出全面合理的评价。

在评价主体上,在OBE理念指导下的多元形成性评价方案中,学生和教师应共同作为评价主体参与课程评价。这意味着学生不仅是评价客体,还应充当评价主体,对自己与其他同学的学习情况作出客观评价。这样不仅可以使课程评价更加客观全面,在评价过程中,也可以锻炼学生的观察能力、总结能力以及逻辑判断能力。最后,教师应就评价结果对全班学生作出反馈,帮助学生们发现不足,进一步完善提升自己的学业表现。

有效的混合式教学质量评价方案不仅可以对学生的学习表现作出客观全面的评价,还能充当指挥棒,帮助学生明确努力方向,增强学生学习动力。就这一点而言,混合式教学的成功实施离不开科学的质量评价体系的助力。

第 7 章　新文科背景下外语专业混合式教学的应用实施

7.1　外语专业课程实施混合式教学模式的前置要求

在前面两章，笔者主要从理论视角分析了外语专业混合式教学模式及其质量评价体系的构建，接下来笔者将从实际案例出发探讨新文科背景下的外语专业混合式教学的具体实施。在展开具体的案例分析之前，首先应明确外语专业课程要实施混合式教学模式应满足的前置要求。具体而言，共有三点。

7.1.1　实现外语教育管理的信息化

在互联网时代，教育管理的信息化已成为时代主题，因此，在线上线下混合式教学中，实现教育管理的信息化是保证外语专业混合式教学模式顺利实施的第一要务。教育信息化不仅要求教师及教学管理人员提升信息化水平，还应实现教学管理的信息化。

7.1.1.1 提升外语教师及教学管理人员的信息化水平

由于外语教师接受的多是传统的文科教育,因此,相较于理工科教师,其信息技术应用能力相对薄弱。特别是需要自制微课课程的外语教师,面对专业的视频采集与编辑要求,往往不知如何下手。因此,要提升外语教师及教学管理人员的信息化水平,就需要帮助他们深入了解信息化教学所需的专业知识,还需要帮助他们掌握网络教学平台的使用技巧。一方面,学校应通过政策倾斜、校企合作、设备采购或其他激励措施为教师的微课制作提供便捷的渠道支持;另一方面,学校应定期开展相关培训,并积极推动虚拟教研室及样板课程群的建设,尽可能以团队的形式带动其他教师共同成长。学校可以通过政策倾斜、设施配备、团队建设、榜样带教、定期培训等方式多管齐下,给外语教师及教学管理人员提供必要的支持,进而提升教师们的信息化水平,为教师下一阶段利用信息技术探索教学改革路径奠定扎实的基础。

7.1.1.2 实现教学管理信息化

教育信息化是高校实现教学管理信息化的必然要求,也是实现我国高等教育现代化的首要前提。要实现教育信息化,仅仅提升教学参与者的信息化水平是远远不够的,还应实现整个教学管理流程的信息化。为了更好地利用互联网技术进行教学领域的改革创新,高校应积极推动教学管理的信息化。在具体实施上,可从教学管理的信息化建设及教育教学的信息化普及两个层面入手。在教学管理层面,通过引入信息化管理系统,可以有效实现学校、学院和部门之间的高效衔接与沟通,提升办公智能化水平,提高办事效率。在教育教学层面,学校应通过校企合作等方式搭建或引入教学平台,通过教学平台的使用,教师可以开展混合式教学,推动教学的改革与创新,学生可以通过网络教学平台进行在线自主学习,提高学习效率,增强自主学习能力。

7.1.2 实现教学资源的开发共享

7.1.2.1 开发优质的线上教学资源

线上自主学习顺利开展的首要前提是教学平台拥有优质的线上教

学资源。它是混合式教学改革的出发点与落脚点，也是混合式教学改革成功的最关键因素之一。因此，在开展外语专业混合式教学改革之前，授课教师应首先进行线上教学资源的设计与开发。如前面章节所述，线上教学资源的获取主要有两种形式，一种是引进他人成熟的慕课资源，另一种则是自建线上课程资源。不管采用何种形式，教师都应首先根据自己学生的实际情况及课程特点确定能满足自身教学需求的教学目标及教学内容，再根据定好的教学目标及教学内容引进或自制符合条件的教学资源。

线上课程必须经过认真的设计，保证所有提供的教学资源（包括但不限于微课视频、图片、教案、拓展阅读材料、案例等）都是围绕教学目标的实现而展开的，还必须注重课程设计的高阶性、创新性与挑战度。教学资源的投放宜求精而不是求多，这样既可以保证学生在有限的时间内达到理想的学习效果，也可以引导学生从心底里重视线上课程的学习，提高他们的学习积极性与自主性。

优质教学资源的开发应用，不仅可以有效提高高校的人才培养质量，促进对学生的自主学习能力与思辨能力的培养，还有助于提升高校的综合实力，扩大高校及教师的学术影响力。

7.1.2.2　整合共享线上优质教学资源

在传统教学中，高校中的优质教学资源往往得不到充分的共享，这造成了优质教学资源的浪费，也导致了教学资源分配不均现象的产生。在这种情况下，要想得到其他高校的教学资源，往往需要耗费较大的人力、物力、财力以及时间成本，即便如此，最后得到的他校资源质量也往往不如预期。

随着互联网技术被大幅地应用于教育教学领域，这种现象已得到较大改观。目前，我国已建立起了多个慕课平台（如中国大学慕课、学堂在线、智慧树等），各个高校都在这些慕课平台上建设了大量的在线精品课程。另外，随着国家"双一流"战略的实施以及第一批国家级一流课程的成功认定，各级教育行政主管部门都在不遗余力地推动优质教学资源的建设与共享。在上述背景下，不管是高校教师希望利用线上优质教学资源开展 SPOC 教学,还是学生想要学习一流高校的线上课程,都变得十分便捷。

当然,我们也应该清醒地认识到,慕课资源的大量建设在推动线上教学资源繁荣的同时,也产生了部分教学资源重复建设,甚至粗制滥造导致的浪费现象。有鉴于此,一方面,教育主管部门以及高校应积极合作,出台线上课程的行业标准,提高线上教学资源的准入门槛。另一方面,教育主管部门、高校以及企业应通力合作,打破校级行政门槛,大力推广优质金课,淘汰"水课",实现线上优质教学资源的整合共享。

7.1.3 构建科学的评价体系

7.1.3.1 构建科学合理的学习评价体系

科学合理的学习评价体系是混合式教学能够顺利开展的重要保障。混合式教学的线上线下联动的特征,决定了其学习评价也必须采取线上线下多联互动、形成性评价与终结性评价相结合的多元评价体系。

形成性评价应覆盖混合式教学全过程,既关注学生的线上自主学习情况,也考核学生的线下课堂表现,利用混合式教学平台与随堂教学软件实现学习过程数据的全程记录监控,从而实现考核的有据可依,增强学习评价的透明度与公正性。另外,形成性评价的考核主体不仅包括教师,也应加入学生,让学生积极参与到对自己以及同伴的考核中来,以此实现"以评促学,以评促教"的目的。

终结性评价主要指学生的期末考试。混合式教学一直强调形成性评价的作用,但同时,我们也不应该忽视终结性评价的效果。在混合式教学中,终结性评价既代表着一门课程的结束,也是对学生一学期学习成果的一次全面的检验,因此意义重大,不可或缺。在实施终结性评价时,教师应灵活选取多种题型,全面考核学生的知识掌握情况,达到综合检验学习效果的目的。

7.1.3.2 实现评价结果的及时反馈

正如第 6 章所言,评价的目的是改进,而不仅仅是考核。因此,混合式教学中的学习评价不仅强调评价结果的反馈,更强调评价结果的及时反馈。评价结果的反馈对象除了学生,还应包括教师。

首先,学生应得到评价结果的及时反馈。一方面,学生通过正面的评价反馈可以逐渐累积对课程学习的兴趣和自信心,增强课程学习的主动性,进而提升学习效果;另一方面,针对从学习评价反馈中了解到的问题与不足,学生可以及时调整自己的学习状态,有针对性地改进存在的问题,保证最终学习效果的优化。

其次,教师也应该在教学过程中得到及时的评价反馈。在混合式教学中,教师可以借助于混合式教学平台以及随堂教学软件,实现对学生学习的全程监控,及时发现学生存在的问题,督促学生进行改进。另外,教师也可以根据学生们的学习状态以及反映出来的共性问题,实时调整自己的教学计划与策略,从而更好地帮助学生实现知识的获取与能力的培养,同时这也有利于教师提升自身教学水平。

7.2　案例分享 1——"线上线下　虚实结合"的新混合式教学模式在"跨文化交际"课程中的应用

接下来,我们将着重介绍我校两门课程的混合式教学实施案例,两门课程由于建设基础与课程特色的不同,具体采取的混合式教学实施方案也有所差异,希望笔者的介绍能起到抛砖引玉的作用,带动更多教师参与到混合式教学改革实践中。

7.2.1　"跨文化交际"课程概述

跨文化交际是全球经济一体化的特定时代背景下产生的新兴综合性学科,"跨文化交际"既是我校英语学院英语、翻译专业的专业核心课程,也是其他专业的外语选修课,还作为人文艺术类通识教育课面向其他院校和社会开设。该门课程旨在给学生介绍国际化和全球化的特征与性质,使学生掌握有关跨文化交际的基本理论,认识人类交际活动的重要性、丰富性和复杂性;培养学生的跨文化交际意识与跨文化交际能力,拓展学生的文化视野和国际公民意识,增强他们运用英语自由地与世界各国人士进行交流的能力。

本课程教学团队共 6 人,职称、年龄、专业知识结构合理。其中高级职称 4 人,中级职称 2 人,除负责人外所有成员均为中青年骨干教师。自2016 年以来教学团队一直致力于跨文化交际信息化教学改革,积极开展教育教学研究,团队成员围绕本课程出版配套教材 2 部(《跨文化交际教程》,浙江大学出版社;《跨文化交际:原理与应用》,清华大学出版社),主持浙江省课程思政教学项目 1 项、省级虚拟仿真项目 1 项、各级各类教科研课题多项,发表论文多篇。2019 年本课程被评为浙江省本科院校"互联网＋教学"优秀案例特等奖;2020 年,本教学团队自建的慕课"东方遇见西方——跨文化交际之旅"被认定为国家级一流线上课程。本团队连续两年指导学生夺得"外教社杯"浙江省高校学生跨文化能力大赛特等奖。

此外,课程依托国家一流专业(翻译专业)和省新兴特色专业(英语专业)建设,拥有省级外语实验教学示范中心、网络数字语言实验室等硬件设施,与多家校外实习实践基地建立了常态化合作,教学条件优越。

7.2.2 "跨文化交际"课程教学设计

7.2.2.1 课程教学理念

本课程教学以 OBE 理念为指导。OBE 教育理念是一种以成果为目标导向,以学生为本,采用逆向思维方式进行的课程体系建设理念(苏健,2022)。

该课程注重思辨能力培养,从问题意识出发,打破了原有的单一化的混合式教学形态,将慕课与虚拟仿真技术相结合,构建了全新的混合式教学模式。在课程内容上,着力凸显思想性、前沿性与时代性,打破以往概念优先、过多地以理论推演为核心的模式,紧密结合青年大学生的心理特点,选择学生感兴趣的话题和国内外时事热点,从中提取与跨文化理论契合的思政元素作为案例进行分析,理论结合实际,深入浅出。课程注重成果导向,将课堂教学重点放在提高交际过程中的问题解决能力上,并以问题为抓手,以案例为核心,采用讨论法、案例教学法等多种方法,借助蓝墨云班课软件开展各类课堂互动教学,引导学生达成知识的内化、迁移和应用,实现从被动学习到主动探究的转变。教师在教授各国文化传统相关知识的同时,帮助学生掌握跨文化沟通的方式,培养学生的思辨能力和解决问题的能力,并在传授知识、培养学生能力的同时潜移默化地进行价值观塑造。

7.2.2.2　课程教学目标

本课程在 OBE 理念指导下,以布鲁姆教育目标为核心,以人才培养方案为依照,结合混合式教学开展过程,确定如下教学目标:

1) 低阶,线上资源模块化,实现知识目标。教师以能力需求为主线,逐级拆分教学内容,明确各个知识点的教学目标,再依托线上教学平台,整合丰富数字化教学资源,实现教学资源全覆盖。学生利用在线开放资源,开展自主学习,完成知识的迁移。

2) 中阶,翻转课堂项目化,实现应用与思维目标。通过案例讨论、角色扮演、小组任务等,实现师生互动、同伴互动,将在线学到的知识进行灵活运用、实践演练,实现更高级的认知目标。

3) 高阶,虚拟仿真任务化,课后作业反思化,实践锻炼常态化,实现实践与创新目标。首先,利用虚拟仿真实验教学资源,具化所学理论知识,提高学生实践应用能力;其次,课后学生利用思维导图,进行总结和反思,实现创新思维与能力目标。最后,学生利用线上线下各种实践锻炼机会,每学期至少参加 1~2 次社会实践,在实践中深化所学,加深对知识的理解。

在达成上述知识目标与能力目标的基础上,通过学习中外文化知识和跨文化相关理论,培养学生开放包容的心态和国际化视野,在进行语言实践服务时能正确应对西方价值观冲击,坚定“四个自信”,增强学生讲好中国故事、服务国家和社会的能力;同时增强学生国际公民意识,树立人类命运共同体理念。

7.2.2.3　课程教学内容

“跨文化交际”课程旨在通过为学生介绍跨文化交际学的基本理念和

观点,揭示影响跨文化交际的深层因素,提高学生的跨文化意识和文化差异敏感性;通过对东西方跨文化交际过程的案例分析、实践与比较研究,培养和提高学生跨文化、跨国别交际的能力和素养。本课程是一门理论与实践相结合的课程,对于提高学生的人文素养和今后就业的竞争力具有积极作用。

本课程作为首批国家级一流课程,线上线下教学资源丰富,能够很好地满足学生的深度学习需求。

线下教学资源方面,如前所述,本团队目前已出版配套教材 2 部,编写完成思政案例 36 个,案例分布在文化概述、言语和非言语沟通、跨文化交际能力、文化模式、跨文化交际应用、刻板印象与偏见、文化身份认同、全球化 8 个章节中,平均每章 4.5 个案例。

线上教学资源方面,本课程目前建有微课视频 49 个,总时长 617 分钟,涵盖了本课程所涉 8 个章节的全部内容。另有各类线上拓展资源 92 个,试题 200 余道。

虚拟仿真实验资源方面,本课程配套实验以世博会为背景,设置 4 个多元文化 VR 实验实训场景,通过 720 度全景图和 3D 场景搭建渲染的方式逼真再现亚洲文化、欧洲文化、美洲文化、非洲文化场景,融合了多元文化词汇、跨文化案例库等知识拓展,将理论学习和多元文化实践相结合,通过一系列流程化、案例化、情景化的虚拟仿真实验场景,结合热点交互、语音测评、任务做题等多样化手段,帮助学生熟悉跨文化交流情景,提升跨文化沟通能力。

7.2.2.4 课程教学模式

为实现课程教学目标,特构建"线上线下 虚实结合"的全新混合式教学模式。本教学模式的亮点是在常规的混合式教学模式中融入虚拟仿真实验教学与常态化实践锻炼,以培养和提高学生的应用能力,这与国家培养应用型人才的总体方针一致。

其中最具特色的是虚拟仿真环节。"跨文化交际"课程的虚拟仿真实验教学在内容设计上主要围绕课程教学大纲要求掌握的应用实践能力展开。本课程的虚拟仿真实验项目主要分为四个模块,分别带领学生体验亚洲、欧洲、美洲以及非洲文化。每个模块包含预热准备、模拟实验以及知识拓展三项内容。预热准备环节在带领学生简要回顾前期所学理论知识的基础上,帮助学生了解实验内容、实验目的及实验流程。模拟实验环节根据教学目标有针对性地设计实验任务,帮助学生沉浸式具化所学知识,并将之应用于实践。以亚洲文化模块为例,学生通过"角色扮演",了解言语沟通与非言语沟通的区别;通过"游戏换装",了解各国服饰文化差异;通过"游戏选座配餐",熟悉各国饮食文化特点;通过"游戏匹配",掌握物质文化与非物质文化的区别;通过"互动选择",感受"一带一路"在亚洲的蓬勃发展。在模拟实验基础上安排知识拓展环节,以互动练习方式帮助学生巩固所学知识,学会举一反三。通过上述三个环节,学生完成从理论知识到实践创新能力的发展,再辅以反思作业与实践锻炼,最终达成高阶能力培养目标。同时,注重课程思政的巧妙融入,实现德育目标。

基于"线上线下　虚实结合"的新混合式教学模式流程如图7-1所示。

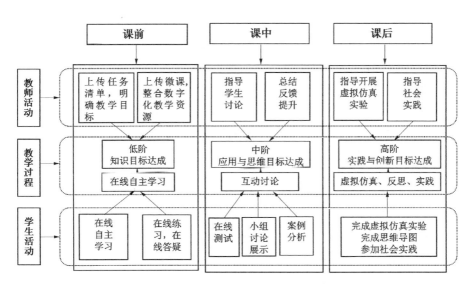

图7-1　基于"线上线下　虚实结合"的新混合式教学模式流程图

由图7-1可见,本教学模式通过课前、课中、课后三过程,达成低阶、中阶、高阶三层次教学目标,最终实现理论知识(课前在线自主学习)、应用能力(课中互动讨论)和实践与创新能力(课后虚拟仿真、反思与实践锻炼)的融合发展。

7.2.2.5 课程考核方式

我校"跨文化交际"课程采取"线上线下 虚实结合"的新混合式教学模式。因此,本课程的考核方式相较于一般的混合式课堂也有较大区别。

首先,课程考核在比重设置上更多地向过程性评价倾斜,以过程性评价(70％)为主,终结性评价即期末考试(30％)为辅。

其次,过程性评价考核要素构成更为多元化。除了常见的课堂表现分数(30％)外,还包括线上学习分数(30％)、学习档案得分(15％)、虚拟仿真实验得分(15％)以及创新实践得分(10％)。

课前,学生进行在线自主学习,线上学习得分根据学生在线学习时长、在线学习进度、拓展阅读完成情况、在线测试、在线互动、在线练习等线上学习情况综合加权得出。

课中,学生课堂表现主要是指其在互动讨论、小组展示、案例分析等课堂活动中的表现。线上学习和课堂互动依托智慧树平台和蓝墨云班课,系统自动记录学习轨迹和教师评价,具有大数据化、可视化、个性化的特点。

课后,学生首先利用虚拟仿真实验平台完成虚拟仿真实验,实验得分由虚拟仿真实验平台自动记录。接着,学生通过学习档案进行阶段性总结和反思,提交本节内容思维导图及反思作业。另外,学生每学期还需参加1~2次创新实践活动,提交实践报告。学习档案与实践报告得分由授课教师根据评分标准给出。

最后,本课程考核的评价主体不再局限于授课教师。在课堂表现部分,学生被邀请参与学习评价,针对自己与同伴的课堂表现进行自评与互评,这在提高评价客观性的同时,也增强了学生的课堂学习主人翁意识,有效促进了学生的学习积极性。

7.2.3 "跨文化交际"课程教学效果及课程特色

7.2.3.1 课程教学效果

本课程在校内采取"线上线下 虚实结合"的混合式教学模式,校外一般采取纯线上模式,截至 2022 年 12 月,累计选课人数已达 2.91 万人,选课学校共计 115 所。智慧树平台调查结果显示,线上课程学生满意度为 94.4%。此外,教学团队还对我校参与混合式教学的最近三期学生进行了问卷调查,学生对课堂教学满意度高达 96.3%。团队教师校内学评教排名皆处于前列。

五年来学生在"外教社杯"浙江省高校学生跨文化能力大赛、外研社全国大学生英语系列赛、全国口译大赛、"儒易杯"中华文化国际翻译大赛等比赛中获奖 200 余项,作为志愿者积极参与 G20 杭州峰会、世界互联网大会、联合国世界地理信息大会等社会实践活动 1 000 多次,表现出较高的专业水平和职业素养。

华侨大学侯国金教授、天津外国语大学项成东教授、广东外语外贸大学平洪教授、苏州大学王宏教授等均对该课程给予了较高评价。2020 年该课程被认定为国家级一流线上课程,其混合式教学案例被评为 2019 年浙江省本科院校"互联网＋教学"优秀案例特等奖。本课程思政案例"文化偏见专题"入选高校教师专业发展联盟"优秀课程思政案例集锦",并通过微信公众号向社会推广,产生了良好的示范辐射效应。围绕该课程立项的浙江省首批课程思政基层教学组织,成功带动了本院的课程思政建设。

7.2.3.2　课程特色

该课程的特色可以归结为以下几点:

第一,本课程打破了单一化混合式教学模式,将"线上线下　虚实结合"的新混合式教学模式应用于课堂教学实践。线上教学通过学习智慧树慕课视频、打点测试、思维导图整理、章节测验、预设导入问题等形式,引导学生完成预习任务,避免半途而废或浅层学习,解决学生"知"的问题;线下课堂以检查答疑、拓展性思政案例分析和小组讨论为主,采用讨论法、案例教学法、小组合作学习教学法(Team-Based Learning,简称 TBL 教学法)等方法,借助蓝墨云班课进行各类课堂互动活动,引导学生实现知识的内化、迁移和应用,深化思想认识,升华思政主题,实现从被动学习到主动探究的转变,解决学生"情"的问题;课后完成虚拟仿真实验及反思性学习档案,辅以发散性思辨训练为主导的课后反思性阅读和写作,提升理论联系实际和知识输出的能力,促进价值观内化,解决学生"意"的问题;课外结合志愿者活动、文化体验和翻译实践服务,在实践中检验学习效果和教育成果,解决学生"行"的问题。"线上线下　虚实结合"的新混合式教学,可以有效增强学生自主学习意识,改善学生理论学习效果;运用虚拟仿真实验技术创设形象、生动、交互的实验场景,并为学生提供常态化实践锻炼机会,可以增强学生理论知识实践应用能力,最终实现理实一体化教学,助力学生综合能力的发展,促成了"互联网＋"与高等教育的深度融合。

第二,该课程通过借助先进的慕课在线教学平台以及虚拟仿真实验平台,实现教学过程全程有记录、可追溯、可测量的目标,保证教学目标、教学资源、教学组织和教学评价数据的衔接性、整体性和科学性(朱玲玲等,2021),最终实现以评促学。

第三,该课程以注重思辨能力和问题意识培养为特色,采用注重产出导向的新3P[Presentation(口头陈述)—Portfolio(学习档案)—Paper(学期论文)]输出模式。课中,要求学生针对某一话题展开小组讨论,或者根据事先收集的材料进行小组分享,小组总结后在全班面前口头陈述(Presentation);课后整理课上互动讨论结果,继续收集相关资料,形成反思性学习档案(Portfolio);学期末以历次学习档案为基础,形成学期论文(Paper)。新3P模式从问题意识出发,由浅入深地引导学生自主探寻问题的本源,由此逐步提高学生输出水平和辩证思维能力。

第四,有温度、有深度、有广度的案例式课程思政融入是该课程的另一大亮点,通过有机融合专业知识和思政元素,在传授知识、培养能力的同时潜移默化地进行价值观塑造。例如,在"蚂蚁森林与人类命运共同体"这个案例中,教师指导学生课前收集全球气候变化问题的相关资料,了解全球气候问题现状及症结所在,为课中讨论做好相关知识储备。课中教师引导学生分析"蚂蚁森林"的成功经验并讨论如何通过自身努力践行环保理念,鼓励学生发散思维,为气候保护出谋划策。课后,教师要求学生以小组为单位开展环保主题宣传活动,如"垃圾分类"宣传进社区活动等。经过课前、课中、课后三阶段的学习,学生认识到倡导低碳环保理念对共建人类命运共同体的重要意义以及新技术对改变人类生活方式的巨大作用,并纷纷通过自身的行为影响身边人重视环境保护的重要性,倡导低碳生活。课程最终实现思政效果的内化,也达到了劳动教育的目的。

该课程案例来源多样,包括国内外新闻媒体报道,学术期刊和讲座,优酷、B 站、抖音等媒体网站,互联网,行业案例等。案例涉及的主题丰富,时代感强,思政特色鲜明,能够充分调动学生的学习兴趣,引导他们了解外部世界和关心国家大事,同时这些案例与他们的日常生活和未来职业发展有紧密的联系,能够提高他们讲好中国故事的能力。案例库中包含各类案例,如"李子柒与中国文化输出""一带一路与经济全球化""蚂蚁森林与人类命运共同体"等,这些案例充分体现了"跨文化交际"课程的特点,凸显了应用型、国际化、复合性的专业特色,符合本校外语类应用型普通高校的定位。

7.2.4　"跨文化交际"课程教学设计样例

教材:《跨文化交际:原理与应用》.余卫华、谌莉.清华大学出版社

授课时长:4 学时线下＋2 学时线上

教学单元:第五章　不同社会背景下的跨文化交际

教学内容:跨文化交际在商业领域的实现及影响因素、跨文化交际过程中应该遵循的原则

教学方法:新 3P 教学法、小组讨论法、案例分析法、任务驱动法

教学资源:适用于线上线下混合式教学的全套数字化资源,包括微课视频、电子教材、微课件、讨论题、专业词汇表、拓展阅读材料、在线测试、配套作业等。在线资源网址:https://coursehome.zhihuishu.com/courseHome/1000007095♯onlineCourse.

7.2.4.1　教学目标

根据布鲁姆教育目标分类法,本节课主要聚焦三个层面的教学目标:

1)知识目标

熟悉影响国际商务交流的主要因素

熟悉并掌握国际交流中应遵循的原则

2）能力目标

学生能够批判性地运用跨文化交际规则分析常见的跨文化交际失败案例

学生能够应对跨文化交际过程中出现的冲突并给出恰当的解决方案

3）情感目标

学生逐步增强逻辑思维能力、批判思维能力、分析与解决问题的能力,提高语言素养、人文素养与团队协作力

学生逐步提高对文化多样性的认识,增强对抱诚守真、互尊互容等优秀品质的重视,深化全球视野,成为兼具爱国情怀与国际视野的"外语＋"人才

7.2.4.2　教学重难点

引导学生掌握影响国际商务交流的主要因素

引导学生熟悉人们在国际交往中应遵循的原则

7.2.4.3　教学过程

1）课前线上学习

学生在智慧树慕课平台观看第五章微课视频,完成教师发布的云班课任务1:第五章思维导图知识图谱填空。

设计思路:此步骤目的在于帮助学生厘清章节要点脉络,完成初步理论学习,为课堂应用输出打好基础。

2）课中线下教学

步骤1:问题式导入

教师利用PPT展示智慧树上学生就本章学习的提问和讨论,引出本章话题——跨文化交际在商业领域的实现及影响因素,以及跨文化交际过程中应该遵循的原则,指出解决学生疑问需要用到的本章的理论知识。

设计思路:此步骤衔接了线上和线下教学环节,一方面让学生感觉到教师对其课前线上学习所提问题的关注,可以吸引学生注意力,有效引起学生共鸣和课堂回应;另一方面激活学生已有的认识结构,符合知识建构规律;而且课程一开始交代清楚本节课的核心内容,可让学生先明确学

习目标,做好后续学习的心理准备。

步骤 2：预习任务检查反馈及概念回顾

采用云班课平台"随机选人"的方式,检查思维导图作业完成情况,并根据学生的回答查漏补缺。

讲解完思维导图作业之后,让学生对自己的线上学习作出自评(思维导图填空配有分值),并将自评分数上传至云班课任务 2 处。

设计思路：此步骤承接上一步,对线上学习的复习检查和巩固可帮助学生进一步建立理论图式,为后续案例应用做好知识储备。使用云班课可以提高学生参与度并给予及时反馈。将学生自评引入多元评价体系中,可供教师课后反思参考。

步骤 3：案例分析 1　人情还是法律,孰轻孰重？

Law or Relationship, Which Is More Important When Doing Business?

In 1974, the Japanese Sugar Company signed a long-term contract with the Australian Sugar Exchange. According to the contract, Australia should provide sugar to Japan at a fixed price and transaction volume. Later, the international sugar prices plummeted, and the Japanese Sugar Company ran into deficits. During the 16 months from July 1976 to November 1977, Japan repeatedly asked Australia to lower the price of sugar. At the same time, it rejected Australian sugar for 3 consecutive months. In the sugar dispute, the Japanese side believes that as a long-term partner, Australia should help when the Japanese side is in crisis, while the Australian side believes that the Japanese side makes trouble out of nothing.

要求学生阅读案例"人情还是法律,孰轻孰重？",鼓励学生结合案例给出的问题进行思考,并将自己的分析输入云班课平台。教师通过云班课"举手""抢答""随机选人"等方式选 1～2 名同学进行口头陈述分享。之后,教师即时进行赋值评价和反馈,并进行总结。

设计思路：从较为简单的案例分析着手,在初步检验学生线上学习成果的同时,指导学生掌握案例分析的正确思路。

步骤4：小组讨论　设备采购谈判

观看视频资源，教师鼓励学生根据视频中的要点思考：如果你所在的公司需要购买一套专业设备，你作为公司代表需要分别同日方、美方以及意大利方企业代表展开谈判，以此确定最后的设备提供商。在与不同的企业代表谈判时，应分别采取什么样的谈判策略？请以5～6个学生为一个小组展开讨论，并将最终的讨论结果输入云班课中。

教师在学生讨论过程中提供必要的引导和帮助。之后，通过"举手""抢答"等方式邀请1～2组学生口头陈述各自小组的讨论结果。教师邀请学生一起对学生的本轮表现予以赋值，进行评价反馈和必要的知识补充。

设计思路：首先，在小组讨论过程中，教师可四处观察、倾听或参与各小组讨论，这有助于教师有效了解学生的理论知识掌握情况和案例分析能力，便于课后进行反思。其次，步骤3和步骤4的教学活动可完成对"跨文化交际在商业领域的实现及影响因素"这个重要知识点的整体构建，也融入了契约精神、包容尊重、求同存异等思政价值要素。基于学生讨论的结果，可以自然引入下一步教学中所涉及的"跨文化交际过程中应该遵循的原则"的话题，做好衔接过渡、有效贯通。

步骤5：案例分析2　阿拉斯加中美高层对话

观看"2021年3月阿拉斯加中美高层对话"视频以及"辛丑条约签订"影视资料，要求学生观看时对比两个视频中的中方态度差异，思考相关问题，并将评论输入云班课平台的轻直播对话框中。

相关思考问题如下：

- 美方在中美高层对话中违反了什么原则？
- 美方为何公然违反这些原则？
- 与120年前相比，此次中方的态度为何如此强硬？

观看结束后，教师通过云班课选1～2名学生进行口头陈述分享。之后，教师即时给予赋值评价、反馈和总结。

设计思路：此环节通过影像资料的直观对比，丰富了输入形式。教师须引导学生思考在中美两次交锋中中方态度变化背后的深层次原因，通过对比让学生深刻地感受到我国国际地位的提升,增强民族自豪感和自信心。教学所选素材将时事与历史相结合,主题鲜明,时代性强,与课程理论知识的契合度高,能够引发学生的兴趣和共鸣。通过案例分析,学生了解了跨文化交往中互相尊重的重要性,并且通过当下与历史的对比,学生深刻理解了"落后就要挨打"的血泪教训。

步骤 6:学生展示

学生在课前完成拓展阅读材料"BBC 纪录片:中国老师来了,事实呈现还是哗众取宠"阅读的基础上,思考下列问题:

- BBC 纪录片反映的中西方教育差异到底是基于事实还是有夸大的嫌疑?

- BBC 纪录片采取这种叙事方式的目的是什么?

- 当阅读新闻报道时,我们应持怎样的态度?

每个小组在阅读材料的基础上,收集相关拓展资料,形成小组汇报材料。课上,教师挑选 1～2 组进行小组汇报,并对汇报情况予以评价。

设计思路:学生通过小组合作的方式,自主探求问题的答案。所涉话题既是对上一节课堂讨论案例的进一步延伸,也可顺利引出下一步的讨论主题:跨文化交际中诚信的重要性。通过此案例的探讨,引导学生批判性地看待西方媒体报道,思考西方对华扭曲夸大报道背后的真实意图,培养学生的批判性思维能力、团队协作能力以及自主探索解决问题的能力。

步骤 7:案例分析 3　BBC 纪录片中的中国抗疫

观看视频"如何制作 BBC 式纪录片",并思考下列问题:

- BBC 在纪录片制作中违反了哪些原则?

- BBC 为何公然违反这些原则?

- 作为外语专业学生,面对西方媒体的歪曲报道,我们能做些什么?

观看结束后,以 5～6 个学生为一个小组展开讨论,并将讨论结果输入云班课。而后教师选 1～2 个小组进行口头陈述分享。最后,教师邀请学生一起对学生的本轮表现予以赋值,即时评价反馈并进行总结。

设计思路:本环节难度有所提升,对学生提出了应用所学理论解决实际冲突的要求。本环节中教师需引导学生思考国外媒体对华不公正报道背后隐含的深层次原因,并思考作为未来的跨文化交际工作者在跨文化交际活动中应秉承的原则以及外语人的使命与担当。同时,步骤6、7将学生的职业素养纳入课程教学"专业＋思政"框架,通过分析BBC纪录片对中国的失实报道,使学生认识到作为新外语人在跨文化交际中发出中国声音的重要作用,激发学生学好专业知识为祖国发展服务的动力,也为下面要布置的课程作业做好了铺垫。至此,基于步骤5、6、7展开的活动,完成了关于"跨文化交际过程中应该遵循的原则"的知识性教学目标,也融入了共情、平等、尊重、实事求是等思政价值要素。

3)课后作业布置

● 完成虚拟仿真实验平台中亚洲文化体验部分任务1~任务3。

● 完成反思作文:站在国际舞台　发出中国声音。

● 积极报名参加中国柯桥纺织品国际博览会等大型展会志愿者服务,在实践中检验所学理论。

● 预习第六章微课视频,完成第六章思维导图作业。

设计思路:基于课堂上大量的口头陈述,布置的反思作文(期末汇集整理形成学习反思档案)对学生的语言能力提出了进一步的要求,实现了教学目标的梯度化,也为学期论文积累了素材。作文主题将理论知识与国家建设、最新时政、职业素养等思政元素有机融合,可以增强学生的爱国情感、文化自信和主人翁精神。虚拟仿真实验与展会实践活动旨在帮助学生完成从理论知识到实践能力的发展。预习任务为下一章的课堂教学储备知识,贯彻了线上线下的混合式教学模式。

7.2.4.4　教学反思

国外媒体的不公正报道一直是我们关注的焦点问题,本节课通过系列案例,探讨了跨文化交际中互尊、互重、互信等原则的重要性,帮助学生培养批判思维能力,以及诚实守信、客观公正的处世态度,也让学生直观感受祖国的日益强大,增强学生的民族自豪感与自信心。

在课程实施上,基于新3P教学法,课中通过案例分析、小组活动完成口头陈述目标,课后要求学生根据课中陈述及时总结反思,完成学习档案,从而为撰写学期论文打下坚实基础。课程活动设计遵循学生认识发展规律,层层深入。线上线下混合式教学模式大大增加了信息的输入量,给学生更多的互动和输出机会,真正实现以学生为中心,把课堂还给学生,有助于课程思政效果的内化。

思政要素的选择和切入均可以做到与课程内容结合、与国家建设和时事政治同轨、与学生职业素养融合,将理论学习、专业学习和思政教育有机融合,在传授知识、提高技能的同时潜移默化地实现价值观培养。

案例研究和任务式教学可以增强学习效果。教学过程中学生们对热点话题很感兴趣,并进行了激烈的讨论。虽然他们的观点有时还不够成熟,但他们的爱国主义热情被极大地激发出来。课上的口头输出、云班课文字输出以及课后的笔头输出体现了任务的产出成果。

最后,在课后作业部分,除学习档案与思维导图外,学生还需完成与本部分学习内容相关的虚拟仿真实验,通过在虚拟仿真环境中演练日常各国交际礼仪,感受各国服饰文化及餐饮文化差异,学生能够更好地具化所学知识,增强跨文化交际能力。

7.3　案例分享 2——线上线下课程思政深度融合的对分课堂教学模式在"英语语言学导论"课程中的应用

7.3.1　"英语语言学导论"课程概述

"英语语言学导论"课程旨在向学生介绍语言学领域的一些重要研究成果,包括语音学、音位学、形态学、句法学、语义学、语用学的基本理论以及语言与文化、社会、思维之间的关系等。该课程在校内采取混合式教学模式,共计 51 学时,包括 34 学时线下教学和 17 学时线上学习。课程采用小班化教学,授课对象覆盖英语专业、翻译专业及商务英语专业学生,校内每年有约 400 名学生参加学习。

2018 年秋季,本课程开始尝试基于 SPOC 的混合式教学模式改革,从实验结果来看,基于 SPOC 的混合式教学模式确实在一定程度上提高了学生的学习效果,但整体效果低于预期。作为一所民办本科高校,其学生的学业基础普遍较为薄弱,而本课程专业性与理论性要求较高,因此学生仅仅依靠微课视频完成自主学习存在较大困难;但他们又不再满足于传统的教学模式,期待个性化的定制式教学;另外,学生普遍具备较强的自我表达能力,能够在教师指导下较好地完成课程自主学习与课堂讨论。基于上述学情,2019 年,该课程开始尝试基于 OBE 理念的"微课 + 对分课堂"教学实践。在授课过程中,教学团队开始思考如何将课程思政的融入做到润物细无声这个问题。在经过多轮教学实践后,该团队认为,课程思政的融入不应仅仅局限于课堂教学中,还应拓展到线上平台,利用线上教学平台的海量数据空间与清晰结构框架可以更好地实现专业课课程思政的隐性育人功能。基于上述认识,团队最终确定在本课程中实施线上线下课程思政深度融合的对分课堂教学模式。

自 2018 年在优慕课平台上线以来,该课程目前已完成五期的轮转。2019 年,该课程被成功立项为校级在线精品课程;2020 年被评为浙江省本科院校"互联网 + 教学"优秀案例;2021 年被立项为市级精品在线开放课程;2022 年又被立项为浙江省线上一流课程。

7.3.2 "英语语言学导论"课程教学设计

7.3.2.1 课程教学理念

"英语语言学导论"课程以教育部"金课"建设"两性一度"要求为指导,以建构主义理论、学习金字塔理论以及艾宾浩斯记忆遗忘曲线理论为理论基础,致力于构建"以学生为中心"的基于 OBE 教育理念的混合式课程体系。

7.3.2.2 课程教学目标

根据布鲁姆教育目标分类法,该课程主要聚焦三个层面的教学目标。

知识层面:要求学生掌握语言学相关基本理论与知识,熟悉语言学领域的重要研究成果及最新研究动态,掌握语言学的基本研究方法。

能力层面:要求学生能够理解并应用语言学研究方法,进行多角度分析,阐释常见语言现象,掌握语言习得规律,学会将语言学知识融入其他专业课程的学习中。

情感层面：要求学生逐步形成逻辑思维能力、批判思维能力、分析与解决问题的能力，提高语言素养、人文素养与团队协作力；深化全球视野，成为兼具爱国情怀与国际视野的"外语＋"人才。

7.3.2.3　课程教学内容

该课程涵盖语音学、音位学、形态学、句法学、语义学及语用学六大分支，在此基础上，引导学生开展跨学科应用实践。该课程目前已建成完善的线上线下课程教学资源。

线下教学资源方面，作为英语类专业核心课程，该课程已积累了丰富的教学资源，如教案、课件、教学案例、教学视频、专项测试题等。特别是课程思政案例部分，目前已积累了各类思政案例 21 个，覆盖语言学的各个分支，为本课程育人功能的实现奠定了坚实基础。

线上教学资源方面，该课程目前建有各类教学资源 1 282 个，其中视频资源 265 个（总时长约 1 877 分钟，其中包括总时长为 544 分钟的微课视频 47 个）、非视频资源 1 017 个、课程作业 54 项、测试题 442 道、模拟卷 17 套、相关研究论文 215 篇、单元课件 6 个。线上教学内容动态更新，注重三个融入：融入思政元素、融入学科前沿、融入创新实践。

在具体版块设置上，设置"语动人心"版块，分设"小课程大思政""用英语讲好中国故事"及"匠人匠心"条目，多维融入思政元素，实现隐性思政育人；设置"语言趣谈""学科前沿""科研神器"版块，指导学生运用所学知识分析语言现象，了解最新学科动态及研究手段，激发学生学习热情与科研兴趣；设置"学业资讯"及"学语致用"版块。为学生提供竞赛、创新创业项目、夏令营等资讯，分享实践成果，鼓励学生积极参与创新实践。

7.3.2.4　课程教学模式

该课程在校内实施线上线下课程思政深度融合的对分课堂教学模式。具体实施上，教学任务由隔周的两小次课完成。第一次课课中为教师集中讲授环节，教师梳理本次课程的知识框架，着重讲解重点难点，但并不穷尽教材内容。学生通过教师讲授把握知识框架、了解重点难点，有效降低自主学习难度。第一次课课后到第二次课课前是学生的内化吸收环节。学生须根据教师布置的自主学习任务,在优慕课平台进行在线自主学习,并完成相应测试,自我检验知识掌握程度。第二次课课中为互动讨论环节,教师通过在线测试功能检测学生知识掌握情况;通过小组讨论展示活动帮助学生答疑解惑;通过典型案例分析引导学生展开讨论,深化学生对所学知识的理解与掌握,厚植中国情怀与文化自信(楼凌玲,2021)。第二次课结束之前,教师对整堂课的内容进行总结反思和提升,帮助学生形成整合性知识框架。第二次课课后,学生在平台利用"语动人心""语言趣谈""学科前沿"等版块进行拓展学习,延展知识的广度与深度,并自主完成反思作业,将作业上传优慕课平台,还要积极参加社会实践活动。在具体教学实施过程中,对分课堂并不要求两次课时间上的严格对分,时间分配比例可以根据每单元教学内容做相应调整。其具体的实施流程如图7-2所示:

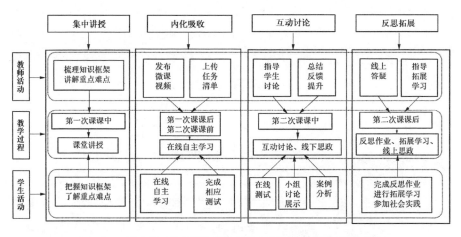

图7-2 线上线下课程思政深度融合的对分课堂教学模式图

采用本教学模式,旨在实现低阶、中阶、高阶三层次教学目标。

低阶,在线学习自主化,达成知识目标。第一次课课后(也是第二次课课前),学生根据第一次课上教师梳理的本节知识框架及重难点知识,利用平台"单元学习"版块开展自主学习,利用"学后小测"检验学习成果,完成知识获取。

中阶,翻转课堂项目化,达成应用与思维目标。第二次课课中,学生借助案例分析、小组讨论、动手演练等活动,掌握理论知识的实际应用,实现更高级的认知目标。

高阶,课后作业反思化,拓展学习实用化,达成实践与创新目标。第二次课课后,学生总结反思,利用"语言趣谈""学科前沿"等版块拓展学习,并积极参加各类实践,深化所学。

7.3.2.5　课程评价

该课程混合式教学课堂采用 OBE 视角下基于"互联网 + "的多元形成性评价体系。课程依托优慕课平台、云班课、钉钉软件,构建从资源到教学、答疑、管理的全面多联互动的网络平台大数据管理体系,满足教学过程全程有记录、可测量、可追溯的要求。经过多轮测试,最终确定其考核方案如图 7-3 所示。

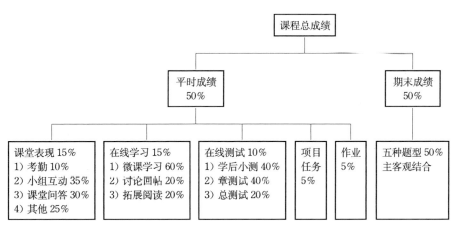

图 7-3　"英语语言学导论"课程考核方案图

由图 7-3 可见,本课程采取动态化、常态化、滚动式的形成性评价模式。平时成绩与期末考试各占比 50%,课程思政不作为独立评分板块,而是有机渗透于整体评价中。本课程将评价标准与思政元素相融合,使整体考核分数包含思政的评价成分。考核的关键在于前期思政目标的梳理、思政模块的细化、活动内容的设计和作业布置,将学科能力和个人素养综合融入测试中。

平时成绩部分主要由 5 项构成,分别为学生的课堂表现、在线学习、在线测试、项目任务以及作业,考查学生的独立求索、团队协作、分析总结等综合能力。其中课堂表现部分主要涵盖考勤、小组互动、课堂问答等;在线学习部分主要涵盖微课学习、讨论回帖以及拓展阅读三个部分。在所有平时成绩得分项中,课堂问答、项目任务以及作业由教师根据学生表现通过随堂教学软件与优慕课平台相应赋分,小组互动由教师与学生一同赋分,其他各项均由在线教学平台根据预先设定自动打分。所有分数均由在线教学平台或随堂教学软件即时记录,最大限度地保证评价结果的客观、透明与公正。

期末成绩部分主要包括期末考试成绩,为尽可能地保证卷面成绩能够真实反映学生的知识掌握情况,在题型设计上应尽量做到多样化,客观题与主观题分数占比为 4∶6,这在保证测验内容的高覆盖率的同时,也达到了测试学生思维创新能力与语言表达能力的目的。同时,期末考试中,在主观题部分设计譬如"according to your experience"(根据你的经验)、"analyze the following cases"(分析以下案例)、"make comments on the phenomenon"(对该现象进行评论)、"if you were in the position"(如果是你……)、"correct the mistakes if any"(如有错误请指正)等问题,要求学生结合自身实际开展分析、进行时事点评、完成情景模拟、进行细节纠错等,将知识考核与道德素养、思辨能力、案例分析、专业细致精神、专业知识技能等有机融合,体现教学手段在教学考核中的作用,践行一以贯之的教学理念,实现考核促进课程思政的目的(杨爱美,2018)。

7.3.3 "英语语言学导论"课程教学效果及课程特色

7.3.3.1 课程教学效果

该课程自 2018 年在优慕课平台上线以来,截至 2022 年年底,已完成 5 期教学实践。校内学生主要采取线上线下混合式教学模式,参与学习人数达 1 112 人;校外学生主要采取纯线上学习模式,截至 2022 年年底,注册学习人数为 363 人;参与选课高校共 5 所,课程累计访问量达 92 373 人次;课程未注册访客访问量达 28 709 人次,在全校名列前茅。

从近两期学生课程成绩来看,学生的理论知识掌握水平及实践应用能力有了显著提高。在知识获取上,学生能够较好地掌握语言学相关理论知识,且知识留存率较高;在应用能力上,学生的理论联系实际能力有较大幅度的提高,课堂上对话题的延展度也有一定的提升;学生的逻辑思维能力、思辨能力、分析与解决问题的能力也得到较大提升;在情感目标上,学生通过团队协作、自主学习逐步形成了较好的团队协作能力、沟通能力以及人际交往能力;同时,通过线上线下润物细无声的课程思政融入,学生的爱国情怀、民族自豪感及跨文化交际意识均有了显著提高。

自从实施该教学模式后,学生的课程满意度有了明显提高。上一轮期末调查问卷显示,91.50%的学生对本课程的混合式教学较为满意,93.06%的学生对于通过优慕课平台进行在线学习的认可度较高,92.17%的学生对课堂活动满意度较高。此外,绍兴文理学院、安徽科技学院、文华学院、武汉工程科技学院的部分学生选修了本课程进行线上自主学习,将其视为他们线上课堂教学的有力补充。2020年,本课程被授予浙江省本科院校"互联网＋教学"优秀案例二等奖;本课程相关研究成果被评为2019年绍兴市教科规划课题优秀成果奖三等奖。

课程团队注重教研并举。近三年,本团队获得省部级以上教学荣誉3项,主持相关教科研项目16项,发表相关教改论文10余篇,其中介绍本课程教改成果的论文有7篇。

课程在本科生的实践能力和创新意识的培养中发挥了重要作用,团队教师多次带领学生参与世界互联网大会、柯桥纺博会等志愿者服务,指导学生在各级各类竞赛中屡屡获奖,主持国家级创新创业训练项目4项,发表论文7篇。

7.3.3.2　课程特色

本课程的特色可以归结为以下几点:

1)以课程思政为魂

作为省级课程思政基层教学组织内的核心课程,团队狠抓思政内涵建设,实现了思政教育线上线下的有机统一。线上课程特设"语动人心"版块,包含"小课程大思政""用英语讲好中国故事""匠人匠心"三个条目,从案例解读、文化外宣及名家事迹三方面融入思政教育。线下课堂通过项目任务,培养学生国际视野、民族自豪感与团队合作能力。

在具体实施上,本团队深入挖掘思政教学内涵,在"知识""综合""实践"层面将马克思主义思想方法、劳动教育观及习近平新时代中国特色社会主义思想融入课堂教学中,引导学生理解、领悟、认同并践行外语人的责任与使命。

在基础"知识"传授中,本团队通过线上课程"匠人匠心"("语动人心"版块下属)与"学科前沿"版块,融入我国语言学家的科研事迹与前沿研究成果,塑造学生正确的价值观与学科荣誉感。

在"综合"案例分析中,本团队通过线上平台"小课程大思政"("语动人心"版块下属)中的系列案例分析,培养学生国际视野与民族自豪感。

在"实践"创新锻炼中,本团队通过鼓励学生参与创新创业实践与专业实习实践,培养其团队合作意识与批判思维能力。

其中各单元课程思政主案例设计如表7-1所示:

表7-1 "英语语言学导论"课程各单元课程思政主案例设计

章节	育人元素切入点	育人元素	实施路径
导论	《英语的历史》 ——习近平"和平发展观"视角	和平发展 为强国梦而奋斗	案例分析 分组讨论
音位学	《窈窕淑女》中卖花女的故事	自强不息	视频导入 分组讨论
形态学	《汉字起源》 ——习近平"文化自信观"视角	中华文化的博大精深 文化自信	课前调研 上台陈述
句法学	中国英语与中式英语对比	中国文化的世界影响 民族自豪感	课前调研 分组讨论
语义学	《施氏食狮史》赏析	汉语之美 文化自信	案例分析 上台陈述
语用学	《文化禁忌》 ——"一带一路"视角	求同存异 合作共赢	视频导入 分组讨论

2）以课程质量为本

本课程以 OBE 理念为指导，以高质量的课程设计为高品质教育奠基。线上课程共设九大版块，学生课前应用"单元学习""课程资源""语动人心""课程活动"版块开展自主学习与检测；课中借助"语动人心""课程活动"版块开展课堂互动；课后利用"语言趣谈""学科前沿"及"科研神器"版块拓展学习，借助"课程活动"版块提交反思作业，利用"学业资讯"及"学语致用"版块开展社会实践，版块布局兼顾实用性与流程衔接科学性，保证了课程教学的深度、广度及厚度。

3）以创新实践为驱动

本课程坚持"实践出真知"理念，积极鼓励学生参与创新项目研究与社会实践锻炼，成果丰硕。

4）以教研相长为目标

团队成员在教改中及时总结反思，以教学促科研；再将成果引入教学，实现科研反哺教学，最终实现教研相长。

5）以学生需求为导向

该课程在混合式教学设计中，以学生的真实需求为导向，针对本校学生实际情况以及课程特性，采取对分课堂教学模式，大大减轻了学生自主学习的难度，提高了学生的学习积极性，从而最终保证了学生学习效果。

7.3.4　"英语语言学导论"课程教学设计样例

教材：《新编简明英语语言学教程》(第二版).戴炜栋.上海外语教育出版社

授课时长：2 学时线下＋1 学时线上

教学单元：第六章　语用学

教学内容：会话原则、跨文化语用失败

教学方法：讲授法、小组讨论法、案例分析法、任务驱动法

教学资源：适用于线上线下混合式教学的全套数字化资源，包括微课视频、电子教材、微课件、讨论题、专业词汇表、拓展阅读材料、在线测试、配套作业等。在线资源网址：http://umooc.yxc.cn/meol/jpk/

course/blended_module/index. jsp? courseId = 30187.

7.3.4.1 教学目标

根据布鲁姆教育目标分类法,本节课主要聚焦三个层面的教学目标:

1)知识目标

掌握会话含义的定义、分类及合作原则的概念、应用

了解文化差异对交际活动的制约和影响,熟悉跨文化交际基本方法

2)能力目标

学生能够理论联系实际,运用所学理论分析日常交际中的真实会话含义

学生能够适应文化差异,掌握使用英语进行沟通的跨文化交际能力

3)情感目标

通过典型案例分析,增强学生对文化差异的敏感性,培养学生的国际视野,树立正确的世界观

通过小组协作,增强学生的团队合作能力、分析与解决问题的能力

7.3.4.2 教学重难点

引导学生熟悉合作原则及其四个子原则

引导学生掌握跨文化交际基本方法

7.3.4.3 教学过程

1)教师讲授环节(第一次课课中,45分钟)

步骤1:课程导入

教师带领学生简要回顾上一节课主要内容,即言语行为的分类。在温故的基础上自然而然地引出本次课教学内容:会话原则与跨文化语用失败。

设计思路:此步骤衔接了两次课的教学内容,使学生能够在上一次课的内容学习基础上自然而然地过渡到本次课中,帮助学生更好地厘清章节中各个部分的知识体系脉络。

步骤2:重难点知识讲解

● 教师在上一节相关内容案例分析的基础上,引出会话含义的概念。

● 介绍合作原则及其子原则,重点阐述每个子原则的具体交际要求。

● 讲解跨文化交际失败的常见类型、原因及对策。

设计思路：此步骤为本节课的重点所在，通过带领学生梳理本节课的知识脉络与重难点知识，让学生对本节课的理论知识有了初步的掌握，降低了学生独立进行自主学习的畏难情绪，也帮助学生厘清了学习思路，课后学生可以据此对本部分知识展开线上自主学习。

步骤 3：安排自主学习、明确任务要求

第一次课结束前，教师应明确告知学生课后需完成的自主学习任务及具体要求，并上传自主学习任务清单供学生在后续自主学习的过程中随时查看。

设计思路：此步骤的目的在于帮助学生明确自主学习目标与要求，为学生下一阶段自主获取知识明确方向与方法，进一步降低学生畏难情绪。

2）学生内化环节（第一次课课后到第二次课课前）

● 学生进行在线课程 6.5 与 6.6 的自主学习。

● 完成本部分学后小测，并记录本部分学习心得与仍然存在的疑问。

设计思路：此步骤的目的在于指导学生完成理论知识的初步获取，为下一阶段课堂输出打好基础。

3）互动讨论环节（第二次课课中，45 分钟）

步骤 1：答疑讨论

● 学生以小组为单位展开讨论，汇集前一阶段自主学习中遇到的问题，进行组内互助答疑。

● 以小组为单位进行口头汇报，重点提出组内共同的学习难点。

● 教师对难点进行统一答疑。

设计思路：此步骤的目的在于帮助学生总结自主学习成果，答疑解惑，为下一阶段知识应用做好理论铺垫。

步骤 2：小试牛刀

教师给出 7 组交际对话，要求学生判断这些例子中说话人分别违反了合作原则的哪一条子原则。教师通过云班课"举手""抢答""随机选人"等方式选 7 名同学进行口头陈述分享。之后，教师即时进行赋值评价和反馈，并进行总结。

设计思路：从较为简单的案例入手，初步检验学生的线上学习成果，帮助学生进一步内化所学理论知识，使其初步学会将理论应用于实际场景。

步骤3：案例分析　说媒

Match-making

Xiao Li is a bachelor with a good job and a handsome income. Mrs. Chen is thinking of doing a match-making for him and a friend's daughter. She has the following conversation with Mrs. Yang，a colleague of Xiao Li：

Mrs. Chen：That Xiao Li in your department looks like a nice guy. He isn't married yet，is he?

Mrs. Yang：Well，he's from the countryside of Sichuan. He's got five brothers and sisters and he's the eldest.

要求学生阅读本案例后尝试回答以下问题：

- 杨女士的回答是否符合陈女士的预期？
- 杨女士的回答违反了合作原则中的哪些子原则？
- 杨女士如此回答的真实目的是什么？

学生以小组为单位展开讨论，并将讨论结果输入云班课。教师在学生讨论过程中提供必要的引导和帮助。之后，通过"举手""抢答"等方式邀请1~2组学生口头陈述各自小组的讨论结果。教师对学生的汇报情况予以赋分，学生针对小组讨论情况对自己与同伴的表现予以赋分。最后教师进行总结和补充。

设计思路：通过小组讨论，团队成员的意见得到充分表达，此外，学生也被邀请加入本部分的学习评价中，这一方面提高了学生参与小组讨论的积极性，另一方面，也锻炼了学生的观察力与判断力。通过步骤2、3的教学活动，学生完成了本次课第一个学习任务，即"合作原则"相关知识点的现实应用。

步骤4：小组讨论

组织学生观看视频"文化禁忌"，引导学生思考下列问题：

- 你了解哪些不同的文化禁忌？

- 文化禁忌处理不当可能导致哪些问题？

- 2013 年 10 月，习近平总书记在出访东南亚期间提出了共建"一带一路"的重大倡议。"一带一路"倡议的顺利实施有赖于各个国家与国际组织的通力合作，在此过程中，了解各国文化禁忌，正确处理各国文化差异问题十分关键。作为外语专业人才，也是未来我国跨文化交际的中坚力量，你认为我们在进行合作交流时应如何处理文化差异问题？

观看视频结束后，组织小组围绕上述问题展开讨论，并将小组讨论结果输入云班课。而后，教师通过云班课"举手""抢答"等方式邀请 2～3 组学生展示本小组讨论结果。教师对学生的汇报情况进行总结并予以赋分，学生针对小组讨论情况对自己与同伴的表现予以赋分。

设计思路：本案例的难度有所提升，要求学生在熟悉理论知识的实际应用的基础上，结合国际国内时政热点展开分析，到此，本次课的第二个教学任务"跨文化语用失败"相关内容顺利完成。另外，本案例以"习近平谈治国理政"中关于"一带一路"建设的重要倡议为分析切入口，在专业知识讲授的同时实现了求同存异、合作共赢等价值观的融入。

4）反思拓展环节（第二次课课后）

- 完成本章思维导图及本节内容课后反思，上传优慕课平台。

- 利用"语动人心""学科前沿""语言趣谈"等版块进行拓展学习。

设计思路：本环节主要围绕"反思"与"拓展"两项任务展开。通过反思性作业，指导学生及时整理反思所学内容，实现知识的巩固内化。在线平台的拓展学习拓展了学生知识的广度与深度；此外，由于线上拓展阅读材料中融入了大量思政元素，学生在阅读学习的同时不自觉地接受了思政教育，从而真正实现了课程思政"润物细无声"的育人效果。

7.3.4.4　教学反思

该课程采用线上线下课程思政深度融合的对分课堂教学模式，在知识讲授中以"课堂讲授和线下讨论"为主，以"自主学习和多元评价"为辅，在课程思政中实行线上线下双轨制，实现思政元素的深度融合。

该课程坚持"以学生为中心"的原则设计教学活动，根据不同的教学任务,设计形式多样的教学方法,基本做到了把课堂还给学生,让学生在自主、合作、探究的气氛中愉快学习,既顺利完成了既定的教学任务,又加强了对学生的情感教育。

首先,课堂的环节设置十分重要,好的环节设置能够紧紧抓住学生的心理和兴趣,也能使整个课堂前后连贯,使课堂教学更具趣味性和艺术性。为此,我们从教师授课入手,帮助学生厘清知识脉络与重难点,有效降低学生的畏难情绪;接着安排学生开展自主学习,明确学习任务与要求,让学生清楚学什么以及怎么学,减少学生学习过程中的迷茫情绪;再接着以难度层层递进的案例为依托,带领学生一步步掌握理论知识的实际应用;最后,通过课后任务布置,帮助学生延展知识的广度与深度。

其次,教学内容的设计符合本班学生的实际情况,难度适中,尽量满足不同类型和不同层次学生的需求。在任务的设置中应充分考虑学生是否能够完成任务(张艳艳,2014)。该课程的所有任务难度适中,大多数学生都能顺利完成。同时也设置了综合性案例,供同学们进行深度思考,体现了学习的高阶性、创新性以及挑战性。在此过程中,梯度性的任务设置可以有效激发学生的学习兴趣和征服困难的欲望。

再次,课堂评价也是该课程的亮点。该课程的课堂评价分为课堂表现评价以及测试评价两项。课堂表现评价分为学生自评、同伴互评及教师评价,要求师生根据讨论环节学生的小组参与度、贡献度进行打分;测试评价主要指学生学习各阶段需完成的在线测试,该部分由系统自动给分。主观评价与客观评价相结合的方式可全方位地对学生学习过程中的表现和所取得的成绩以及所反映出的情感、态度、策略等方面的发展作出评价,达到激励学生学习、帮助学生有效调控学习过程、增强自信心、培养合作精神的目的。

最后,该课程圆满地完成了专业育人目标。该课程的价值引领不仅体现在课堂案例分析与小组合作中,还延伸到了课后,通过在线教学平台的拓展阅读版块实现了思政教育的无缝衔接。

第8章 结 语

8.1 新文科建设与"新外语"发展

自 2001 年开始,我国高等教育开始持续关注教学内涵建设,并提出了一系列改革措施,以此提高高等教育教学质量,这也标志着我国正式开始从高等教育大国向高等教育强国转变。

然而,在中国高等教育的教学内涵建设持续推进的同时,外语专业却遭遇了第一次专业危机。这次专业危机产生的原因主要有以下三点:第一,我国经济的大踏步发展对高层次人才的培养提出了更高的要求,纯外语人才已无法很好地满足社会发展的需求;第二,公共外语教学的发展极大地冲击了专业外语的教学。高校中有不少非外语专业的学生,他们具备扎实的外语基础,同时具有过硬的专业能力,因此他们往往能够轻而易举地在就业市场击败传统的外语专业人才;第三,随着海归人才以及外语教育的大众普及率不断提高,外语专业的语言能力稀缺性受到进一步冲击。基于上述情况,很多高校开始积极求变,发展"外语 +"人才培养模式,在培养学生外语能力的同时,开拓学生专业背景,积极实现外语与贸易、法律、金融、新闻传播等相关专业的融合发展。

为应对外语专业的生存危机,并在危机中求生存、求发展,中国的外语教育界开始思考"如何开展新外语建设"的时代命题。2019 年,吴岩在其"新使命、大格局、新文科、大外语"的主旨报告中强调了大外语的概念。所谓大外语,至少包含三个层次的内涵。首先,外语教育的规模庞大。当下约有 82.4%的本科高校开设了外语专业,外语专业教育覆盖范围广,学生规模巨大。其次,外语教育的格局要大。高等学校的外语教育并不仅仅包含外语专业教育,还包含普及化的非专业教育。外语教育的质量直接关系到我国高等教育的人才培养质量,因而外语教育责任重大。最后,外语教育应与时俱进、兼容并蓄。外语教育应积极应对科技发展带来的挑战,学会处理机器翻译、人工智能等新科技对外语专业人才带来的冲击,并学会拥抱新科技,掌握新科技。

由此可见,新文科背景下的"新外语"建设任重而道远,需要每一位外语教育工作者的不断努力。

首先,"新外语"建设应在思想认识上站位清晰。传统观点往往认为,外语仅仅是一种沟通交流的工具,因此,外语专业人才的外语能力集中体现在传统的"听说读写"四个板块,一旦这些基础技能被其他非外语专业人才或新科技所取代,外语专业人才的核心优势就会彻底消失。然而,"新外语"要求外语教育不仅应培养学生的基本语言能力,更应培养学生的沟通交流能力,帮助学生更好地参与新全球化浪潮。换言之,"新外语人"的核心素养在于合作沟通,而非简单的语言翻译,这无疑将外语专业人才的价值提到了空前的高度。

其次,"新外语"建设应承担起培养跨文化交际人才的责任。要建设社会主义文化强国,增强中国在新一轮全球化浪潮中的话语权,就要积极提升中国的文化软实力,让中国文化走出国门,走向世界。在此过程中,外语人才无疑发挥着举足轻重的作用,而肩负外语人才培养责任的外语专业教育的重要性更是不容忽视。长久以来,外语人才对中国跨文化交流的作用主要体现在两个方面:一是充当外国语言文化引入的先锋,将国外的语言、文化、社会现状介绍到中国,帮助中国民众熟悉国外文化,更好地适应全球化环境;二是充当中外语言文化交流的桥梁,通过语言服务的方式实现中外文化的沟通与交流。在当下新全球化的背景下,外语人才又被赋予了全新的历史使命,那就是将源远流长和博大精深的中华文化介绍出去,让外国了解中华文化。这也是新文科背景下"新外语"人才的一项重要使命。

最后,"新外语"建设也应主动承担起为国家培养专业技术及管理人才的重担。高等学校的外语教育,作为高等教育的重要组成部分,应主动对接国家战略发展需求,致力于培养兼具国际视野和中国情怀的服务于国家战略需求的高层次人才,为国家"一带一路"建设培养通晓国际规则、精通国际谈判技巧的专业人才。

通过对新文科建设背景下"新外语"人才培养的内涵与要求的分析,我们可以清楚地认识到,"新外语"早已摆脱了传统外语教育的束缚,在经济全球化不断推进,中国综合实力不断增强的当下,新外语人才必将承担起更为重要的历史使命,为我国的社会主义现代化发展贡献自己的力量。

8.2 "新外语"发展的微观思考

要实现新文科建设背景下的"新外语"发展,我们需要在微观与宏观两个层面共同发力。就微观层面而言,要实现"新外语"的发展,满足社会、企业对人才的多样化需求,增强学生学习效果,提高学生思辨能力以及自主学习能力,首先就要改革外语专业课程的教学模式,实现混合式教学。

在构建混合式教学模式时,教师应明确一点,世界上并没有一种万能的混合式教学模式。教师应根据课程性质、特色以及学情设计适合本课程的混合式教学模式。在上章两个混合式教学设计案例展示中,我们可以清晰地发现,"跨文化交际"与"英语语言学导论"课程都采取了混合式教学模式,但是具体的实施手段又有些许不同。

"跨文化交际"采取了完全翻转的线上自主学习加线下互动交流的混合式教学模式,这是由其课程性质决定的。"跨文化交际"课程的实践性相较于其他外语类专业课更强,而理论知识又相对容易理解。因此,学生课前可以通过在线课程较好地完成自主学习任务,而后回到课上通过互动讨论等形式进行知识点的巩固与应用拓展。

"英语语言学导论"课程则稍有不同,该课程理论性较强,考虑到本校是民办本科高校的实际情况,如果完全依靠学生自主学习恐难以完成全部理论知识的获取,因此在授课过程中教师需采取对分课堂开展教学。另外,"英语语言学导论"课程作为英语类专业核心课程,语言的使用中又往往包含丰富的思政教育元素,因此,综合考虑之下,该课程采取了线上线下课程思政深度融合的对分课堂教学模式。实践证明,这种教学模式一方面能较好地解决学生的知识获取问题,为学生的知识拓展留存了足够的时间与空间;另一方面,也能圆满地完成专业育人的使命担当。

在设计混合式教学模式时,授课教师应紧紧以国家新文科建设要求为落脚点,以"外语+"人才培养为基础,以培养学生"区域国别+"能力为抓手,以锻炼学生"复合交叉+"能力为核心,使外语专业人才培养既能满足国家、行业不断发展的需要,又能满足学生个体的多样化发展需求,最终实现外语学科的融合发展。

8.3 "新外语"发展的宏观展望

宏观层面,要实现新文科建设背景下的"新外语"发展,需要构建适合外语专业复合性人才培养的路径。2019 年 11 月,时任教育部高等教育司副司长的徐青森在其主旨发言时强调,新文科的"新"不是新旧、新老的"新",而是创新的"新"。因此,新文科建设必然对我国外语专业复合型人才的培养提出了创新性要求。

其一,以立德树人为本,紧抓外语专业复合型人才培养的内涵建设。立德树人是人才培养的立足点与根本所在,只有先搞清楚人才培养之根本问题,即"培养什么人,如何培养人,为谁培养人",才能培养出兼具国际视野与中国情怀的、能满足社会主义现代化建设需要的外语专业复合型人才(李英,2021)。为此,必须构建彰显中国气派、具有中国特色的人才培养体系。在具体做法上,首先,应进一步完善复合型人才的内涵。外语专业复合型人才的内涵不应仅仅局限于"外语 + 其他专业知识",还应扩展到对学生正确世界观、人生观、价值观的塑造以及优秀品质的锻造上,培养兼具国际视野与中国情怀,富有创新精神、批判思维、合作意识以及良好人文和科学素养的新时代人才。其次,应将价值引领贯穿人才培养全过程。在教育教学中,应注重课程思政,将价值引领融入专业知识讲授中,增强学生的爱国情怀与文化自信。再次,外语专业复合型人才的培养离不开劳动教育的普及和学生服务意识的强化。通过在课程中融入劳动教育内容,有意识地培养学生服务社会、服务国家的意识,使培养出来的人才能够更好地服务于国家的"一带一路"倡议和"文化走出去"战略。

其二,以需求为导向,实施多元化人才培养战略。面对新时代对复合型人才培养提出的新要求,高校的外语人才培养方案绝不能因循守旧,而应主动适应国家与地区对外语人才的新需求,及时调整人才培养战略,与时俱进,丰富完善外语专业人才培养路径。在具体做法上,首先,应树立多元发展理念,打破外语学科发展桎梏,构建跨学科、跨专业、跨领域思维。应积极拥抱新技术、新变革,对传统外语研究领域、研究方法、研究思路进行改革创新。其次,应密切结合地方发展实际需要,有针对性地制定人才培养方案,使外语专业人才更好地立足本土,为区域经济发展贡献力量。

其三,以新技术为载体,创新外语人才培养方法。随着互联网与教育的深入融合,传统的面对面授课方式已经无法满足复合型创新外语人才培养的需求,因此,应以新技术为载体,创新外语人才培养方法。具体做法方面,在课程教学上,应积极主动了解新技术,拥抱新技术,充分发挥大数据、云计算、人工智能在现代教育中的辅助作用,开展形式多样的混合式教学,构建线上线下多联互动、实体虚拟有效结合的现代化智能教学新体系,以科技的力量推动个性化教学的实现,引导学生展开深度自主学习,增强学生学习效果,培养学生批判性思维与合作意识。在学生评价上,引入线上线下相结合的多元评价体系,借助互联网技术,根据每门课程的不同特点,制定具有课程特色的评价方案,实现学生评价的实时化、透明化、科学化。在过程性评价部分,采纳多元化考核内容,如在线课程自主学习、在线互动质量、在线测试成绩、在线作业质量、课堂互动情况、小组任务展示、学习反思撰写质量等,多维度、全方位、立体化地考核学生的学习状态。在终结性评价部分,增加思辨能力及创新思维考核比重并采取灵活多样的考核方式,如辩论、读书报告、论文、调查报告等,增强评价结果的科学性、多元性及公正性。

其四,以实践能力培养为立足点,开展多模态式应用型人才培养。长久以来,实践能力的培养一直是外语专业人才培养中的短板,导致不少外语专业毕业生在步入社会后无法很好地满足社会与企业的用人需求。针对这个问题,新文科背景下的外语专业人才培养应坚持以实践能力培养为立足点,充分利用新技术,灵活采取线上线下相结合的方式,通过第二课堂、虚拟仿真、校企合作等灵活多样的方式,开展多模态式的应用型人才培养(郭鸿杰、张达球、丁冬,2021)。以笔者所在学校英语学院为例,本院充分利用绍兴国际纺织之都、珍珠之乡的区位优势,每年组织大量学生利用纺博会、跨境直播等机会开展实践教学,在实践教学中检验应用型人才培养成效。

教学改革是一场没有终点的征程,在“新文科”建设大背景下,我们必须不断调整外语专业人才培养模式,创新和优化现行外语类课程教学模式,充分了解国家与地区对外语人才的需求,通过引入现代教育技术,充分发挥学生在课堂中的主体作用,通过应用丰富的混合式教学模式,不断提高学生学习积极性,最终实现高质量复合型外语人才的培养目标。

附录 1　普通高等学校在校大学生混合式教学情况调查问卷

各位亲爱的同学们,感谢你们在百忙之中参与本次调查问卷。2012 年开始,大规模在线开放课程越来越多地被应用到高等教育领域。截至 2021 年年底,我国累计上线慕课数量超过 4.75 万门,学习总量达 7.55 亿人次,我国慕课数量与学习规模位居世界第一。混合式教学是将传统面对面授课与慕课在线学习相结合的新型教学模式,是慕课大规模发展与传统高等教育领域融合的产物,也是互联网时代教育信息化发展的必然成果。关于混合式教学的研究目前是高等教育领域的一大热门,但过去的研究多是从教师的使用感受和学生的学习成果出发进行阐述,学生本身对混合式教学的感受则较少被考虑到。因此,本问卷调查旨在聆听大学生们对混合式教学的真实感受。本问卷调查结果只用于科学研究用途,我们将对大家的信息进行严格保密,所有题目的答案没有对错、好坏之分,请结合自身情况作出真实回答。

本问卷的主要目的在于了解大家对混合式教学的感受与看法,你的回答对于帮助我们了解在校大学生混合式学习现状及诉求有极大的帮助,也会为我们进一步改进教学设计提供重要参考。

请将您的选择填写在相应题号旁的括号里,谢谢您的理解和合作!

混合式教学研究课题小组

第一部分　基本信息

1. 你的性别是(　　)

A. 男

B. 女

2. 你所在的年级是(　　)

A. 大一

B. 大二

C. 大三

D. 大四

3. 你的专业属于(　　)

A. 理工科类

B. 人文社科类

C. 艺术类

D. 其他

第二部分　学生基本学习情况

4. 你的网龄为(　　)

A. 1年以内

B. 1～4年

C. 4～8年

D. 8年以上

5. 你平均每天的上网时长大概是(　　)

A. 1～2小时

B. 2～5小时

C. 5～10小时

D. 10 小时以上

6. 你上网的最主要目的是(　　)

A. 查找资料

B. 在线学习

C. 娱乐购物

D. 社交聊天

E. 其他

7. 你用于网上学习的时长占总上网时长的比例大概为(　　)

A. 10%以下

B. 10%～30%

C. 30%～50%

D. 50%以上

8. 你在学习中遇到困难时,一般会选择以下何种方式解决?(　　)

A. 请教老师或同学

B. 上网查阅资料

C. 到图书馆查找资料

D. 自己思考

E. 放弃,不去管他

9. 在本次调查问卷前,你是否有过慕课在线学习的经历?(　　)

A. 有过

B. 没有

10. 你使用网络进行学习的最主要原因是(　　)

A. 网上学习资源更为丰富

B. 学习效率更高

C. 感觉更有意思

D. 老师强制要求

E. 其他

11. 在传统的面对面课堂中,你最喜欢的课堂活动是(　　)

A. 教师讲授

B. 教师答疑

C. 项目任务

D. 作业练习

E. 小组汇报

F. 案例讨论

G. 其他

12. 在在线学习中，你最喜欢的活动是（　　　）

A. 观看微课视频

B. 在线测试

C. 在线作业

D. 互动讨论

E. 作业互评

F. 其他

第三部分　对混合式教学的认知与评价

13. 你了解混合式教学模式吗？（　　　）

A. 完全不了解

B. 听说过，了解不多

C. 亲身参与过，比较了解

D. 经常用到，十分了解

14. 混合式教学对你的学业有帮助吗？（　　　）

A. 十分有帮助

B. 有一定帮助

C. 不清楚，没特别感受

D. 帮助很小

E. 没任何帮助

15. 你认为混合式教学对你学习目标的达成帮助大吗？（　　　）

A. 十分有帮助

B. 有一定帮助

C. 不清楚,没特别感受

D. 帮助很小

E. 没任何帮助

16. 通过参与混合式教学,你的自主学习能力是否有所提高?(　　)

A. 有显著提高

B. 有一定提高

C. 不清楚

D. 没有明显提高

E. 完全没有提高

17. 通过参与混合式教学,你的学业表现是否有所提升?(　　)

A. 有明显提升

B. 有较大提升

C. 不清楚

D. 有少许提升

E. 完全没有提升

18. 通过参与混合式教学,你最大的收获是(　　)

A. 学业成绩提升

B. 自主学习能力提高

C. 批判性思维能力增强

D. 团队协作能力提高

E. 时间管理能力增强

F. 其他能力

G. 没有收获

19. 如果教师使用混合式教学模式进行课程教学,你的态度是
(　　)

A. 非常乐意参与

B. 比较乐意参与

C. 无所谓

D. 不太乐意参与

E. 十分不愿意参与

20. 在参与混合式教学的过程中,你是否需要老师的指导?( )

A. 十分需要

B. 需要

C. 无所谓

D. 不太需要

E. 完全不需要

21. 在参与混合式教学的过程中,你会经常跟同学们讨论问题吗?
( )

A. 经常讨论

B. 有时讨论

C. 很少讨论

D. 从不讨论

22. 你认为影响混合式教学效果的最主要因素是( )

A. 慕课平台操作的难易度

B. 在线课程的课程质量

C. 线上线下互动情况

D. 线下面对面课堂的组织情况

E. 教师的指导水平

F. 同学的影响

23. 你是否希望混合式教学完全取代传统线下教学方式?( )

A. 非常希望

B. 比较希望

C. 无所谓

D. 不太希望

E. 非常不希望

本次问卷调查到此结束,非常感谢您的耐心配合,祝您学业有成!

附录 2 高校教师关于混合式教学开展情况的访谈

尊敬的老师：

您好！

非常感谢您百忙之中抽空参加关于混合式教学开展情况的访谈。随着教育技术的发展，传统课堂正在受到混合式教学方式的冲击，混合式教学正逐渐成为高校教育教学中的主流教学方式。感谢您对混合式教学研究课题小组的理解与信任，愿意同我们一起分享与探讨您在混合式教学开展过程中遇到的问题与思考。您的意见与感受对我们的研究十分重要。

本次访谈只用于与本课题相关的研究用途，我们将对大家的信息进行严格保密，请您结合自身情况作出最真实的回答。

再次感谢您的配合和支持。

混合式教学研究课题小组

访谈提纲：

1. 您认为开展混合式教学的目的是什么？

2. 在您看来，贵校的混合式教学推广工作是否到位？

3. 您认为混合式教学对提高学生的学业成绩是否有

帮助？

4. 您认为混合式教学模式相较于传统教学模式最大的优点是什么？

5. 您认为混合式教学是否适合在所有课程推广？

6. 您认为目前阻碍混合式教学开展的主要因素有哪些？

7. 您目前有开展过混合式教学吗？是否愿意在以后的教学中使用混合式教学模式？

8. 您对开展混合式教学有哪些建议？

参考文献

［1］ Adams, J., Hanesiak, R. M., Owston, R., et al. Blended Learning for Soft Skills Development［M］. New York: Institute for Research on Learning Technologies, York University, 2009.

［2］ Alammary, A., Sheard, J., Carbone, A. Blended Learning in Higher Education: Three Different Design Approaches［J］. Australasian Journal of Educational Technology, 2014(4): 440 – 454.

［3］ Allen, I. E., Seaman, J. Sizing the Opportunity: The Quality and Extent of Online Education in the United States, 2002 and 2003 ［J］. Sloan Consortium (NJ1), 2003, 36(23): 659 – 673.

［4］ Barnum, C., Paarmann, W. Bringing Induction to the Teacher: A Blended Learning Model［J］. T H E Journal, 2002(30): 56 – 64.

［5］ Beckhaus, S., Blom, K. J. Teaching, Exploring, Learning — Developing Tutorials for In-class Teaching and Self-learning［J］. Computer Graphics, 2007(4): 725 – 736.

［6］ Black, P., William, D. Assessment and Classroom Learning［J］. Assessment in Education: Principles, Policy, and Practice, 1998(4): 7 – 10.

［7］ Boston, C. The Concept of Formative Assessment［J］. ERIC

Digest，2002(9)：8－16.

[8] Burke，J. Outcomes，Learning，and the Curriculum：Implications for NVQs，GNVQs，and Other Qualifications[M]. Philadelphia：Falmer Press，1995.

[9] Davis，M. H. Outcome-based Education[J]. Journal of Veterinary Medical Education，2003(3)：258－263.

[10] Driscoll，M.，Reid，J. E. Web-based Training：An Overview of Training Tools for the Technical Writing Industry[J]. Technical Communication Quarterly，1999(8)：73－86.

[11] Dudeney，G.，Hockly，N. How to Teach English with Technology [M]. Essex：Pearson Education Ltd，2007.

[12] Gong，Z. W.，Wu, D. NMC Horizon Report：2013 Higher Education Edition(II)[J]. Journal of Guangzhou Open University，2013：107－112.

[13] Graham，C. R.，Woodfield，W.，Harrison，J. B. A Framework for Institutional Adoption and Implementation of Blended Learning in Higher Education[J]. The Internet and Higher Education，2013：4－14.

[14] Hofmann，J.，Dunkling，G. Best Practices in Blended E-learning [C]. World Conference on E-learning in Corporate，Government，Healthcare，and Higher Education，2002 (1)：2491－2493.

[15] Hofstede，G. Culture's Consequences：International Differences in Work-related Values[M]. Beverly Hills CA：SAGE Publications，1984.

[16] Merrill，M. D. First Principles of Instruction[J]. Educational Technology：Research and Development，2002(3)：43－59.

[17] Shah，D. By The Numbers：MOOCs in 2021[EB/OL].[2021－12－01].https：//www.classcentral.com/report/mooc-stats-2021/.

[18] Sharma，P.，Barrett，B. Blended Learning：Using Technology in

and Beyond the Language Classroom[M]. Oxford：Macmillan，2007.

[19] Siemens，G. Connectivism：A Learning Theory for the Digital Age [EB/OL]. http：//itdl. org/journal/jan_05/article01. htm.

[20] Singh，H.，Reed，C. A White Paper：Achieving Success with Blended Learning[J]. Centra Software Retrieved，2001，12(3)：206‒207.

[21] Spady，W. G. Outcome-based Education：Critical Issues and Answers[M]. Essex：Pearson Education Ltd，1994.

[22] Stern，H. H. Fundamental Concepts of Language Teaching[M]. Shanghai：Shanghai Foreign Language Education Press，1999.

[23] Tomlinson，B.，Whittaker，C. Blended Learning in English Language Teaching：Course Design and Implementation[M]. London：British Council，2013.

[24] Valiathan，P. Blended Learning Models[J]. Encyclopedia of Information Science & Technology，2002：1‒4.

[25] Watson，J.，Murin，A.，Vashaw，L.，et al. Keeping Pace with K‒12 Online Learning：An Annual Review of Policy and Practice [M]. Durango，CO：Evergreen Education Group，2010.

[26] 爱德华·桑代克. 人类的学习[M]. 李维，译. 北京：北京大学出版社，2010.

[27] 蔡基刚. 学科交叉：新文科背景下的新外语构建和学科体系探索[J]. 东北师大学报(哲学社会科学版)，2021(03)：14‒19+26.

[28] 陈肖庚，王顶明. MOOC 的发展历程与主要特征分析[J]. 现代教育技术，2013，23(11)：5‒10.

[29] 陈星星. 影响大学生慕课使用的因素研究[D]. 南昌：江西农业大学，2019.

[30] 陈赟. 高校"思政课程"与"课程思政"协同育人探究[J]. 淮南职业技术学院学报，2021，21(05)：28‒30.

[31] 戴炜栋,王雪梅.对外国语言文学学科战略规划的思考[J].外语界,2012(3):2-9.

[32] 丁兴富.远程教育学[M].北京:北京师范大学出版社,2001.

[33] 董晶.慕课(MOOC)的发展现状及对高等教育的影响[D].济南:山东师范大学,2015.

[34] 杜世纯.MOOC背景下混合式学习的实现路径与效果评价研究[D].北京:中国农业大学,2017.

[35] 杜世纯,傅泽田.混合式学习探究[J].中国高教研究,2016(10):52-55+92.

[36] 樊丽明.对"新文科"之"新"的几点理解[J].中国高教研究,2019,(10):10.

[37] 范劲松,季佩英.翻译教学中的师评、自评和互评研究——基于多层面Rasch模型的方法[J].外语界,2017(4):61-70.

[38] 菲德尔·卡斯特罗.全球化与现代资本主义[M].北京:社会科学文献出版社,2000.

[39] 冯果.新理念与法学教育创新[J].中国大学教学,2019,4(10):32-36.

[40] 付宝威,曹纯,郑一筠.论巴班斯基的教学过程最优化理论及其对"提高教学质量"的启示[J].西北民族大学学报(哲学社会科学版),2009(01):152-156.

[41] 高德毅,宗爱东.从思政课程到课程思政:从战略高度构建高校思想政治教育课程体系[J].中国高等教育,2017(01):43-46.

[42] 巩永华,李祎茜,黄卫东,等.我国MOOC建设现状分析[J].电子商务,2020(03):14-15+35.

[43] 郭红霞.多元智能视角下的信息化教学[J].中小学信息技术教育,2011(7):67-68.

[44] 郭鸿杰,张达球,丁冬.一体三通,融创合一:新文科背景下财经类高校外语人才培养模式创新[J].当代外语研究,2021(03):35-44.

［45］ 郭巍巍.新时代加强高职院校思政课程与课程思政协同育人的路径探索［J］.济南职业学院学报,2021(05)：62－64.

［46］ 郭芷良,韩学民.MOOC 背景下海南高校体育教改研究［J］.智库时代,2019(31)：297－298.

［47］ 国家智慧教育平台正式上线［J］.现代教育技术,2022,32(04)：1.

［48］ 何克抗.从 Blending Learning 看教育技术理论的新发展(上)［J］.电化教育研究,2004(3)：1－7.

［49］ 何克抗.从 Blending Learning 看教育技术理论的新发展(下)［J］.电化教育研究,2004(4)：22－26.

［50］ 何克抗,付亦宁.开创有中国特色的教育技术理论与实践之路——何克抗教授专访［J］.苏州大学学报(教育科学报),2017,5(04)：98－105.

［51］ 胡晓辉,万嵩.计算机虚拟仿真技术在高教中的应用研究［J］.高教学刊,2015(24)：81－82.

［52］ 霍华德·加德纳.多元智能［M］.北京：新华出版社,1999.

［53］ 姜锋,李岩松."立德树人"目标下外语教育的新定位与全球治理人才培养模式创新［J］.外语电化教学,2020(06)：27－31.

［54］ 姜智彬.新文科背景下外语人才培养的定位［N］.社会科学报,2019－04－04(005).

［55］ 蒋梦娇,邹霞.基于 MOOCs 环境的深度学习研究［J］.软件导刊(教育技术),2014,13(07)：37－39.

［56］ 蒋宇红,周红.大学英语采用形成性评价促进学生自主学习的实证研究［J］.北京第二外国语学院学报,2010(2)：69－74.

［57］ 教育部.教育部关于加强高等学校在线开放课程建设应用与管理的意见［J］.中华人民共和国国务院公报,2015(18)：48－50.

［58］ 教育部推出首批国家级一流本科课程［J］.陕西教育(综合版),2020(12)：5.

［59］ 科勒.我们能从在线教育中学到什么？［EB/OL］.［2012－08－12］.http：//www.ted.com/talks/daphne_koller_what_we_re_

learning_from_online_education. html.

[60] 雷雨,陈绮霞.线上线下混合式教学模式在《劳动与社会保障法》课程中的应用研究与实践[J].法制与社会,2018(02):192-193.

[61] 黎加厚.信息时代的教育叙事与教师主体意识的觉醒[J].中国电化教育,2004(10):40-44.

[62] 李方.教育知识与能力[M].北京:高等教育出版社,2011.

[63] 李克东,赵建华.混合学习的原理与应用模式[J].电化教育研究,2004(07):1-6.

[64] 李培根.批判性思维与我们——在华中科技大学"创新教育与批判性思维研究中心"成立大会上的讲话[J].高等工程教育研究,2018(01):11-15+45.

[65] 李晓明.MOOC理念打开了一扇创新的大窗户[J].中国教育网络,2013(04):24.

[66] 李英,倪斌.新时期高职院校"课堂思政"与专业课协同育人模式探索[J].创新创业理论研究与实践,2019,2(06):131-132.

[67] 李英.学科交叉,知识融合——新文科建设引领下外语专业复合型人才培养路径的构思[J].文教资料,2021(18):155-157.

[68] 林润燕.基于SPOC的思政课"线上+线下"教学改革研究与实践——以《思想道德修养与法律基础》为例[J].智库时代,2019(16):146-147.

[69] 林晓凡,胡钦太,邓彩玲.基于SPOC的创新能力培养模式研究[J].电化教育研究,2015,36(10):46-51.

[70] 林徐润,段虎.虚拟仿真技术在高职实训教学中的应用[J].深圳信息职业技术学院学报,2012,10(02):21-25.

[71] 刘海梅.基于实证的地方工科院校研究生信息素养教育模式研究[J].农业图书情报学刊,2017,29(05):127-130.

[72] 楼凌玲.基于SPOC的地方民办高校专业课混合式教学实证研究[J].语言与文化论坛,2020(01):59-66.

[73] 楼凌玲.微课辅助下的对分课堂应用于高校在线教学的可行性研

究[J].语言与文化论坛,2021(02)：82－91.

[74] 罗杰斯.自由学习[M].伍新春,管琳,贾容芳,译.北京：北京师范大学出版社,2006.

[75] 罗克美.产学研合作中卓越人才培养对策研究[D].长沙：中南大学,2012.

[76] 马爱平.职称制度改革　科学评价标准惠及全体老师[N].科技日报,2019－09－19(006).

[77] 马巧梅.翻转课堂在Java语言中的教学研究与思考[J].无线互联科技,2018,15(21)：99－100.

[78] 毛亮清.巴班斯基最优化教学理论和英语教学[J].教学与管理,2008(06)：80－81.

[79] 苗琳.自媒体传播特点以及优劣势分析[J].科技传播,2016,8(10)：39－40.

[80] 穆肃.传统大学需要创新变革：HyFlex课程引领未来——访美国旧金山州立大学布莱恩·贝迪博士[J].开放教育研究,2013,19(01)：4－8.

[81] 宁琦.新时代外语教育的战略思考[J].外语教学与研究,2020(1)：12－16.

[82] 齐鹏飞.全面实现思政课程与课程思政的同向同行[J].中国高等教育,2020(Z2)：4－6.

[83] 钱勇.虚拟现实技术在教育领域的应用[J].中国西部科技,2009,8(18)：21－22.

[84] 邱伟光.课程思政的价值意蕴与生成路径[J].思想理论教育,2017(07)：10－14.

[85] 任敏.部分地方本科院校将转型应用技术大学[N].北京日报,2015－11－17(002).

[86] 史静寰.清华大学教育研究院在线教育研究工作简报第1期[EB/OL].[2013－07－02].http：//www.tsinghua.edu.cn/publish/ioe/5384/2013/20130702152251254553851/20130702152251254553851.

html.

[87] 苏健.基于OBE理念的应用型本科院校大学英语课程模式的构建[J].现代英语,2022(04):78-81.

[88] 谭颖思.国内外混合式教学研究现状综述[J].中国多媒体与网络教学学报(中旬刊),2019(08):42-43.

[89] 王春华.巴班斯基教学过程最优化理论评析[J].山东社会科学,2012(10):188-192.

[90] 王金旭,朱正伟,李茂国.混合式教学模式:内涵、意义与实施要求[J].高等建筑教育,2018,27(04):7-12.

[91] 王静.E-learning系统中基于协同过滤技术的个性化学习研究[D].上海:上海师范大学,2015.

[92] 王俊菊.新文科建设对外语专业意味着什么?[J].中国外语,2021,18(01):1+24.

[93] 王鹏,柯文丽.慕课在国内外的发展与运行现状[J].教育教学论坛,2019(13):51-52.

[94] 王学锋.形成性评价对大学生英语写作水平的动态影响研究[J].解放军外国语学院学报,2016(4):102-110.

[95] 王雪梅,徐璐.国际化复语型人才的内涵与培养模式探索[J].外语与外语教学,2011(01):9-12.

[96] 卫娜.基于"课程思政"的英语专业教学改革研究[J].通化师范学院学报,2021,42(01):119-123.

[97] 吴丽娟.新文科建设的内涵与面临的挑战[J].教书育人(高教论坛),2021,4(09):4-7.

[98] 吴岩司长在高等学校专业设置与教学指导委员会第一次全体会议上的讲话[EB/OL].[2020-03-07].https://jdx.cdtu.edu.cn/info/2042/3358.htm.

[99] 吴岩.新使命 大格局 新文科 大外语[J].外语教育研究前沿,2019,2(02):3-7+90.

[100] 吴月齐.试论高校推进"课程思政"的三个着力点[J].学校党建与

思想教育,2018(01):67 - 69.

[101] 吴月.中国慕课数量和应用规模居世界第一[N].人民日报,2020 - 12 - 13(004).

[102] 西蒙斯,G.网络时代的知识和学习:走向连通[M].上海:华东师范大学出版社,2009.

[103] 西蒙斯,李萍.联通主义:数字时代的一种学习理论[J].全球教育展望,2005,34(08):9 - 13.

[104] 习近平.把思想政治工作贯穿教育教学全过程 开创我国高等教育事业发展新局面[N].人民日报,2016 - 12 - 09(001).

[105] 习近平.关于《中共中央关于全面深化改革若干重大问题的决定》的说明[J].求是,2013(22):19 - 27.

[106] 夏文斌.新文科建设的目标、内涵与路径[J].北京教育(高教),2021(05):33 - 36.

[107] 项江涛.推动外语学科融合发展[N].中国社会科学报,2021 - 07 - 05(002).

[108] 谢婧.认知主义学习理论概述[J].文教资料,2006(28):101 - 102.

[109] 新华社.加强合作推动全球治理体系变革 共同促进人类和平与发展崇高事业[N].人民日报,2016 - 09 - 29(001).

[110] 徐倩.MOOC资源高度共享视阈下的新疆普通高校本科教育质量提升的机遇和挑战[J].智库时代,2019(37):128 - 129.

[111] 徐勇,龚孝华.新课程的评价改革[M].北京:首都师范大学出版社,2001.

[112] 薛素君.浅析新时代高职院校的劳动教育[J].浙江工商职业技术学院学报,2021,20(02):87 - 89.

[113] 杨爱美.高职商务英语专业课程思政教学实践及反思[J].温州职业技术学院学报,2018,18(02):93 - 96.

[114] 尤·克·巴班斯基.教学过程最优化——一般教学论方面[M].北京:人民教育出版社,2007.

[115] 约翰·杜威.学校与社会[M].北京：人民教育出版社,2005.

[116] 张东."一带一路"急需复合型外语人才[N].中国教育报,2017 - 09 - 15(005).

[117] 张惠娟."交叉学科"成第 14 个学科门类[N].人民政协报,2021 - 01 - 20(010).

[118] 张慧敏,白日东.浅谈虚拟现实技术及其在教学中的应用[J].吉林工程技术师范学院学报,2005(12)：54 - 56.

[119] 张琪.浅析建构主义学习观和教育观[J].黑龙江教育学院学报,2008(04)：67 - 68.

[120] 张晓峰.对传统教育评价的变革——基于多元智能理论的教育评价[J].教育科学研究,2002(04)：28 - 30.

[121] 张艳艳.人教版高中英语选修八第一单元听说课教学设计[J].校园英语,2014(04)：56 - 60.

[122] 智虹霓.基于过程性评价环境下大学生健美操课程教学评价模式研究——以包头师范学院为例[J].运动,2017(01)：64 - 66.

[123] 中共中央国务院印发深化新时代教育评价改革总体方案[N].人民日报,2020 - 10 - 14(001).

[124] 中共中央、国务院印发《中国教育现代化 2035》[EB/OL].[2019 - 02 - 23].http：//www. moe. gov. cn/jybxwfb/s6052/moe838/201902/t20190223370857. html.

[125] 周天涯.基于 MOOC 的混合式教学模式研究[D].南京：南京邮电大学,2016.

[126] 朱玲玲,张宗涛,周轶凡,等.《材料物理性能》课程教学改革研究与实践[J].广州化工,2021,49(19)：132 - 134.

[127] 庄国栋.基于学习风格的有效教学策略[D].上海：上海师范大学,2014.

索　引